# फ़िल्मक्षेत्रे-रंगक्षेत्रे

# फ़िल्मक्षेत्रे-रंगक्षेत्रे

अमृतलाल नागर

संकलन एवं सम्पादन

डॉ. शरद नागर

वाणी प्रकाशन

**वाणी प्रकाशन**

*4695, 21-ए, दरियागंज, नयी दिल्ली 110 002*

फ़ोन : +91 11 23273167 फ़ैक्स : +91 11 23275710

**शाखाएँ**

*अशोक राजपथ, पटना 800 004, बिहार*

*कॉफ़ी हाउस कैम्पस, महात्मा गांधी मार्ग, इलाहाबाद 211 001, उत्तर प्रदेश*

*महात्मा गांधी अन्तरराष्ट्रीय हिन्दी विश्वविद्यालय, वर्धा 442 001, महाराष्ट्र*

www.vaniprakashan.in
marketing@vaniprakashan.in
sales@vaniprakashan.in

FILMKSHETRE-RANGKSHETRE

*by* Amrit Lal Nagar
*Edited by* Dr. Sharad Nagar

ISBN : 978-81-8143-027-4
Cinema



संस्करण 2003, 2012
आवृत्ति 2018

मूल्य : ₹ 495



*सिटी प्रेस, दिल्ली-110 095 में मुद्रित*

*वाणी प्रकाशन का लोगो मक़बूल फ़िदा हुसेन की कूची से*

# क्रम


फ़िल्मक्षेत्र-रंगक्षेत्र 17
भारतीय चित्रपट : मूक से सवाक् फ़िल्मों तक 31
महायुद्ध के बाद का फ़िल्म व्यवसाय 35
युगधर्म और फ़िल्म-निर्माता 39
नए कथानकों के लिए नए आधार 51
रजतपट और रंगमंच की विशेषताएँ 55
फ़ोटो नाटक 60
पारसी रंगमंच 67
हिंदी का शौकिया रंगमंच 71
जरूरत है एक नाटक सम्राट की 78
क्या ख़ूब थे वे दिन : जब नाच ज़िंदा और गाना ज़ोर से होता था 83
भारतीय रंगमंच पर पाश्चात्य प्रभाव : विशेष संदर्भ शेक्सपियर 86
नाटक का नाटक 90
गोदान : परिक्रामी सेट के कुछ अनुभव 94
हिंदी रंगमंच : वर्तमान स्थिति और संभावनाएँ 97
नाट्य-लेखन के कुछ गुर 100
नाटक : लोकप्रियता बनाम व्यावसायिकता 108
नौटंकी 110
लोकनाट्य के पुरोधा कक्कूजी से एक मुलाकात 116
नौटंकी के नए तेवर : आला अफ़सर 128
स्वाँग सपेड़ा : शिवचरणलाल 'प्रेम' से बातचीत 131
खयालबाजी : जनसंस्कृति का एक महत्त्वपूर्ण अंग 150
रेडियो नाटक : संवाद और पात्र 156

रेडियो नाटक में कथानक, चित्रांकन और भाषा 161
दूरदर्शन धारावाहिक 'रामायण' पर एक चर्चा 165
कलाकार जागा 170
कलाकार जागा तो है लेकिन... 182
जन-जीवन और कला 187

स्फुट विचार 193
पत्र प्रतिक्रिया : सिनेमा और सेंसर 193
फ़िल्म एवं नैतिकता 194
हिंदी बाल सिनेमा : चंद सवाल 197
लघु नाटक 199
भारतीय जन नाट्य संघ 200
एक निर्णायक वक्तव्य 201

*श्रद्धेय ज्ञानचंद जैन*
*जिनसे संपादन कला के गुर सीखे*
*को सादर, सविनय*

**—शरद नागर**

# भूमिका

1932-33 से 1939 (उम्र के 16वें 17वें वर्ष से 23 वें वर्ष) के काल में जहाँ नागरजी ने आजीवन लेखक बने रहने के संकल्प को पुख़्ता ज़मीन देने के लिए जी-तोड़ मेहनत की वहीं इस सच्चाई से भी दो-चार हुए कि पारिवारिक उत्तरदायित्वों से जुड़े लेखक के लिए अपना काम अधिक ईमानदारी से करने के लिए उसकी आजीविका का सम्मानजनक—नियमित स्रोत होना भी ज़रूरी है। 1932 से 39 के सात वर्ष के काल में लगता है उन्होंने बहुत सारे वर्षों के अनुभव एक साथ पा लिए—इस काल में उनका विवाह हुआ, तीन बच्चों के पिता बने, अकस्मात सिर से पिता का साया भी महज़ 19 बरस की उम्र में उठ गया और अपने परिवार के मुखिया बन गए, इस काल में ही उनकी कहानियाँ पत्र-पत्रिकाओं में प्रकाशित होना आरंभ हुईं और उनके प्रारंभिक कहानी संग्रह **'वाटिका'** (1935) तथा **'अवशेष'** (1938) एवं उपन्यास **'नवाबी मसनद'** (1938—**'चकल्लस'** में धारावाहिक प्रकाशन) तथा अनूदित रचनाएँ **'प्रेम की प्यास'**, **'काला पुरोहित'** तथा **'बिसाती'** प्रकाशित हुईं। उन्होंने इसी काल में पत्रकारिता के क्षेत्र में प्रवेश किया। **'सुनीति'** (1934), **'सिनेमा समाचार'** (1935-36) जैसे पत्रों का संपादन, प्रकाशन शौकिया स्तर पर करने के बाद पहले **'अल्लाह दे!'** (1937-38) फिर साप्ताहिक **'चकल्लस'** (1938) का संपादन-प्रकाशन व्यावसायिक स्तर पर किया।

किसी ज़माने में उन्होंने बड़ी शान से अपने लेटर-पैड और विज़िटिंग कार्ड छपवाए थे जिन पर Amrit Lal Nagar, Journalist & Banker छपा था; क्योंकि अपने दादाजी की बैंक मैनेजरी के ज़माने से नागरजी ने उन्हें महाजनी का अपना व्यक्तिगत कारोबार करते देखा था। बाज़ार में फैला अपने दादाजी के ज़माने का पैसा न उनके पिता वापस समेट पाए और न वह गुण इन्हें विरासत में मिल पाया—फैला हुआ पैसा डूबना था, डूबा! **'चकल्लस'** ने 7 फरवरी, 1938 से 3 अक्टूबर, 1938 के संक्षिप्त जीवन काल में होलिकांक, फूल अंक और डेढ़ सौ से अधिक पृष्ठों के भाभी अंक सहित 33 अंक प्रकाशित कर साहित्याकाश में अपनी कीर्तिध्वजा और नागरजी की यशःपताका तो खूब फहराई किंतु उन्हें छः हजार रुपये का घाटा भी

दिया। इस घाटे को उन्होंने बाप-दादा की जमा-पूँजी की क्षति से अधिक अपने नाबालिग़ भाइयों की अमानती रक़म की ख़यानत के अपराध-बोध के साथ ग्रहण किया। किंतु उनकी विशेषता यह थी कि उन्होंने कभी आधा गिलास ख़ाली न मानकर सदैव आधा गिलास भरा होने की बात ही कही—ज्यामिति के प्रमेय की भाँति **'चकल्लस'** बंद होने के प्रमेय के अंत में निष्कर्ष निकाला : *"पैसे की अहंता महत्त्वपूर्ण होकर भी उद्देश्य की निष्ठा के आगे बहुत छोटी हो जाती है—पैसा महज़ एक मशीन है जिससे हम तरह-तरह के उपयोगी कामों का ताना-बाना बुनते हैं।* **'चकल्लस'** *प्रकाशन के दौर में अपने इन सब बंधुओं*[1] *की कृपा से मेरी सामाजिक दृष्टि निखरी। मेरे वातावरण में व्याप्त महाजनी और सामंती सभ्यता के कुसंस्कार* **'चकल्लस'** *प्रकाशन के दौर में खूब खूबी से दूर हुए और उसके लिए मैं अपने इन बंधुओं का ऋण-भार कभी अपनी चेतना से उतार नहीं सकता।"*[2]

अपने इन बंधुओं के इस नैतिक ऋण-भार को उन्होंने न उतारा—न ही उतारना चाहा; किंतु पैसे की मशीनी उपयोगिता को मद्देनज़र रखते हुए वे लगभग साढ़े सात वर्ष (5 मार्च 1940 से अक्टूबर 1947 तक) मुंबई (तब बंबई), कोल्हापुर तथा चेन्नई (तब मद्रास) के फ़िल्मोद्योग से जुड़े रहे और प्रथम पंक्ति के पटकथा एवं संवाद लेखक के रूप में स्थापित होकर यशस्वी हुए। फ़िल्म उद्योग में रहकर यों यश के साथ गृहस्थी की नैसर्गिक आवश्यकताओं को पूरा करने योग्य पर्याप्त धन भी कमाया—प्रोड्यूसरों ने यहाँ भी पैसे के भुगतान में काफ़ी डंडी मारी अन्यथा यह धन पर्याप्त न होकर प्रचुर हो जाता। फ़िल्मोद्योग में सफलता के जिस चरम बिंदु पर पहुंचकर (1946 में जब मद्रास में नृत्याचार्य उदयशंकर की फ़िल्म **'कल्पना'** के लिए काम कर रहे थे तब उन्हें डेढ़ हजार रुपया मासिक मानदेय मिलता था) उन्होंने स्वयं को मुक्त किया उसे अक्सर लोगों ने 'भरी थाली में लात मारना' कहा लेकिन उनकी जीवन-संगिनी प्रतिभा नागर ने उनके हर संकल्प को सच्चे मानों में अर्द्धांगिनी के रूप में अपने सिर माथे रखा—नागरजी जब उनको पचहत्तर प्रतिशत अमृतलाल नागर कहते थे तो सच कहते थे। वे सच्चे मानों में उनकी प्रतिभा थीं।

बलराज साहनी ने अपनी पुस्तक **'मेरी फ़िल्मी आत्मकथा'** में अपने मित्र नागरजी (जो साहनीजी से उम्र में लगभग 4-5 वर्ष छोटे थे) के विषय में एक स्थान पर लिखा है *"...पता नहीं, वे कला संबंधी क्या-क्या अरमान लेकर फ़िल्मों में आए थे और किन निराशाओं से उनका पहले से वास्ता पड़ चुका था। मैं जानता था कि उन्होंने भी मुंशी प्रेमचंद की तरह पैसे की ख़ातिर अपनी आत्मा को धोखा देना स्वीकार नहीं किया था।"* एक अन्य स्थान पर बलराज साहनी लिखते हैं, *"...नागर जी ने जब भी*

---

1. बलभद्र प्रसाद दीक्षित 'पढ़ीस', रामविलास शर्मा, नरोत्तम नागर, ज्ञानचंद जैन आदि—संपादक
2. जिनके साथ जिया, पृ. 115

*कभी मेरे बारे में कुछ लिखा या कहा है, यह अफसोस जरूर प्रकट किया है कि फ़िल्मों ने एक साहित्यकार छीन लिया है। मैं खुद इस बात को स्वीकार करता हूँ। मेरी लालसा यही रही है कि साहित्यकार बनूँ फिर भी मैं दावे के साथ नहीं कह सकता कि नागरजी का फ़िल्में छोड़ जाना पूरी तरह ठीक था, या मेरा न छोड़ना पूरी तरह ग़लत था।"*

मुझे लगता है सच यह है कि नागरजी जो अरमान लेकर फ़िल्म में गए थे उस अभीष्ट को पूरा करने में तो वे सफल हुए ही अलावा इसके मोहमयी माया नगरी मुंबई, उसके रुपहले पर्दे की दुनिया तथा उसके जन-जीवन को रजत पट के कैमरे की नज़र से कागज़ पर उकेरते-उकेरते वे ऐसी दिव्य दृष्टि पा गए जो मनुष्य के अंतस्तल को तल-अतल की गहराइयों तक देख सके। फ़िल्मोद्योग में गुज़ारे इस काल में अपनी आजीविका हेतु लेखन कार्य के साथ अपना रचनात्मक लेखन भी जारी रखा—**'सेठ बाँकेमल'** (रामविलास शर्माजी के अनुसार यह भी उपन्यास है), बंग-दुर्भिक्ष पर केंद्रित उपन्यास **'महाकाल'** (परवर्ती संस्करण **'भूख'** शीर्षक से प्रकाशित) जो नागरजी के शब्दों में उनका पहला उपन्यास है—इसी काल में लिखे गए, **नया साहित्य**[1] के संपादन से जुड़े, प्रगतिशील सृजनकर्ताओं के निकट आने के अवसर मिले तथा गार्हस्थिक जिम्मेदारियाँ पूरी कर सके। एक अनुज रतनलाल नागर इसी काल में फ़िल्मोद्योग में प्रथम पंक्ति के सिनेमैटोग्राफर के रूप में स्थापित होकर यशस्वी हुए। दूसरे अनुज मदनलाल नागर लखनऊ के आर्ट्स स्कूल (ज़ो अब ललित कला महाविद्यालय बन चुका है) की शिक्षा पूरी करके चित्रकला के क्षेत्र में अपना स्थान बनाने के लिए संघर्षरत हुए (और जो कालांतर में ललित कला महाविद्यालय में ललित कला के प्रोफेसर एवं विभागाध्यक्ष हुए और चित्रकला के क्षेत्र में राष्ट्रीय ख्याति प्राप्त की) उनका भी मुंबई आना-जाना बराबर बना रहा जिसके फलस्वरूप उनको अपनी कला-दृष्टि को व्यापकता प्रदान करने में सहायता मिली।

अपने मुंबई प्रवास और फ़िल्मोद्योग में बिताए वर्षों का आकलन भी उन्होंने पूर्व की भाँति एक प्रमेय के निष्कर्ष के रूप में इन शब्दों में किया : *"...फ़िल्मी जीवन में उतरने पर हमको एक विराट अनुभव हुआ एक तो लखनऊ जैसे छोटे नगर से बंबई जैसे बड़े नगर में पहुँचा था वहाँ के जीवन की गतिविधि देखी उसमें अपने आपको चुस्त करने के लिए सजग हुआ, प्रतिक्षण सिनेरियो कला मैंने बड़ी मेहनत से सीखी। संवाद बहुत अच्छे लिखता था। पहले तो यह हुआ कि एकाध कहानियाँ हमने बढ़ाई, फिर लगा कि नहीं, यहाँ का तरीका कुछ और ही है। उस समय (स्वाधीनता के पूर्व 1940-47 के बीच) का जो गुजराती प्रोड्यूसर था, पंजाबी तब तक पहुँचे नहीं थे वह अंग्रेज़ी फ़िल्में देखकर आता और उसके दिमाग में कोई सीन है तो*

1. जन प्रकाशन गृह, बंबई (मुंबई) द्वारा प्रकाशित पत्रिका

*उससे प्रभावित होकर कहे कि हमें ऐसी स्टोरी चाहिए। मैंने सोच लिया कि अब कहानी किसी को नहीं दूँगा। यह काम नहीं करूँगा। पैसा तो कमाना था किंतु स्वाभिमान सहित। सिनेरियो और संवाद लिखता रहा...। सात वर्षों के मेरे फ़िल्मी जीवन में मेरे अंदर जन को समझने की वृत्ति खूब पकी।"*[1]

*"...वहाँ हमारे संवादों की कसौटी, हमारे सिनेरियो प्रदर्शन की कसौटी थे चार आने के दर्जे से लेकर तीन रुपये बारह आने तक के सिनेमाहाल में बैठे हुए लोग। वहाँ कोई रामविलास शर्मा, कोई नंददुलारे वाजपेयी, कोई हजारीप्रसाद द्विवेदी मेरी इज्जत नहीं बचा सकता वहाँ तो मेरा मालिक वह बैठा हुआ है (दर्शक) वह पास करता है तो मैं पास होता हूँ। वह फेल करता है तो मैं फेल होता हूँ।...साहित्यिक जीवन ठीक से बिताने के लिए जब मैं लखनऊ आया तब इंटरव्यू करने गाँवों में चले जाओ और बड़े-बूढ़ों, औरतों से बात करो* **(गदर के फूल)** *भंगियों* **(नाच्यौ बहुत गोपाल)** *और वेश्याओं से* **(ये कोठेवालियाँ)** *बातें करो तो एक झिझक जो थी मन की वह टूट चुकी थी। एक हद तक अच्छा प्रभाव भी लेकर आया। एक चीज़ फायदेमंद रही। फ़िल्म माध्यम की दृश्यात्मकता। सिनेमा में दृश्य सामने आ जाते हैं। एक्शन सामने होता है...मैं दृश्य देखता हूँ। डिक्टेशन देकर लिखवाना मुझे अच्छा लगता है। एक घंटे बोलते रहने के बाद सामने चित्र आने लगते हैं। कैरेक्टर्स (चरित्रों) की झाईं सी दौड़ने लगती है। बिंबों के निकलने के अजीब अनुभव मेरे पास हैं। कभी-कभी आग की लपटों में, कभी-कभी अंधकार से चित्र उभरते हैं। मुझे कभी-कभी एक नाद सुनाई देता है। वह संगीत भी हो सकता है और बाबा की आवाज भी। वह नाद करके इमेज फेंकता है, ध्वनि के बाद पिक्चर्स आती हैं। इसीलिए मैं तस्वीर पूरी देता हूँ। सप्राण, अंतर से भोगी हुई, देखी हुई।"*[2]

नागरजी ने भारतीय फ़िल्म उद्योग का खासकर के द्वितीय महायुद्ध के उस दौर का जब वे उससे जुड़े थे अत्यंत सूक्ष्म विवेचन किया है जो उनके यत्र-तत्र बिखरे अनेक लेखों में समाहित है—इन्हें प्रस्तुत संकलन में एक सूत्र में पिरोकर प्रस्तुत करने का एक विनम्र प्रयास किया है।

रंगमंच के संस्कार यूँ तो नागरजी को अपने पिता पं. राजाराम नागर से—जिनकी गणना बीसवीं शताब्दी के आरंभिक दशकों में लखनऊ के हिंदी रंगमंच के प्रथम पंक्ति के अभिनेताओं में होती थी और जिन्हें आधुनिक हिंदी रंगमंच-उन्नायक, कवि-सेनानी पं. माधव शुक्ल के श्रीचरणों में बैठकर नाट्यकला और अभिनय का मर्म समझने-सीखने का अवसर मिला—विरासत में मिले किंतु मुंबई जाने के पूर्व तक एकाध बार स्कूल के नाटकों में छोटी-मोटी भूमिकाएँ अभिनीत करने के सिवा उन्होंने

---

1. अमृत मंथन, पृ. 60
2. वही, पृ. 88

रंगमंच के क्षेत्र में कोई उल्लेखनीय कार्य नहीं किया था। **'चकल्लस'** के ज़माने के आसपास (1938-39) कभी निरालाजी के निर्देशन में उन्हीं के लिखे नाटक के मंचन की जो योजना पक रही थी (नागरजी से मैंने सुना था कि निरालाजी 'शकुंतला' नाटक लिखने और मंचित करने वाले थे—इस प्रस्तावित नाटक में दुष्यंत की भूमिका निरालाजी स्वयं अभिनीत करने की सोच रहे थे) उससे रामविलास शर्मा, नागरजी, सर्वदानंद (अंग्रेजी शासनकाल में गठित तत्कालीन कांग्रेसी मंत्रिमंडल के शिक्षा मंत्री संपूर्णानंद के पुत्र) उमाशंकर सिंह आदि जुड़े थे, किंतु नाटक के मंचन की तैयारी की एक बैठक शिक्षा मंत्री संपूर्णानंद के निवास पर किसी के द्वारा आहूत कर लिए ज़ाने के कारण निरालाजी खिन्न हो गए और सारी योजना बालाए-ताक़ रख दी गई।

नागरजी के मुंबई प्रवास की एक सबसे बड़ी उपलब्धि यह रही कि वे मुंबई के गुजराती एवं मराठी रंगमंच को निकट से देख सके और नाटक के मुहावरे को भलीभाँति पकड़ सके। इसके साथ ही भारतीय जन नाट्य संघ—इप्टा (Indian People's Theatre Association) के साथ सक्रिय रूप से जुड़ने से उन्हें आधुनिक रंगमंच के साथ ही लोकनाट्य की जन-संप्रेषण क्षमता का आकलन करने का अवसर भी मिला। महेश कौल, किशोर साहू जैसे फ़िल्म निर्देशन एवं अभिनय के तत्कालीन शिखर पुरुषों के अतिरिक्त मोतीलाल, पी. जयराज, बलराज साहनी, पृथ्वीराज कपूर, लीला चिटनीस, सरदार अख़्तर जैसे अभिनेता एवं अभिनेत्रियों, नृत्याचार्य उदयशंकर, भारतकोकिला (अब भारतरत्न) एम. एस. सुब्बुलक्ष्मी जैसी विभूतियों की निकटता से एक सूक्ष्म एवं संपन्न कलात्मक रंगदृष्टि भी उन्हें मिली। और सबसे बड़ी बात—मुझे लगता है गुजराती-मराठी के संपन्न रंगमंच को देखकर उनके मन में स्पर्धा के एक सकारात्मक बीज का भी कहीं वपन होने लगा था कि हिंदी भाषी क्षेत्र यू. पी. में ऐसा रंगमंच क्यों नहीं!

शायद यही कारण रहा कि मुंबई छोड़ने के बाद 1948 में जब फिर से मुस्तक़िल तौर से लखनऊ में जम गए तो प्रथमतः तो वे अपने उस अनुष्ठान (साहित्य सृजन) में ही लगे जिसके लिए मुंबई की 'भरी थाली में लात मारी थी'। लेखन कार्य उनका मुख्य कार्य था—अपने मनोरंजन, जन-जीवन से जुड़ने और सांस्कृतिक दृष्टि से पिछड़े कहे जाने वाले यू. पी. (यूनाइटेड प्रॉविंसेज़ ऑफ आगरा एंड अवध—संयुक्त प्रांत) के सांस्कृतिक जन-जागरण के लिए रंगमंच को उन्होंने अमोघ अस्त्र के रूप में जाना। 1948 से 1963 तक लगभग पंद्रह वर्ष तक अपने लेखन कार्य के साथ ही वे रंगकर्म से भी सक्रिय रूप से जुड़े रहे।

इस काल में ही 7 दिसंबर 1953 से 31 मई 1956 तक वे आकाशवाणी (आल इंडिया रेडियो) में ड्रामा प्रोड्यूसर के पद पर भी प्रतिष्ठित हुए—यूँ तो इसके पहले भी गाहे-बगाहे रेडियो के लिए नाटक लिखते थे, रेडियो के लिए वार्ताएँ तो लखनऊ रेडियो स्टेशन की स्थापना वर्ष, 1938 से ही प्रायः प्रसारित करते थे। ड्रामा प्रोड्यूसर

का पद ग्रहण करने के बाद उन्होंने रेडियो नाटकों को कान से सुनने ही भर के लिए नहीं वरन् कान को आँख बनाकर देखने योग्य स्वरूप प्रदान करने के गुर को चुनौती के रूप में स्वीकार किया। उपयुक्त रेडियो नाटकों के अभाव की पूर्ति के लिए उन्होंने स्वयं काफी बड़ी संख्या में उत्कृष्ट रेडियो नाटक एवं रूपक लिखे जिन्हें उन्होंने स्वयं अपने ही निर्देशन में सफलतापूर्वक प्रोड्यूस करके रेडियो नाटक के क्षेत्र में लखनऊ रेडियो स्टेशन को एक सम्मानजनक स्थान पर प्रतिष्ठित किया तथा रेडियो नाट्य-लेखन को नया मुहावरा दिया।

1963 के बाद नागरजी सक्रिय रंगकर्म से तो अलग हो गए किंतु नाट्यांदोलन को गतिशील बनाने के लिए नवयुवकों का मार्गदर्शन करते रहे, नगर की विभिन्न गैर-सरकारी नाट्य संस्थाओं को प्रोत्साहित करते रहे तथा सौ टका सरकारी अनुदान पर आश्रित उत्तर प्रदेश संगीत नाटक अकादमी (पूर्व नाम उत्तर प्रदेश संगीत नाट्य भारती), भारतेंदु नाट्य अकादमी (पूर्व नाम भारतेंदु नाट्य केंद्र) की गतिविधियों में वे बराबर रुचि लेते रहे। इस काल में भी वे हेरा-फेरी से बाज़ नहीं आए और 1980-81 में अकादमी के तत्वावधान में प्रदेश के विलुप्तप्राय लोकनाट्य रूप स्वाँग सपेड़ा का मंच प्रयोग बाबू शिवचरणलाल प्रेम से करवाने में सक्रिय सहयोग प्रदान किया। रंगमंच एवं रेडियो नाटकों के संबंध में वे समय-समय पर रेडियो से प्रसारण हेतु वार्ताएँ एवं पत्र-पत्रिकाओं के लिए लेख आदि भी लिखते रहे।

नागरजी द्वारा लिखित इन वार्ताओं और लेखों में बहुतेरी दुर्लभ ऐतिहासिक सूचनाएँ, रंग चिंतन के अनेक प्रस्थान बिंदु एवं मार्गदर्शक नियामक हैं जिनसे इन विधाओं से जुड़े कर्मी एवं अध्येता लाभान्वित हो सकते हैं।

डॉ. रामविलास शर्माजी ने एक बार मुझसे कहा था कि 'मैं नागरजी को विशिष्ट शैलीकार मानता हूँ।' शिल्प की दृष्टि से नागरजी के गद्य का विशेष महत्त्व है और उनके गद्य की चुनी हुई रचनाओं की पाठकों के लिए 'प्रोज़ रीडर्स' संपादित की जानी चाहिए जिनमें उनकी हर प्रकार की गद्य रचनाओं की बानगी हो। इस संकलन की सामग्री में भी कहीं-कहीं नागरजी की इस शैलीगत विशिष्टता के दर्शन पाठकों को कदाचित होंगे ऐसा विश्वास है। मेरा विनम्र प्रयास है कि नागरजी का जो भी अवशिष्ट, अप्रकाशित, असंकलित साहित्य है उसे संकलनबद्ध करके संरक्षित किया जा सके।

नाट्य शोध संस्थान, कोलकाता के लिए उक्त संस्थान की संस्थापक-निदेशक डॉ. प्रतिभा अग्रवाल ने 6 अगस्त 1986 को नागरजी से रंगमंच तथा फ़िल्मी जीवन के संबंध में एक लंबी बातचीत ध्वन्यांकित की थी जो पूर्व में यत्किंचित् संपादन के साथ **'वागर्थ'** में भी प्रकाशित हुई थी उसे भी इस संकलन में सम्मिलित किया गया है। डॉ. गोविंद स्वरूप गुप्त ने सूचना विभाग, उत्तर प्रदेश द्वारा सन् 1954 ई. में प्रकाशित एवं नागरजी द्वारा लिखित पुस्तिका **कलाकार जागा** के तारतम्य में उनसे एक बातचीत की थी जो **'कलाकार जागा तो है लेकिन...'** शीर्षक से दैनिक 'अमृत

प्रभात' में तथा रामानंद सागर के दूरदर्शन धारावाहिक 'रामायण' पर श्री रामकुमार मिश्र द्वारा की गई एक बातचीत दैनिक 'स्वतंत्र भारत' में प्रकाशित हुई थी उन्हें भी इस संकलन में सम्मिलित किया गया है। 70 वर्ष की अवस्था हो जाने पर भी नागरजी का जिज्ञासु मन शांत नहीं रहता था। उन्होंने इस उम्र में भी लखनऊ के वयोवृद्ध नौटंकी कलाकार एवं रंगकर्मी पंडित मुनींद्रनाथ गोस्वामी उर्फ़ कक्कूजी से एक साक्षात्कार किया था जिसे युवा फ़िल्मकार-नाटककार राकेश कुमार 'मंजुल' ने उत्तर प्रदेश संगीत नाटक अकादमी की पत्रिका 'छायानट' के लिए प्रस्तुते किया था। उसे भी इस संकलन में शामिल करना जरूरी लगा, अतः इन सभी के प्रति आभार व्यक्त करता हूँ। पुस्तक के संबंध में पाठकों के अभिमत की मुझे प्रतीक्षा रहेगी।

**शरद नागर**

अमृतलाल नागर जयंती
17 अगस्त, 2002
अमृत प्रतिभा,
5/530, अमृतलाल नागर मार्ग,
विकास नगर, लखनऊ–226022

# फ़िल्मक्षेत्रे-रंगक्षेत्रे*

मेरा जन्म तो हुआ आगरे में (17 अगस्त 1916 को) ननिहाल में और तीन महीने की आयु से लेकर पालन-पोषण, शिक्षा-दीक्षा सबकुछ लखनऊ में हुई। नाटक में रुचि होने का स्पष्ट कारण है कि मेरे पिता पं. राजाराम नागर और उनकी सारी मित्र-मंडली इस शताब्दी के प्रथम दशक से ही लखनऊ में शौकिया रंगमंच की सूत्रधार रही। सौभाग्य से (उनके) दो नाटक मुझे भी देखने को मिले, इनमें एक की स्मृति अधिक है। **बनबीर** जो पं. माधवप्रसाद मिश्र का लिखा हुआ था—पं. माधवप्रसाद मिश्र संभवतः सारस्वत ब्राह्मण थे। उसके पहले सन् 1919 के आसपास **महाराणा प्रताप** (बाबू राधाकृष्णदास कृत) दूसरी या तीसरी बार खिलवाया गया होगा। उस वक्त हम मुश्किल से तीन साढ़े तीन बरस के थे इसलिए हल्की सी याद है। **बनबीर** की अपेक्षाकृत अधिक याद है वो शायद सन् 1921-22 में खेला गया। उसमें मेरे पिता को चुभाई गई तलवार (देखकर) मैं एकदम से रो पड़ा था ये खूब अच्छी तरह याद है। तो नाटक का शौक वस्तुतः एक पैतृक संस्कार ही समझ लो है।

**महाराणा प्रताप** जो (अपनी) तीन वर्ष की आयु में (देखने का जिक्र) हम करते हैं—उसका हमारे मन में अब भी एक चित्र है। हमारे पिता के कमरे में रिहर्सल होता था। हाथ उठा-उठाकर पं. माधव शुक्ल (आधुनिक हिंदी रंगमंच के उन्नायक एवं कवि सेनानी) रिहर्सल करवाते थे—ये एक मोटा अंदाज है—कोई उसकी विशेष याद नहीं। यों पं. माधव शुक्ल (कदाचित्) 1914-15 में कलकत्ता चले गए थे लेकिन

---

* नाट्यशोध संस्थान, कोलकाता की संस्थापक-निदेशक तथा हिंदी जगत् की जानी-मानी रंगकर्मी डॉ. प्रतिभा अग्रवाल ने लखनऊ में 6 अगस्त 1986 को श्री अमृतलाल नागर से उनके रंगमंच तथा फ़िल्मी-जीवन के संबंध में एक लंबी बातचीत ध्वन्यांकित की थी। उस शाम को नागरजी की बैठक में उनके बालसखा श्री ज्ञानचंद जैन भी विराजमान थे और इस ग्रंथ के संपादक (डॉ. शरद नागर) भी उपस्थित थे। इस बातचीत को किंचित् संपादित कर यथासंभव नागरजी के आत्मकथ्य को जस का तस प्रस्तुत करने का प्रयत्न किया है। वाक्यों को पूरा करने के लिए कोष्ठक में कहीं-कहीं कुछ शब्द जोड़े गए हैं तथा कुछ सूचनात्मक तथ्य भी दिये गए हैं—संपादक।

यहाँ दो बार आए थे 1921-22 में भी आए थे और 1919 में भी आए थे। आरंभ में (अपने इलाहाबाद बैंक, लखनऊ के सेवाकाल में) भी उन्होंने यहाँ पर नाटक किए, संभवतः उनमें भाग भी लिया। हमारे यहाँ एक बुजुर्ग थे कालिदास कपूर (जो बाबू श्यामसुंदरदास के बाद कालीचरण हाई स्कूल के हैडमास्टर भी हुए) हिंदी के लेखक भी थे, उनसे हमने बीसवीं सदी के पहले और दूसरे दशक का पं. माधव शुक्ल का जो क्रियाकलाप उन्होंने लखनऊ में उनके साथ किया वो हमने बुजुर्गवार से लिखवा लिया और इस कारण से नाटक में रुचि हुई। मैंने तो विशेष काम बहुत नहीं किया, नाटक में—फिर भी हाँ, काम तो हुआ ही और (हमने भी) काम थोड़ा बहुत किया। उस समय एक तो हिंदी में डी. एल. राय का नाटक हुआ। कुछ बचपन में हम लोग भी जो नाटक करते थे तो डी. एल. राय के नाटक का दृश्य हम लोगों ने किया। तब हमारी उम्र यही 8-10 बरस की होगी। हम कटारी टोले में रहते थे, हमारे मित्र सत्यगोपाल झींगरन थे, वो कालियन टोले के थे। वहीं घर में ही हम लोगों ने नाटक किया था, कमरे के आगे अपने ढंग से मंच-वंच सजाकर और एक भोलानाथ खत्री थे क्यूरियो डीलर, उनके यहाँ से पुरानी पोशाकें हमको मिल गईं। आसपास के बुड्ढों को (आमंत्रित कर) लाए थे। नाटक का नाम स्मरण नहीं—उसका एक अंश किया था।

उसके बाद यहाँ **वीर अभिमन्यु** हुआ—कालीचरण हाई स्कूल में, सन् 1930 के लगभग। इसमें मैंने भी एक छोटा सा पार्ट किया था। एक सैनिक है—आता है, खबर देता है, फिर युद्ध स्थल पर गया है। कृष्ण यहाँ नहीं, अर्जुन नहीं हैं—और कुछ होता है—उसी समय मैंने आकर सूचना दी। कोई बहुत इंपोर्टेंट पार्ट नहीं किया था। ये आयोजन (कालीचरण हाई स्कूल) ओल्ड ब्वायज एसोसिएशन द्वारा वसंत पंचमी को होते थे—उसमें कुछ धनराशि स्कूल से मिलती थी—कुछ राशि बाहर से भी ले आते थे (चंदा करके)—तब हम (कालीचरण हाई स्कूल के) विद्यार्थी थे।

(एक रोचक घटना)—डी. एल. राय का ही कोई नाटक था—उसमें हमारे चचाजाद भाई त्रिलोकीनाथ दवे को भारतमाता बनना था। वे आखिर में भारतमाता बनकर आते थे—पीछे साधारण पर्दा था और वो आए नहीं, सब जने हमसे कहने लगे। हमको पहली बार औरत का पार्ट करने में थोड़ी सी झिझक थी फिर भी करना पड़ा। उसके बाद फिर कभी (किसी नाटक में अभिनय) नहीं किया। हाँ, उसके उपरांत फिर हमने तीन-चार छोटे-बड़े पीस किशोर साहू की फ़िल्मों में किए—जब हम बहुत बाद में (1940) बंबई गए।

हमारे बाल्यकाल में चंदा करके चौपाटियों में कुछ लोग नाटक करते थे उसमें एक कश्मीरी सज्जन थे—जनता आप्टीकल्स कैसरबाग में काम करते थे। गहरी सफेद मूँछें थीं। सुदर्शनजी के एक नाटक में अभिनय किया था। इसमें हमारे स्कूल के मास्टर मोहनलाल सक्सेना ने अनाड़ी मजिस्ट्रेट का अभिनय किया था, और हँसाते-हँसाते लोट-पोट कर दिया। बहुत ही अच्छा अभिनय हुआ था।

चौक में पहले जहाँ नाटक होते थे, एक तो पीछे वाली गली (बानवाली गली) में जहाँ हरदोई शुगर मिल वाले बाबू बंशीधर का हाता है जिसमें हलवाइयों की, शंकर पंसारी की दुकान है और जहाँ अग्रवाल हाई स्कूल है—वो हाजी बेगम का हाता था। उसमें नाटक हुए—मंच बनाकर। छुटपुट नाटक कालीचरण हाई स्कूल के प्रांगण में बराबर हुए। मेरे मित्र ज्ञानचंदजी ने एक बहुत अच्छी याद दिला दी कि वसंत पंचमी पर कुछ फंड स्कूल का मिलता था। चौक के अलावा डालीगंज के जैन बाग में भी सन् 1926 से 1930 तक नियमित नाटक हुए प्रतिवर्ष।

उस समय (बीसवीं शताब्दी के प्रारंभिक तीन दशकों में) एक आंदोलन जैसी बात हमको लगी—किसी भी सार्वजनिक उत्सव या वार्षिकोत्सव, समारोह के साथ नाटक खेलने की परंपरा भारतेंदु के बाद से ही जुड़ गई थी। प्रायः हर नगर में कोई वार्षिक अधिवेशन का मौका होता था, उस वक्त चंदा वसूल कर लेते थे, कुछ ताल्लुकेदारों से, कुछ हिंदी प्रेमी, नाटक प्रेमी या समाज सुधारकों से दस-दस रुपये ले लिए जाते थे इससे ज्यादा नहीं—किसी प्रभावशाली व्यक्ति से पचास रुपये ले लेते थे। नाट्य प्रदर्शन मुफ्तुल्ला होते थे (और शौकिया रंगमंच पर) स्त्रियों के पार्ट पुरुष ही करते थे।

लखनऊ के रंगमंच का इतिहास सन् 1908-09 से शुरू होता है। हिंदू परिषद् के बाबू गंगाप्रसाद अग्रवाल गोटेवाले हमारे यहाँ चौक में रहते थे। उन्होंने बताया कि 1902 में खुद उन्होंने और उनके कुछ मित्रों ने हिंदी प्रबोधिनी परिषद् आरंभ की थी, जो बाद में हिंदू यूनियन क्लब में मिल गई—अब वो प्रबोधिनी परिषद् तो कम रहीं हिंदू यूनियन क्लब ही हो गई। उसके बाद प्रबोधिनी परिषद् के नाम से लाइब्रेरी बनी रही और 1935 तक मैं उसका अंतिम सेक्रेटरी रहा हूँ। गंगाप्रसाद अग्रवाल कहते थे कि हम लोगों ने नाटक करने का प्रयत्न किया था। शायद वो उस समय तक उसे साकार रूप नहीं दे पाए होंगे। बहरहाल इतना हम कह सकते हैं कि यहाँ नाटक की गतिविधियाँ बीसवीं शताब्दी के आरंभ से ही चालू हो गई थीं। अभिनेताओं में जो बहुत ही सराहे गए उनमें मेरे पिता राजाराम नागर, एक थे गोपाललाल पुरी—एक बब्बी दलाल थे वो भी बहुत सराहे गए—अधिक पढ़े-लिखे नहीं थे, हमने उनको बाद में काफी देखा—चौक (सर्राफे) में दलाली करते थे—(एक ऐब था) गंजेड़ी थे वो, गाँजा-वाँजा पीते थे।

हिंदी साहित्य सम्मेलन के (पंचम) अधिवेशन में (यह अधिवेशन 26 से 28 नवंबर 1914 ई. को कालीचरण हाई स्कूल के प्रांगण में हुआ था) पं. माधव शुक्ल ने प्रयाग हिंदी नाट्य समिति की मंडली बुलवाकर यहाँ पर (लखनऊ में) नाटक किया था **महाराणा प्रताप**। ये कालिदास कपूर की पुस्तक (एक मुदर्रिस की राम कहानी) में लिखा है। दुबारा और तीसरी बार जब, जिसकी हल्की स्मृति है। जब **महाराणा प्रताप** हुआ था तो हमारे पिता (राजाराम नागर) राणा प्रताप बने थे। हमारे पिता

ने 1922 के बाद नाटक नहीं किया।

यहाँ गोलागंज में आज जहाँ रिफाहे-आम क्लब है उसके ठीक सामने ही जहाँ अब तो एक पेट्रोल स्टैंड है दो एक मकान भी बने हुए हैं (अब तो पूरी बस्ती ही बस गई है) वहाँ पर टीन का एक बड़ा भारी तबेला था—बहुत बड़ा, आगे छोटा-सा कंपाउंड था। ये गोलागंज थियेटर के नाम से विख्यात था। उसमें पारसी थियेटर कंपनी अक्सर आती थीं—जिनके नाटक बचपन में हमने देखे थे। एक सौराष्ट्र की कंपनी थी सूर विजय कंपनी उसके कई नाटक यहाँ खेले गए—बहुत अच्छे नाटक थे, और ये मेरी लगभग उसी आयु की बात है जिस आयु में हम लोगों ने नाटक स्वयं करने की प्रेरणा अपने अंदर जगाई थी।

शौकिया नाट्य संस्थाओं में एक हीरोज क्लब एसोसिएशन या हीरोज मैंस एसोसिएशन या कुछ इस प्रकार का नाम था—हमारी जबान पर हीरोज क्लब नाम चढ़ा हुआ था (इस संस्था का नाम था यंगमैंस म्यूजिकल सोसाइटी)—तो उसके नाटक भी गोलागंज थियेटर में हुआ करते थे। इनके साल में एक-आध नाटक हो जाते थे। यहाँ पर एक बब्बन साहब थे स्टेज क्राफ्ट के एक्सपर्ट तो थे ही हार्मोनियम भी बजाते थे। मैंने उनको उनकी दाढ़ी करीब-करीब खिचड़ी अवस्था से लेकर बिल्कुल सफेद बुर्राक बन जाने तक देखा है। ये जो हमारे नौशाद अली हैं (सिनेमा के सुप्रसिद्ध संगीत निर्देशक) ये उन्हीं (बब्बन साहब) के शिष्य हैं। बब्बन साहब भी क्लब में थे, नौशाद भी। पी. एम. जी. (पोस्ट मास्टर जनरल) दफ़्तर में एक जोगेशचंद्र श्रीवास्तव काम करते थे—उनको नाटक का शौक था वो संभवतः यहीं नौबस्ते में रहते थे। उनका नाटक हुआ (उनके निर्देशन में हुआ) **भगवान बुद्ध**। स्क्रिप्ट व्याकुल भारत कंपनी की थी जो विश्वंभर सहाय व्याकुल ने लिखी थी। जोगेश बाबू का (निर्देशित) अंतिम नाटक था **यहूदी की लड़की** जिसमें राधेबिहारीलाल (राधेबिहारीलाल श्रीवास्तव) ने भाग लिया, जो बाद में (1948 के बाद) हमारे सहयोगी भी बने। (गोलागंज थियेटर में) 1930-31 को कोरंथियन (पारसी थियेटर कंपनी) आई थी—पेशेन्स कूपर थी जिसमें—बड़ी खूबसूरत थी—फोटो देखकर ही आदमी मंत्रमुग्ध हो जाए। कोरंथियन में ही शेक्सपियर का **मर्चेंट आफ वेनिस** हुआ था संभवतः जिसका रूपांतर है **यहूदी की लड़की**—उसमें एक बहुत अच्छा मुसलमान अभिनेता था—'खाकान इब्ने, खाकान, इब्नेखाकान, इब्ने...' तेजी से पुकारता था। बड़ा प्रभावशाली था। कोरंथियन के बाद यहाँ पर फिर अंत में (हमारे बंबई जाने के पहले) एक कंपनी आई, लगभग सन् 1938 में न्यू एलफ्रेड कंपनी। बाई मुन्नीबाई थी उसमें। बाई मुन्नीबाई का गाना तो बहुत चलता था और बाई मुन्नीबाई यहाँ पर दो महीने तक तो तूफान बरपा किए रही। यहाँ पर बहुत ज्यादा उनका नाम हो गया था। हमें याद है उस वक्त में मोहल्लों में कई जगह चोरियाँ हुईं क्योंकि नाटक ही एकमात्र मनोरंजन था। नाटक देखने के लिए लोग तरसते थे। सिनेमा आ तो गया था—बोलचाल का (टॉकी) सिनेमा

भी आ गया था। मगर कम आता था, साइलेंट (मूक चित्रपट) अधिक आता था। जब कभी ऐसा होता (बोलचाल का सिनेमा आता) तो टॉकी सिनेमा कंपनी वाले घोषित कर देते थे कि 'सौ टक्का नाचती-बोलती फ़िल्म दिखाई जाएगी।' बहरहाल बाई मुन्नीबाई ने यहाँ के लखनवी दिलफेंक-दिलबाजों को अपने गाने से मुग्ध किया। फिर हमने 1938 के बाद नाटक की पेशेवर कंपनी (लखनऊ में) तो देखी नहीं—बाई मुन्नीबाई वाली अंतिम थी।

(2)

उस समय चकल्लस [नागरजी द्वारा 1938 ई. में प्रकाशित साप्ताहिक पत्र जिसका संपादन नरोत्तम जोशी (नरोत्तम नागर) तथा नागरजी संयुक्त रूप से करते थे। इस पत्र का प्रथम अंक 7 फरवरी 1938 को तथा अंतिम अंक 3 अक्टूबर 1938 को प्रकाशित हुआ था।] बंद किया था, जिसने प्रतिष्ठा तो बहुत पाई पर हमें घाटा बहुत दिया, ये हमारी बुद्धि व्यावसायिक न होने के कारण (हुआ) अगर कोई व्यवसायी होता तो शायद ये पल टल भी जाता। बंबई हम गए दूसरे कारण से। सन् 1930 ई. में चाँदी बहुत सस्ती हो गई थी तो हमारे पिताजी ने अपने किसी एक मित्र की सलाह से खरीद ली थी। वो बैंक की मार्फत पड़ी थी, इलाहाबाद बैंक, बंबई में। तो वहाँ गए इस लालच में थे कि अभी चाँदी के दाम बढ़े हैं (दूसरे विश्व युद्ध के कारण) तो कुछ पैसा मिल जाएगा थोड़ा। जो पाँच-छः हजार का चकल्लस में घाटा कर लिया था उसका हमको बहुत पश्चात्ताप था कि भाइयों की रकम खा गए (पिताजी का देहांत 1935 में हो गया था—दोनों छोटे भाई नाबालिग थे अतः पैतृक संपत्ति की हानि का पश्चात्ताप था) यों मार्च 1940 में बंबई जाने के बानक बने।

बंबई में एक दिन तो ठहरे हीराबाग में, फिर प्रदीप के यहाँ, ये फ़िल्म स्टार प्रदीप कुमार नहीं कवि प्रदीप, जिन्होंने बंबई टाकीज के लिए गीत लिखे हैं *घर-घर में दीवाली है मेरे घर में अँधेरा*...ये उन्हीं के हैं उनके यहाँ मिलने गए तो पूछा कि कहाँ ठहरे हो? तो प्रदीप हमको अपने यहाँ ले गए। हमारे मन में लालच आया कि हम भी यहीं (फ़िल्म में) लग जाएँ। पैसों की आवश्यकता थी।

संयोग की बात हीराबाग में ही बंबई हिंदी विद्यापीठ है उसके बगल में ही उसके संचालक भानुकुमार जैन रहते थे। हम पं. रूपनारायण पांडेय का एक परिचय पत्र नाथूराम प्रेमी के लिए लेकर गए थे। तो हिंदी विद्यापीठ का वार्षिकोत्सव हुआ उसमें हमको भी आमंत्रित किया गया। सभी हमउम्र थे, तो कभी-कभी चले जाते थे हीराबाग, क्योंकि वहीं हमने पहले डेरा डाला था। वहाँ रामनाथ डागा से मुलाकात हुई उनके भतीजे द्वारकानाथ डागा और किशोर साहू ने मिलकर इंडिया आर्टिस्ट कंपनी

लिमिटेड खोली और उसमें **बहूरानी** पिक्चर बना रहे थे।

शूटिंग देखने गए एक-आध दिन। डागा परिवार बीकानेर का था—पुराना मारवाड़ी घराना। द्वारकानाथ डागा की एक और विशेषता थी, वह व्यक्ति हिंदी काव्य के सात सौ वर्षों की गागर था—चंदबरदाई से लेकर के उत्तर मध्यकाल के जितने भी भक्त कवि हुए हैं, रीतिकालीन कवि हुए क्रमशः प्रत्येक की रचनाएँ उन्हें कंठस्थ थीं—अद्‌भुत स्मृति। बड़ा प्रतिभाशाली व्यक्ति, छोटी आयु में ही बेचारे का देहांत हो गया था।...तो उनके यहाँ से रोज गाड़ी लेने आ जाए, लंच करने के लिए, फिर शूटिंग देखने जाएँ और लौटकर आएँ तो अपने अंदर दुःख लिए आएँ कि रामजी हमारा क्या होगा। उनके साथ कुछ समय तो अच्छा बीता उसके बाद हाय रे! दुःखी मन पड़े हैं। इनके (**बहूरानी** पिक्चर के) डायलॉग्स किशोर (किशोर साहू) ने लिखे थे और वह डायलॉग्स गलत थे। शूटिंग के समय हमने द्वारका से कहा कि ये डायलॉग तो ठीक नहीं। द्वारकानाथ डागा ने कहा—पंडितजी आप कहिए। हमने किशोर साहू से कहा कि ये तो भाई ठीक नहीं। तब किशोर ने थोड़ी सी नाक पर उँगली इधर-उधर की, जैसी की उनकी आदत थी, और कहा मुहावरा तो कई तरह से इस्तेमाल होता है, मगर आप कहते हैं तो हम बदल देते हैं। फिर दोनों चाचा-भतीजे रामनाथ डागा और द्वारकानाथ डागा में जो लगभग समान आयु के भी थे कुछ खिचड़ी पकी। शूटिंग के बाद हमको बजाय हमारे घर (विले पारले में) छोड़ने के, अपने साथ ले गए अपने घर। फिर शाम को बैठे बोले जल्दी क्या है, भाँग-वाँग घुटवाएँ? उस समय हम नियमित रूप से (भाँग) पीते नहीं थे। भाँग-वाँग घुटी, थोड़ी सी मौज में आकर द्वारका ने कवित्त सुनाए। रात में जब हम चलने लगे और लखनऊ जाने की बात कही तो हमसे रामनाथ डागा ने कहा कि पंडितजी यहीं (बंबई में) रह जाइए। उन्होंने कहा तो हमने स्वीकार कर लिया और हम इंडिया आर्टिस्ट कंपनी से जुड़ गए और इस प्रकार हमारा फ़िल्म में प्रवेश हुआ।

**बहूरानी** के दो डायरेक्टर थे एक मुबारक और दूसरे जुन्नरकर। जुन्नरकर हमें कोल्हापुर ले गए—संगम (नवयुग चित्रपट की फ़िल्म) लिखने के लिए। कोल्हापुर से लौटकर आए तो किशोर साहू को कोई दूसरा फाइनेंसर मिल चुका था। वे कुँवारा बाप बनाने जा रहे थे—**कुँवारा बाप, 'ए बेचलर फादर'** एक अंग्रेजी सायलेंट फ़िल्म की कहानी थी। उसका ढाँचा लिए हुए वो आए—कुछ हम भी उनके साथ लगे। शाम को उनके डायलॉग बोलने में, सीन इधर-उधर बदलने के लिए इंटरस्टिंग वे में, कुछ चेंज के लिए (उनसे चर्चा होती)। डायलॉग लिखते हम थे। उसी समय लीला चिटनीस का प्रस्ताव मिला। (फ़िल्म थी **किसी से न कहना**)—लीला चिटनीस के मूडी एक्सप्रेशंस से हम बड़े परेशान हो जाते थे—फिर भी काम किया टके की जरूरत थी। लौटते तो किशोर साहू से कुँवारा बाप पर बातें होती थीं, बात करते-करते बोलते चले गए—डायलॉग बनते चले गए। डायलॉग लिखते चल गए।

किशोर साहू बोले इसमें तुमको भी पार्ट करना पड़ेगा तो फिर हमने अपने लिए रोल चुना–जिस लड़के (हीरो, किशोर साहू) की सगाई होने जा रही है जिस लड़की (हीरोइन, प्रतिमा दासगुप्ता) से उसके घर मोटर लेकर टीके (तिलक) में जा रहे हैं, होने वाली पत्नी (वाग्दत्ता) के लिए कुछ गहना लेने जौहरी की दूकान पर गए जहाँ एक कुँवारी माँ ने उनकी गाड़ी की डिक्की में अपना बच्चा (नाजायज बच्चा) डाल दिया। गाड़ी चली तो कूँआ-कूँआ की आवाज से बड़े परेशान (डिक्की खोली, बच्चा देखा) घबराकर उसे (सड़क के) कोने में डस्ट बिन में डाल दिया। इत्तेफाक से उनका (हीरो का) विजिटिंग कार्ड भी गिर पड़ा। हमने कहा अब यहाँ से जो व्यक्ति बच्चे को लेकर सगाई में जाएगा वो पार्ट मैं करूँगा। खैर, वह पहला पार्ट किया। फिर **राजा** (किशोर साहू की फ़िल्म) में छोटा रोल किया। **वीर कुणाल** (किशोर साहू की फ़िल्म) में हमने अघोरी (कापालिक) का अभिनय किया था, लंबा पार्ट, मेकअप के साथ। उसका एक चित्र मदन ने तत्काल बनाया था। कदाचित कहीं रखा हो–[नागरजी के अनुज मदनलाल नागर उन दिनों आर्ट स्कूल, लखनऊ के विद्यार्थी थे छुट्टियों में बंबई गए थे–कापालिक के मेकअप में (सेट पर ही) नागरजी का एक चारकोल-स्केच बनाया था उस जीर्ण स्केच की दुबारा कुमुद नागर (नागरजी के ज्येष्ठ पुत्र) ने अनुकृति की है।]

उसके बाद बंगला नाटक **मानमयी गर्ल्स स्कूल** के रूपांतर **आगे कदम** (बंगला नाटक मानमयी गर्ल्स स्कूल पर आधारित फ़िल्म; निर्माता आचार्य आर्ट प्रोडक्शन) में पार्ट किया एक देहाती टीचर का। श्री साउंड स्टूडियो फ़िल्म वालों में (उन दिनों) पढ़े-लिखों का स्टूडियो था जो एक बिल्कुल अजूबा बात थी (क्योंकि यों फ़िल्म इंडस्ट्री में उन दिनों) पढ़े-लिखे कम ही लोग थे। शाम को वहाँ टेनिस भी होती थी–पृथ्वीराज कपूर बी. ए., जयराज बी. ए., और किशोर साहू बी. ए., एफ. आर. ए. एस., रजनीकांत पंडया और चंद्रकांत पंडया, सुरेंद्र नाथ बी. ए., एल. एल. बी. सागर फ़िल्मस (सागर मूवी टोन) वाले शाम को बैठते थे। अच्छा वातावरण था। यहाँ पर यह तय हुआ कि देहाती टीचर का पार्ट करना है–पंडितजी की खोपड़ी घुटवाओ। हमने कहा खोपड़ी क्या घुटवाना स्कैल्प (विग) लगाकर कर लेंगे पर वो नहीं माने। खैर हम राजी हो गए, खोपड़ी घुटी। बहरहाल ये दो अभिनय **वीर कुणाल** में कापालिक तथा **आगे कदम** में देहाती अध्यापक की भूमिकाएँ बड़ी थीं और मेकअप में की थीं। **राजा** और **कुँवारा बाप** की भूमिकाएँ अतिथि कलाकार के रूप में की थीं।

बंबई में जो सबसे बड़ा लाभ हुआ वो इप्टा (इंडियन पीपुल्स थियेटर एसोसिएशन) की गतिविधियों से जुड़ना। इप्टा की गतिविधियाँ तेज थीं और ख्वाजा अहमद अब्बास उत्साही थे उस समय अपने उत्साह से ही उन्होंने **धरती के लाल** (इप्टा द्वारा निर्मित प्रथम फीचर फ़िल्म जिसका गीत *देश हमारा धरती अपनी हम धरती के लाल नया संसार बनाएँगे, नया इंसान बनाएँगे* बहुत लोकप्रिय हुआ था) फायनेंस की। उस पिक्चर

में बलराज भाई (अभिनेता बलराज साहनी) भी थे और दमयंती भाभी (बलराज साहनी की प्रथम पत्नी) भी थीं। दोनों सुंदर! ऐसा खूबसूरत जोड़ा था! **धरती के लाल** में शंभू मित्रा और तृप्ति मित्रा भी थे। **धरती के लाल** पिक्चर तो बन गई लेकिन उसके चलने का कोई प्रश्न नहीं था। उस समय ख्वाजा अहमद अब्बास ने एक नाटक भी लगा रखा था। बंगाल के एक निरंजन सेन भी इप्टा से जुड़े हुए थे।

बलराजजी से हमारी मैत्री पुरानी थी, यानि वाचस्पति पाठक (भारती भंडार, इलाहाबाद के व्यवस्थापक एवं लेखक) ने कराई थी, इलाहाबाद में—सन् 1938 के लगभग। बलराजजी तब तक कुछ लिख भी चुके थे हिंदी में उनकी कहानियाँ एवं लेख प्रकाशित हो चुके थे। बलराजजी उन दिनों बहुत चिंतित थे (आर्थिक रूप से वह उनका कठिन समय था)। हमारे पास एक आफर आया—इब्सन के **डाल्स हाउस** पर **गुड़िया** नाम की पिक्चर लिखने का। हमने कहा उसके लिए पेयर (हीरो-हीरोइन का जोड़ा) भी तो समझदार लो—यह (कैरेक्टर) तो बलराज के लिए है—बलराज और दमयंती साहनी (को लो)—खैर बात पट गई। **गुड़िया** लिखी, बनी लेकिन पिक्चर डिब्बे में से निकल न पाई। पिक्चर अच्छी बनी पर पढ़े-लिखों ने ही बनाई, पढ़े-लिखों के लिए ही बनाई, और पढ़े-लिखे टिकट तो खरीदते नहीं, मुफ्त में देखते हैं, ये तो तुम्हारा भी अनुभव होगा। (नाटकों के मुफ्तुल्ला दर्शकों पर कटाक्ष—इस पर सभी हँस पड़े) **गुड़िया** चली तो नहीं लेकिन बलराज भाई और दमयंती जम गए। बलराज साहनी का लड़का भी था—परीक्षित, इतना सा (दो-तीन वर्ष का) था जब अभिनय किया करता था। जननाट्य संघ (इप्टा—इंडियन पीपुल्स थियेटर एसोसिएशन, नाम का हिंदीकरण भारतीय जननाट्य संघ बाद में हुआ संक्षेप में इसे जननाट्य संघ भी कहा जाता है) में उस समय कामिनी कौशल तेज जा रही थीं। इप्टा वालों ने एक-दो नहीं कई नाटक किए जिनमें अब्बास (ख्वाजा अहमद अब्बास) के नाटक थे। गोर्की के नाटक **लोअर डेप्थ्स** में कामिनी कौशल ने जीवंत अभिनय किया उसी समय वह सिनेमा स्टार भी बन गई और पापुलर हो गई थी। इप्टा में निरंजन सेन और एक बंगाली सज्जन (शांति वर्धन) जो उदय शंकर (नृत्याचार्य) के साथ भी रहे थे—दोनों ने मिलकर कुछ डांस ड्रामे अच्छे करवाए।

उस जमाने में (बंबई के फ़िल्मी जीवन के काल में) दो लाभ हमको और हुए—14-15 वर्ष की आयु के बाद मुझे नौटंकी देखने का अवसर नहीं मिला एक बार यहाँ (लखनऊ में) देखी थी। कोल्हापुर प्रवास में हमको तमाशा, पहली बार, बिल्कुल प्योर, बड़ा अश्लील किस्म का देखने को मिला, पॉलिश्ड नहीं मिला। तमाशा का प्रगतिशील रूप नई थीम के साथ अपेक्षाकृत सुरुचि के साथ इप्टा द्वारा किया हुआ देखा। ये 1944-45 का जमाना होगा, आजादी नहीं आई थी।

उसी समय एक और बड़ी सुंदर घटना हुई। मैंने पहली बार शिवराम कारंथ का काम देखा—उस समय उनकी मूँछें काली थीं, सफेद नहीं हुई थीं—दुबले-पतले

पर्सनालिटी शुरू से ही बढ़िया थी। या तो ऐसे छरहरे बदन का व्यक्तित्व हमने शरत् बाबू (शरत्चंद्र चट्टोपाध्याय) का देखा। लगता था बड़ा आदमी जा रहा है—या फिर शिवराम कारंथ थे। वे लाए थे यक्षगान की प्रस्तुति को नया बनाकर—तो इन दोनों (तमाशा और यक्षगान) के नए प्रगतिशील प्रयोगों ने हमको अत्यधिक प्रभावित किया। ब्रेनवेव आई वापस (उत्तर प्रदेश) लौटकर नौटंकी को भी इसी तरह नया बनाया जाए, वो भी एक अच्छा माध्यम है।

बंबई में मालवाड़ी या भागवाड़ी में—गुजराती नाटकों का एक परमानेंट स्टेज है—वहाँ कभी-कभी नाटक होते थे। तो गुजराती नाटक भी देखे। मराठी नाटक अधिक देखे।

वहाँ पर एक अद्भुत अभिनेता और अद्भुत रंगकर्मी पार्श्वनाथ अल्टेकर थे, मोटे से—आवाज शानदार, नाटक उनका मज था। तीन चार ऐसे मौके आए कि उन्होंने फ़िल्मों में डायरेक्शन दिया—जो पैसा आया वो बचाया और एक छोटा सा घर बनाया सांताक्रूज में—अविवाहित थे रहने का एक-आध कमरा था—लेकिन उन्होंने एक बहुत बड़ा हॉल बनवाया था जिसमें वह रिहर्सल करवाते थे। एक स्कूल भी चलता था उसी हॉल में—तो मराठी का रंगमंच वहाँ अधिक सक्रिय था। रायल ऑपेरा हाउस में प्रायः सवेरे के समय मराठी के नाटक होते थे। रांगड़ेकर (के नाटक) जो इस समय आ चुके थे (देखे)। कभी-कभी पुराने नाटक भी देखने को मिल जाते थे। एक नाटक **बेबंदशाही** भी देखने को मिला—औंधकर का।

औंधकर और केशवराम दांते, दोनों मराठी के श्रेष्ठ, बुजुर्ग अभिनेता थे लेकिन मेरे ऊपर उनकी अत्यधिक कृपा हो गई थी, प्रति रविवार उनके साथ बैठक होती थी।

औंधकर अद्भुत अभिनेता थे, निर्देशक भी थे, अभिनेता और निर्देशक दोनों होने के कारण ही वे अच्छे सिनेरिस्ट, पटकथा लेखक थे। **भरत मिलाप** और विजय भट्ट की **रामराज्य**, सोहराब मोदी की **सिकंदर** के सिनेरियो औंधकर ने लिखे। प्रतिभाशाली व्यक्ति थे। दादर बी. ए. सी. आई. के बाहर दाहिने हाथ पर एक चौमंजिली इमारत में एक मंजिल पर, औंधकरजी और दूसरी मंजिल पर केशवराम दांते रहते थे। एक दिन सदाबहार औंधकरजी या दांतेजी के यहाँ दोनों में चढ़ गई कि कंजूस का अभिनय करना है। केशवराम दांते ने हाथों की मुद्राओं से सारी चीज करके दिखलाई पर औंधकर ने तो कमाल कर दिया—उन्हें पैसा देना है, और हाथ नहीं उठ रहा—कमाल कर दिया औंधकर ने! मतलब खिलाड़ी देखने को मिल गया। अल्टेकर, मामा वरेरकर (मराठी के सुप्रसिद्ध नाटककार) जैसे खिलाड़ियों का बहुत अच्छा साथ रहा। वहाँ मराठी रंगमंच की गतिविधि के आगे गुजराती का रंगमंच हमें पुअर लगा। तो इस प्रकार नाटक का अंदर (हृदय में) जो पूर्व रंग था, स्वभाव था वो पुनः जाग्रत हो उठा।

## (3)

(बंबई प्रवास में) जननाट्य संघ (इप्टा) से सहयोग करने का हमें यह लाभ हुआ कि हमारे मन में यह इच्छा जरूर जागी कि लौटकर लखनऊ में फिर से मंच स्थापित करना है। बंबई से लौटे तो (अनेक पारिवारिक कारणों से आगरा चले गए, सब बच्चे वहीं अपनी ननिहाल में थे) चार-पाँच महीने वहीं (आगरा में) रहे, तो राजेन्द्र रघुवंशी (इप्टा के प्रमुख स्तंभ और प्रतिभासंपन्न अभिनेता और निर्देशक) के साथ जुड़कर शैडो-प्ले थोड़ा आरंभ किया। उदयशंकर से (सन् 1946 में उनकी फ़िल्म **कल्पना** के मद्रास में निर्माण के दौरान) तरकीब सीखकर आए थे। शैडो प्ले के कुछ प्रयोग लखनऊ में भी किए।

लौटकर यहाँ (लखनऊ में 1948 में स्थाई रूप से जम गए) हमने छोटे-छोटे स्कूल के बच्चों से लेकर युनिवर्सिटी तक के बच्चों को लेकर नाटक किए। एक हमारा शौक था जो अब मिशनरी हो गया। अब आज तो बतला ही दें—कड़की के दिन, खासी कड़की थी और जो पैसा थोड़ा बहुत बचा भी होगा तो बीवी उसे इसलिए देने को तैयार नहीं कि आगे बच्चों को काम आएगा। हम दोनों मियाँ-बीवी अच्छा संघर्षयुक्त जीवन व्यतीत कर रहे थे। अगर मुझे पाँच बजे रिहर्सल्स में जाना होता है तो मैं चार बजे (घर से) निकल लिया करता—वन-टू करता हुआ (पैदल) पहुँच जाता समय से। कभी लौटते हुए भी पैदल ही आना होता। ये सारे काम करने की भी एक लगन होती है। यहाँ (लखनऊ में) फिर कुछ पुराने एक्टरों ने सहयोग दिया जैसे राधेबिहारीलाल, पी. एन. श्रीवास्तव (लल्लन), संतराम और एक अनोखा कामेडियन था किशनलाल दुआ, (जिनकी लालबाग में स्पोर्ट्स की दुकान है), ऐसा प्रभावशाली ऐसा स्वतःस्फूर्त हास्य ले आते थे कि तबीयत खुश हो जाती थी। इन सब के संग मिलकर नाटक किए।

एक कुँवर कांतिवीर थे जो क्रांतिवीर भी बाद में हुए, कभी-कभी क्रांतिवीर भी हो जाते थे, बिजनौर के बड़े राजवंश के थे—धर्मवीर सिंह , आई. सी. एस. के छोटे भाई—उनके साथ बाढ़-पीड़ितों के सहायतार्थ नाटक (**परित्याग** तथा **काम शायर का**) किए। जलाल मलीहाबादी का **काम शायर का** जो बाद में रेडियो पर भी (ब्राडकास्ट) किया था, अच्छा छोटा प्रहसन था। हमने अपना लिखा भी एक नाटक **परित्याग** किया (प्रथम प्रदर्शन 25 सितंबर 1954 को हुआ था)—निर्देशन हमने ही किया था। **परित्याग** दो जगह और किया चौपटिया में और एक बार जब के. एम. मुंशी को लाए थे—ये नाटक अब खो गया है—प्रकाशित नहीं हुआ।

सन् 1953 ई. में एक घटना घटी इप्टा ने अपना एक मंच यहाँ भी जमाया बाबूलाल वर्मा वगैरा साथ में थे। तो यहाँ इप्टा ने **ईदगाह** नाटक किया—रजिया सज्जाद जहीर का एडाप्टेशन, प्रेमचंद की कहानी रेडियो पर (ब्राडकास्ट) हो चुकी थी तो

ईदगाह में सभी तरकीबें लगाईं। हमने पहले ही आयोजकों, मित्रों से कह दिया था कि गवर्नमेंट की परमीशन ले आओ। तीन बजे परमीशन आ गई, हम आश्वस्त हो गए। नाटक रिफाहे-आम क्लब (के हाल) में ही किया था जिसमें पहला प्रगतिशील लेखक संघ सम्मेलन प्रेमचंद ने (सन् 1936 में) किया था। रात साढ़े सात बजे तक क्लब के हाल में आधी से अधिक जनता बैठ चुकी है। पीछे हमारी तैयारियाँ करीव-करीब पूरी हैं—सहसा बाबूलाल आते हैं (नोटिस लेकर) नागरजी देखिए लिखा है कि आप नाटक नहीं कर सकते। एक बार तो धक रह गए। हमने कहा अब तो सामने हमारे मंच पर खुदा (दर्शक) बैठा हुआ है—अब चाहे जो हो नाटक तो हम करेंगे।

(प्रतिभाजी ने सवाल किया कि सरकार ने क्यों मना किया था?)

यही तमाशा है। क्या होता है जैसे इप्टा है उसमें कई कम्यूनिस्ट हैं तो ईदगाह नाटक भी जैसे कम्यूनिस्ट हो गया। अब इप्टा को लखनऊ में जमाने के लिए ये पहला नाटक था। अब आप तमाशा सुनिए और आगे—नाटक हुआ और इन्होंने (सरकार ने) अमृतलाल नागर (निर्देशक), रजिया सज्जाद जहीर (रूपांतरकार), गोकुलचंद रस्तोगी, (इप्टा के कोषाध्यक्ष) तथा बाबूलाल वर्मा (इप्टा के महामंत्री) इन चारों और दो मैनेजरों को नोटिस आ गया कि एस.डी.एम. के कोर्ट में हाजिर होइए। और जो आरोप पत्र सुनाया गया वो बड़ा इंटरेस्टिंग है—काश कहीं उसकी कॉपी हो। उसमें एक जगह है कि ये मुंशी प्रेमचंद का नावेल है, कहीं लिखा है मुंशी प्रेमचंद का ड्रामा है, कहीं प्रेमचंद का नाम उलटकर लिखा है। खैर मुकदमा और दो तीन पेशियाँ हुईं।

हेमेन्द्रनाथ दासगुप्ता की एक किताब है, **द इंडियन स्टेज**। संयोग से एक दिन पढ़ रहे थे तो दिमाग में तो था ही, देखा उसमें ड्रामेटिक परफार्मेंस एक्ट की पूरी कथा लिखी हुई है। एक पूरा का पूरा चैप्टर है उसमें—एक बंगाली के यहाँ प्रिंस आफ वेल्स के पहुँचने से लेकर सब पूरा वृत्तांत है उसमें। यहाँ (लखनऊ में) सन् 1875 में छतर मंजिल के रंगमंच पर **नीलदर्पण** नाटक हो रहा है, उसमें एक अंग्रेज दर्शक झपट पड़ता है उस नकली अंग्रेज (बंगाली एक्टर जो अंग्रेज पात्र की भूमिका कर रहा था) को मारने वालों पर। तो इन्हीं दो-तीन घटनाओं की वजह से ड्रामेटिक परफार्फेंस एक्ट लागू हुआ है।

जब हमने अपने वकील बाबू तेजनारायण को ये दिखाया और कहा शायद ये घटना-क्रम आपके कुछ काम का हो। पढ़कर बोले नागरजी आपने तो दौलत दे दी मुझे। ये केस तो फ्रीडम आफ स्पीच का है, इसको तो छोटे कोर्ट में नहीं हाई कोर्ट में लगाएँ। केस हाई कोर्ट में गया तो न्यायमूर्ति थे आनंदनारायण मुल्ला (उर्दू के सुप्रसिद्ध शायर) जो साहित्य समाज (लखनऊ के साहित्यिकों की संस्था) की हर इतवार को होने वाली बैठकों में शामिल होते थे—दोस्ताना था। अब मुजरिम हैं रजिया सज्जाद जहीर और अमृतलाल नागर तो वो बाद में हमें (अपने) चैंबर में लेकर आए

बोले आप लोगों को मुजरिम देखकर खुशी भी होती है और तकलीफ भी होती है। हमने कहा साहब या तो हथकड़ी डलवा दीजिए—नहीं तो ये केस जल्दी खत्म करवाइए, ज्यादा दौड़ना हमारे लिए मुश्किल हो जाएगा। बोले आप बेफिक्र रहिए। सन् 1956 में मुकदमे का फैसला हुआ—सन् 1947 के बाद (भारत के स्वाधीन होने के बाद) नए संविधान के अनुसार हर स्वतंत्र व्यक्ति को बोलने की (अभिव्यक्ति की) स्वतंत्रता है, अतः उक्त ड्रामा परफार्मेंस एक्ट स्वतः नल एंड वायड (निरस्त) माना जाना चाहिए।—केस खारिज हो गया।

नवयुग कन्या विद्यालय (का भवन) बनने को है तब इसके लिए (धन संग्रह करने के लिए) नाटक करना है, तो हमने **गोदान** चुना विष्णु प्रभाकर का एडप्टेशन था। उसमें तीन क्यूब्स रखे थे, इस तरह कि नीचे से घुमा दो तो सेट बदल जाए—डोरी से। उसका (सेट घुमाने का) रिहर्सल अक्सर करते थे। पहले दिन गलती क्या हुई कि नीचे पोले तख्त हैं, जो रस्सी से खींचना शुरू हुआ तो बिल्कुल तूफान जैसा भयंकर नाद होना शुरू हुआ कि आगे वालों को (दर्शकों को) दिक्कत होने लगी—हमने तुरंत साउंड बंद करवा दी। दूसरे दिन नीचे जहाँ से आवाज होती थी कुछ बालू की बोरियाँ रखवा दीं (जिससे इस दोष का निवारण हुआ) और घूमते हुए सेट (रिवाल्विंग सेट) का चमत्कार हुआ। इसमें राधेबिहारीलाल ने होरी का अभिनय बहुत ही सुंदर किया, प्रमोदबाला ने धनिया का, पी. एन. श्रीवास्तव ने गोबर का और के. एल. दुआ ने मातादीन का अभिनय किया—ऐसा कि लोग बार-बार याद करते रहे।

ओरियण्टल कान्फ्रेंस होने जा रही थी (लखनऊ विश्वविद्यालय में), आचार्य नरेंद्रदेव वाइस चांसलर थे—ये लगभग सन् 1949 की बात है तो किसी दक्षिण भारतीय विद्वान ने आचार्यजी से प्रार्थना की कि हमको इस अवसर पर हिंदी नाटक दिखलाएँ। उन्होंने (आचार्यजी ने) हिंदी विभाग से कहा—प्रसादजी का **स्कंदगुप्त** मंचित किया जाए—पिछले साल हो चुका था। जल्दी-जल्दी प्रयत्न किया पर बात नहीं बन रही थी, घबराहट हुई तो आचार्यजी ने कहा—उस बंबई वाले (नागर) को बुलाओ तो हम पहुँचे, स्क्रिप्ट में कुछ क्लिपिंग की और टीम को बाँधा। ढाई घंटे में किया नाटक, लेकिन बहुत अच्छा प्रदर्शन हुआ, बहुत अच्छा प्रभाव पड़ा।

भगवती बाबू (भगवतीचरण वर्मा) ने यहाँ भारती संस्था खोली उसके लिए उन्होंने कुछ पैसा-वैसा लगाया हमसे कहा—**रुपया तुम्हें खा गया** (भगवतीबाबू लिखित नाटक) करना है। हमने कहा ठीक है। उसमें हमने स्टेज के बीच का हिस्सा खाली करवाया। उसमें पैराफीन बिछवाकर दो पहिएदार सेट बनवा दिए। एक दृश्य में 10 वर्ष पुराना फ्लैशबैक है जबकि रईस आदमी क्लर्क था और गबन किया। तो इमीजिएटली लाइट गई और सामने वो फ्लैशबैक आ जाता है। बाहर की तरफ दो कुर्सियाँ खाली रखी हैं—आगे डेकोरेशन में, थीं भी ऐसी कि रईस और मध्यवर्गीय दोनों घरों में चल जाएँ। सामने रईस का कमरा, वहाँ लेटे हुए डॉक्टर से बातचीत

करते हैं कि इतना रुपया है और कोई मुझे पूछने वाला नहीं है—बस बीच वाला हिस्सा थोड़ा सा खींचने पर दस बरस पहले का मिडिल क्लास घर आ गया। यानि तीन हिस्से में हमने सेट बाँट लिया, थोड़ा-सा बीच का हिस्सा स्लाइड कर जाता है, उसके आगे जो खिड़की है उसको अनडिस्टर्ब्ड रखा, खाली बीच वाला हम चलाते हैं पीछे का हिस्सा दब जाता है—बड़ा अच्छा लगता है। स्टेज डिजाइनिंग में बब्बन थे हमारे साथ, बब्बन तो कारीगर थे हमारे साथ बराबर रहते थे, इस नाटक में भी थे—हमारे कॉन्फिडेंस का आदमी भी तो होना चाहिए।

एक खेल और किया था—नेट-कर्टेन का। पहली बार हमने इसका प्रयोग किया इलाहाबाद में **युगावतार** (भारतेंदु के जीवन की घटनाओं पर आधारित नागरजी का स्वरचित नाटक **युगावतार,** महादेवी वर्मा द्वारा स्थापित रंगवाणी के तत्वावधान में 23 सितंबर 1955 को पहली बार मंचित) में भारतेंदु की बनारस की गली—पारसी तरह से (स्टाइल में) पूरी गली बनी हुई नेट-कर्टेन (मसहरी के पर्दे) पर वहाँ पात्र छक्कूजी मिलते हैं, हाल-चाल पूछते हैं और फिर पर्दे के ऊपर लाइट ऑफ और अंदर की लाइट (पर्दे के पीछे की) ऑन—तो मसहरी जिस पर गली का सेट बना था सफेद कपड़ा हो जाता था—रईस के घर में पड़ा हुआ कपड़े का पर्दा। बैकग्राउंड में रेडियो-प्ले की तरह भारतेंदु की पत्नी अपने नौकर से वकील को कहला रही हैं कि इस वसीयत पर दस्तखत नहीं करने देंगे। ये बैकग्राउंड में हो रहा है—यानी टाइम कहीं नहीं खोता कि दर्शक कहीं ऊब रहा है, एक्शन चालू है—तब मुनीम आते हैं, बातें होती हैं, उन्होंने हाथ उठाया—पर्दा खींच दिया—खुल गया पूरा दृश्य। अंत में फिर हम खींच देते हैं (पर्दा) और फिर बनारस की गली में आ जाते हैं।

सर्वदानंद के तीन-चार नाटक हमने यहाँ किए, (तत्कालीन मुख्यमंत्री संपूर्णानंद के पुत्र सर्वदानंद द्वारा लखनऊ में स्थापित संस्था नटराज के नाटकों **चेतसिंह** आदि का निर्देशन किया)। **चेतसिंह** में भी ऐसे ही नेट-कर्टेन का प्रयोग किया था।

1963 में यहाँ (लखनऊ में) रेडियो (आल इंडिया रेडियो—आकाशवाणी) की रजत जयंती मनने वाली थी तो उसके लिए नाटक लिखा **नुक्कड़ पर** (यह नाटक 8 दिसंबर 1963 को आमंत्रित दर्शकों के सामने आकाशवाणी लॉन पर मंच बनाकर खेला गया था)। स्टेज पर ही बाकायदा पुरानी काट (ढंग) का ढाँचा (सेट) लगाकर किया। (इस नाटक में) एक सन् 42 का हीरो है, अब पान बेचता है, एक चाट वाला है—चाट सम्राट संतराम बना था, के. एल. दुआ, तंबोली। अच्छा अभिनय हुआ, खूब रस आया।

मेरा ख्याल है (अपने निर्देशन में) अंतिम प्रदर्शन **नुक्कड़ पर** का ही किया था।

दरअस्ल बचपन में मैं अकेला लड़का, जमाना दूसरा था कि किसी से मिला नहीं जा सकता—छेदा चपरासी का लड़का समवयस्क था लेकिन नौकर के लड़के

के संग खेला नहीं जा सकता था। हम छज्जे पर (खुनखुन जी रोड चौक स्थित इलाहाबाद बैंक की पुरानी कोठी जिसका रूपांतर अब रामकृष्ण मुन्नूलाल धर्मशाला तथा व्यावसायिक केन्द्र के रूप में हो चुका है, नागरजी के दादाजी इसी बैंक में काम करते थे, बैंक और मैनेजर का आवास उसी भवन में थे, उसी के छज्जे का जिक्र है।) लटके रहते, आती-जाती चीजें देखते, लोगों की लड़ाइयाँ, गालियाँ तक आ गईं। अकेले में उनका अभिनय करता, जब पिताजी ने मारा तो पता लगा कि ये बुरी चीजें हैं। अनेक चीजों को देखते हुए मिमिक्री (नकल) करते थे, वो कला मेरे डायलॉग में आ गई। परिस्थितियाँ बिल्कुल भिन्न होतीं तो मैं अभिनेता या डायरेक्टर बना होता—तो नाटक का रस इस प्रकार से उभारने के लिए पिता का नाट्य संस्कार से संबद्ध होना मेरे लिए अधिक बड़ी बात बनी बाद में।

किस्तों में 1998 में दैनिक जागरण में एवं संचित पुष्प अंक-4, सन् 2000 ईस्वी में तथा समग्र आलेख वागर्थ, जनवरी, 2001 में प्रकाशित

# भारतीय चित्रपट : मूक से सवाक् फ़िल्मों तक

उन्नीसवीं और बीसवीं शताब्दियों ने दुनिया को ऐसे-ऐसे करिश्मे दिखलाए कि लोग बस दाँतों तले उँगली दबा-दबा के ही रह गए। आँखें अचंभे से फट-फट पड़ीं। गपोड़ियों की गप्पों का बाज़ार ठप पड़ गया क्योंकि वे लोग जो झूठ बयान करते थे वह देर सबेर साइंस का करिश्मा बनकर सच साबित हो जाता था। गैस की रोशनी, बिजली का चमत्कार, टेलीग्राम, टेलीफोन के जादू, रेल, मोटर वगैरह-वगैरह जो पहले किसी ने देखे सुने तक न थे, ज़िंदगी की असलियत बनकर हमारे सामने आ गए थे। सिनेमा का आविष्कार भी उन्नीसवीं सदी के बीतते न बीतते जादू बनकर ज़माने के लिए सिर पर चढ़कर बोलने लगा। 6 जुलाई सन् 1896 का दिन हिंदोस्तान और ख़ास कर बंबई के लिए एक अनोखा दिन था जब पहली बार भारत में सिनेमा दिखलाया गया। अखबारों में विज्ञापन निकला कि *ज़िंदा तिलस्मात् देखिए फोटुएँ आपको चलती-फिरती-दौड़ती दिखलाई पड़ेंगी। टिकट एक रुपिया।* इस विज्ञापन ने बंबई की जनता में तहलका मचा दिया। बंबई में आज जहाँ प्रिंस आफ वेल्स म्यूजियम की इमारत और उसके पास ही चौराहे पर काले घोड़े की मूर्ति खड़ी है उसके आस ही पास किसी जगह उस ज़माने का वाट्सन होटल था। वहीं पर भारत का पहला सिने-प्रदर्शन हुआ। फ्रांस के ल्युमीयेर ब्रदर्स के एजेंट उन्नीसवीं सदी के इस ज़िंदा तिलस्मात को दिखलाने के लिए भारत में लाए थे। फ्रांस में एक साल पहले इस तमाशे का श्रीगणेश हो चुका था। अमेरिका में भी कुछ ही महीनों पहले इस तमाशे को दिखलाया गया था। लेकिन उस समय सिनेमा आज की तरह किसी कहानी पर आधारित नहीं होता था। छोटी-छोटी तस्वीरें थीं किसी में समुद्र स्नान के दृश्य दिखलाए गए और किसी में कारख़ाने से छूटते हुए मज़दूरों का दृश्य, ऐसे ही जीवन की हल्की-फुल्की झाँकियाँ देखकर लोगबाग बड़े खुश हो जाते थे। उन्हें सचमुच इस बात पर बड़ा ही अचंभा हो जाया करता था कि तस्वीरें भी चलती-फिरती और नाचती हैं। उनमें तरह-तरह के करिश्मे दिखलाए जा सकते हैं।

लेकिन यह तो शुरुआत थी जब बंबई की जनता को फ़िल्म का चस्का लग

गया तब उस दिशा में कामकाज भी शुरू हो गया। दो एक विलायती कंपनियाँ अपने प्रोजेक्टर और कैमरे यहाँ ले आईं और 1897 में पहली बार बंबई की जनता को रुपहले पर्दे पर कुछ भारतीय दृश्य देखने को मिले। बंबई की नारळी पूर्णिमा यानी रक्षाबंधन का त्योहार, दिल्ली के लाल क़िले और अशोक की लाट वगैरह के चंद दृश्यों की झलक के साथ-साथ लखनऊ के इमामबाड़े भी रुपहले पर्दे पर चमके। बंबई के अलावा कलकत्ते में भी मिस्टर स्टीवेन्सन नाम के एक अंग्रेज सज्जन ने स्टार थियेटर की स्थापना करके फ़िल्मी धन्धे को बढ़ाना शुरू किया। उस ज़माने में इसे बायोस्कोप के नाम से पुकारा जाता था। बंबई, कलकत्ते की इन विदेशी कंपनियों ने भारत के अन्य नगरों में भी चलती-फिरती तस्वीरों के तमाशे दिखाने आरंभ कर दिए थे। ये कंपनियाँ अपने प्रोजेक्टर और फ़िल्में लेकर विभिन्न नगरों में जातीं और विज्ञापनों के सहारे साइंस के इस नए करिश्मे का प्रदर्शन किया करती थीं।

भारत में इस नए काम को शुरू करने वाले पहले व्यक्ति एक सावे दादा थे दुर्भाग्यवश उनका असली नाम मैं भूल गया हूँ। मैं सन् 1941 में जब स्वर्गीय मास्टर विनायक की एक फ़िल्म **संगम** लिखने के लिए कोल्हापुर गया था तब शालिनी स्टूडियोज़ में उनके दर्शन प्राप्त करने का सौभाग्य मुझे मिला था। मझोले क़द के गोरे चिट्टे, दुबली-पतली कायावाले सावे दादा को देखकर कोई यह कल्पना भी नहीं कर सकता था कि ये अपने ज़माने के बहुत बड़े कैमरामैन और भारतीय फ़िल्म व्यवसाय के आदि पुरुष रहे होंगे। मुझे अब यह तो याद नहीं कि सावे दादा कोल्हापुर ही के निवासी थे या बंबई, पुणे के पर बंबइया मार्का हिंदी वे मजे से बोल लेते थे। उन्होंने ल्युमीयेर ब्रदर्स के प्रोजेक्टर, फोटो डेवेलप करने की मशीन या मशीनें ख़रीद कर भारत में इस धंधे का एक तरह से राष्ट्रीयकरण कर लिया था। जहाँ तक मेरी जानकारी है सावे दादा इंग्लैंड जाकर एक कैमरा भी लाए थे और शायद इंग्लैंड और फ्रांस के सिनेमेटोग्राफी कला विशेषज्ञों से भेंट करके उन्होंने भारत में इस उद्योग को स्थापित करने के लिए महत्त्वपूर्ण जानकारियाँ भी प्राप्त की थीं। शालिनी सिनेटोन के एक कमरे में लकड़ी जड़ी कुर्सी पर टाँग पर टाँग चढ़ाए बैठे हुए चश्माधारी सावे दादा ने अपनी हल्की-हल्की नकसुरी आवाज़ में मुझे उन प्रारंभिक अंग्रेज सिनेमेटोग्राफरों के नाम भी बातों के प्रसंग में ही बतलाए थे। सावे दादा ने छोटी-मोटी बहुत फ़िल्में बनाईं। भारत के प्रसिद्ध गणितज्ञ और कैंब्रिज विश्वविद्यालय के प्रथम भारतीय छात्र सर आर. पी. परांजपे जो सन् 1936-37 के लगभग लखनऊ विश्वविद्यालय के वाइस चांसलर भी हुए थे, उनके स्वागतोत्सव पर एक डाक्यूमेंट्री फ़िल्म बनाई थी। इसी तरह लोकमान्य लिलक, गोखले आदि देश के मान्य नेताओं पर भी फ़िल्में बनाईं थीं। मुझे यह भी याद पड़ता है कि भारतीय फ़िल्म उद्योग के जनक माने जाने वाले दादा साहब फालके द्वारा बनाई गई, फ़ीचर फ़िल्म **हरिश्चंद्र** से पहले भी एक फ़ीचर फ़िल्म बनी थी उसका नाम शायद **भक्त पुंडलीक** था। दुर्भाग्यवश मैं उसके निर्माता

का नाम भूल चुका हूँ (इनका नाम था दादा साहब तोरणे—संपादक)। हो सकता है वह फ़िल्म दादा साहब फालके ने ही बनाई हो। जो भी हो इतिहास ने दादा साहब फालके को ही भारतीय फ़िल्म उद्योग का जनक माना सावे दादा को नहीं। इसका कारण शायद यह भी हो सकता है कि दादा साहब फालके ने केवल एक ही नहीं वरन् कई फ़ीचर फ़िल्में एक के बाद एक बनाईं और इस प्रकार उन्होंने ही इस उद्योग की नींव जमाई। सावे दादा ने छोटी-मोटी डाक्यूमेंट्री क़िस्म की फ़िल्में तो बहुत बनाईं और समय को देखते हुए पैसा भी अच्छा ही कमाया और यदि पहली फ़ीचर फ़िल्म **भक्त पुंडलीक** उन्हीं की बनाई सिद्ध हो तो भी उनकी अपेक्षा दादा साहब फालके को ही भारतीय फ़िल्मों का जनक मानना मेरी समझ में उचित है। भारत सरकार ने भी फ़िल्म के सर्वोच्च पुरस्कार को दादासाहब फालके पुरस्कार कहके ही इतिहास की वंदना की है।

सन् 1940 में मेरे मित्र श्री किशोर साहू की पहली फ़िल्म **बहूरानी** का उद्‌घाटन दादा साहब फालके के कर-कमलों द्वारा ही संपन्न हुआ था। **बहूरानी** के अर्थपति मेरे दूसरे मित्र स्वर्गीय द्वारकादास डागा थे। बड़े पढ़े-लिखे, सुरुचिपूर्ण, साहित्यिक व्यक्ति थे उन्हीं के कारण **बहूरानी** के निर्माण काल में फ़िल्मी दुनिया से मेरा संबंध जुड़ा। दादा साहब फालके से मुझे दो-तीन बार भेंट करने के सुअवसर प्राप्त हुए थे। बड़े दबंग, जोश में आकर बड़े झपाटे से बोलने लगते थे। वे स्वयं को बात-बात में महत्त्व देने से तो न चूकते थे परन्तु उनमें अच्छाई यह थी कि वे नई पीढ़ी के महत्त्व को एकदम नकारते न थे। मुझे अच्छी तरह से याद है कि मेरे सामने उन्होंने श्री शांताराम और श्री देवकी बोस की प्रशंसा की थी। मूक चित्रपटों के सुख्यात डायरेक्टर आनंदप्रसाद कपूर, जाल मर्चेण्ट आदि-आदि बड़े-बड़े नामी स्टारों को रजत पट पर लाने वाले बनारस के स्वर्गीय भगवती प्रसाद मिश्र की प्रशंसा भी मैंने उनके मुख से सुनी थी। दादा साहब फालके अपनी फ़िल्मों के निर्माता, निर्देशक, लेखक, कैमरामैन, प्रोसेसिंग-डेवेलपिंग करने वाले, प्रचारक, वितरक, सब कुछ एक साथ थे। मुझे फ़िल्म व्यवसाय में रहते हुए उनकी सन् उन्नीस सौ तेरह में बनाई हुई **राजा हरिश्चन्द्र** फ़िल्म देखने का अवसर भी प्राप्त हुआ था। उसमें स्त्रियों का पार्ट भी पुरुषों ने ही किया था। श्री फीरोज़ रंगूनवाला ने अपनी पुस्तक में लिखा है कि दादा साहब फालके ने पहले तो वेश्या वर्ग की कुछ स्त्रियों को अपनी फ़िल्म में काम करने के लिए राज़ी कर लिया था लेकिन बाद में कैमरा के सामने आने पर वे शरमा गईं। कुछ एक को उनके संरक्षक दल्लाल भी भगाकर ले गए और इस प्रकार **राजा हरिश्चंद्र** की रानी मास्टर साडुंके को ही बनना पड़ा। ख़ैर, **राजा हरिश्चंद्र** के तीन ही महीने बाद उन्होंने **मोहिनी भस्मासुर** नामक दूसरा चित्र दिया। उनका तीसरा चित्र **लंकादहन** भारत की पहिली बाक्स-ऑफ़िस-हिट फ़िल्म कही जा सकती है, अपने ज़माने में खूब चली थी।

बंबई की तरह ही कलकत्ते में एक पारसी व्यवसायी जे. एफ़. मादन जिन्होंने मादन थियेटर नामक सुप्रसिद्ध संस्था की स्थापना भी की थी, सन् 1917 में एलफिंस्टन बाइस्कोप कंपनी नामक फ़िल्म संस्था चलाई और दादा साहब फालके की तरह ही वे भी फ़ीचर फ़िल्में बनाने लगे। इस तरह सन् 1913 से सन् 1920 तक फ़िल्मों में क्रमशः पौराणिक कथानक ही अधिकतर हमारे सामने पेश हुए। तीसरे दशक की सबसे महान् फ़िल्मी हस्ती बाबूराव पेंटर थे। साँवला रंग, दुबला-पतला शरीर, आँखों पर चश्मा, लंबी दाढ़ीयुक्त श्री बाबूराव पेंटर का व्यक्तित्व बहुत ही सौम्य और शालीन था। आज के सुप्रसिद्ध निर्माता-निर्देशक श्री व्ही. शांताराम, स्वर्गीय बाबूराव पेंढारकर, भालजी पेंढारकर तथा स्वर्गीय मास्टर विनायक आदि अनेक जानी-मानी फ़िल्मी हस्तियों के वे गुरु थे। उन्होंने काफ़ी फ़िल्में बनाईं, उनकी एक मराठी फ़िल्म **सावकार पाश** (साहूकार का फंदा) मैंने भी देखी थी। वह अपने ज़माने की बड़ी ही प्रसिद्ध फ़ीचर फ़िल्म थी। इसी दशक के लगभग अंतिम काल में कई नामी फ़िल्म स्टार हुए, जिल्लो, जुबैदा, मास्टर विट्ठल, ई. बिलीमोरिया, डी. बिलीमोरिया, गौहर, सुलोचना, माधुरी, जाल मर्चेंट, अर्मलीन, पृथ्वीराज कपूर आदि स्टारों का ज़माना यही था। और इसी दशक के अंत में सन् 1930 के आस-पास बंबई की इंपीरियल फ़िल्म कंपनी ने भारत की *'सौ टक्का, नाचती गाती, बोलती, फीलम'* **आलम आरा** का निर्माण किया। मादन की बोलती फ़िल्म **शीरीं-फ़रहाद** भी इसी समय के आस-पास आई। फ़िल्मी दुनिया में नया युग आ गया।

वार्ता : 1977

# महायुद्ध के बाद का फ़िल्म व्यवसाय

फ़िल्म व्यवसाय का आर्थिक ढाँचा अपनी युद्धकालीन संकीर्ण नीति के कारण प्रायः खत्म हो चुका है। महायुद्ध के ज़माने में इस धंधे के पुराने आर्थिक गुटों के अलावा अन्य बड़े-बड़े पूँजीपतियों की काली कमाई भी इसमें शामिल हुई थी। यह नया पैसा उद्योग को बढ़ाने की सद्‌भावना को लेकर नहीं आया था।

इनकमटैक्स और सुपरटैक्स से बचने के लिए, अंतर्राष्ट्रीय बाज़ार के बंद होने के कारण भारतीय पूँजीपतियों ने अपनी बँधी रकम को अस्थाई गति देने के लिए नई नालियाँ खोदी थीं। उनके द्वारा ही भारतीय फ़िल्म व्यवसाय में अस्थाई रूप से एक बाढ़ आ गई। स्टूडियो मालिक और फ़िल्म प्रोड्यूसरों के अलावा बहुत से स्वतंत्र फ़िल्म निर्माता इस बीच में पनपे। फ़िल्म डायरेक्टरों, अभिनेता, अभिनेत्रियों, लेखकों और टैक्नीशियन लोगों में से बहुत से उत्साही लोग स्वतंत्र फ़िल्म निर्माता बन बैठे।

इस तरह भारतीय फ़िल्म व्यवसाय के आर्थिक क्षेत्र में एक नए संघर्ष का बीज पड़ा जिसका फल महायुद्ध के समाप्त हो जाने के उपरांत साफतौर पर दिखलाई पड़ने लगा।

फ़िल्मी बाज़ार के इस नए चढ़ाव की पृष्ठभूमि में महायुद्ध के साथ जनता का मानसिक संबंध स्पष्ट है। फ़िल्म के पुराने आर्थिक गुट पुराने स्टूडियो मालिक और निर्माताओं की चढ़ती हुई शक्ति पर अपना अंकुश रखने के लिए ही उनके टैक्नीशियनों, डायरेक्टरों आदि को आर्थिक सहायता देकर फोड़ रहे थे। स्वतंत्र बनने की महत्वाकांक्षा ने इस व्यवसाय के पुराने नियम-संयम को भंग कर दिया। अराजकता के स्पष्ट रूप से दृष्टिगोचर होने के लिए उस समय गुंजाइश नहीं थी। भारतीय फ़िल्म व्यवसाय में पैसा छोटी झील से बड़ी झील बन कर कुछ और फैल गया, लोगों को अपनी जेबें गहरी मालूम पड़ने लगीं। लेकिन इस गति को नदी की स्वच्छंद गति तो माना ही नहीं जा सकता। नई पूँजी भी कुछ ही दिनों बाद बासी पड़ गई। सन् 42 से लेकर सन् 45 तक इतनी फ़िल्में बनीं कि उन्हें प्रदर्शित करने के लिए हिंदुस्तान में थियेटरों की सख़्त कमी महसूस होने लगी। बहुत सी फ़िल्में आज तक गोदामों

में बेकार पड़ी हैं।

लड़ाई के बाद, अंतर्राष्ट्रीय बाज़ार खुल जाने पर मिल मालिकों और सट्टे बाज़ार का रुपया फिर इस व्यवसाय से बाहर निकल गया, और इस तरह यह व्यवसाय गहरी दलदल में फँस गया। अब एक नई परिस्थिति सामने आई। इस व्यवसाय का छोटे से बड़ा—हर शख़्स अपनी स्थिति को सँभालने के लिए सशंक और सतर्क हो गया। पुराना आर्थिक गुट और स्टूडियो मालिक फिर अपनी सत्ता को सर्वोच्च और निरंकुश बनाने के लिए अपने को संगठित करने लगे। स्वतंत्र निर्माता उनकी राह के रोड़े थे। उन्हें कुचलना ही उनका पहला उद्देश्य बन गया। जो स्वतंत्र निर्माता इस बीच में बड़े बन गए थे। उन्होंने अपनी शक्ति का परिचय देने के लिए कुछ नए स्टूडियो खोले। पुराने गुट ने उन्हें अपने साथ मिलाने में तत्परता दिखाई। इस तरह छोटे और बीच के फ़िल्म निर्माता स्वयं अपनी ही बिरादरी के बड़े लोगों की गद्दारी के कारण दो चक्की के पाटों में दबकर पिसने लगे। यह खेल अभी तक चल रहा है। व्यक्तिगत रूप से अपने निर्माण की इच्छा रखते हुए इस व्यवसाय का हर व्यक्ति सामूहिक रूप से विनाश की ओर ही अग्रसर है।

फ़िल्म कला भी है और व्यवसाय भी। सवाल सिर्फ यही है कि फ़िल्म का काम अपनी गति के लिए मूल प्रेरणा पहले कला से पाता है, या रोज़गार से।

चूँकि आज के सारे उद्योग-धंधे अपने लिए पूँजी संगठित करने की इच्छा से ही आमतौर पर प्रेरणा पा रहे हैं, इसलिए इस लेख के आरंभ में फ़िल्म व्यवसाय के आर्थिक पहलू पर ज़ोर दिया गया है। इस मकड़ी के जाले में कला एक निरीह पतंगे की तरह फँसी हुई मृत्यु की बाट जोह रही है।

आज की फ़िल्मों का कलापक्ष आमतौर पर खोखला है, उनकी रुचि विकृत है और उनके द्वारा होनेवाला मनोरंजन अस्वस्थ है। इस विषय को लेकर पत्र-पत्रिकाओं में आए दिन समालोचना और लेख आदि छपा करते हैं। इसलिए यहाँ इसकी ख़ास चर्चा चलाना व्यर्थ है। ध्यान तो इस बात पर देना है कि हमारी फ़िल्मों का कलापक्ष ऊँचे स्तर पर क्यों नहीं उठ पाता, और किस तरह जनता अपने लिए अच्छी फ़िल्में पा सकती है।

प्रायः नहीं के बराबर लोग इस बात पर गंभीरतापूर्वक ध्यान देते हैं कि फ़िल्म निर्माण एक कला है और वैज्ञानिक रूप से काम करने पर ही कला का सुविकास होता है। ध्यान केवल बॉक्स आफिस सफलता पर ही दिया जाता है और वह भी अवैज्ञानिक रीति से। सेठ लोग एक दूसरे से ज़्यादा मुनाफ़े के लिए दीवाने रहते हैं, और फ़िल्म का कलापक्ष प्रायः 98 प्रतिशत विकृत रुचि के लोगों के हाथ में है।

परतंत्र भारत में सरकार केवल राष्ट्रीय भावना पर ही सेंसर करती थी। बाकी के लिए छूट थी।

अंग्रेजों ने जब नवाब वाजिद अली शाह को राज्य के सुशासन और सेना के

अच्छा संगठन करने से रोक दिया तो वह अपने निकम्मेपन को 'अवध का कन्हैया' बनकर पूरा करने लगे। यही हाल फ़िल्मवालों का हुआ। लेकिन आज परिस्थिति दूसरी है। बंबई का सेंसर बोर्ड फ़िल्मों से अनैतिकता को दूर रखने के लिए सतर्क है। यद्यपि यह सतर्कता ज़रूरत से ज़्यादा बढ़ी हुई है, और इसके परिणामस्वरूप बहुधा गेहूँ में से घुन बीन निकालने के ज़ोम में गेहूँ को भी कूड़े में फेंक दिया जाता है। फ़िल्मी कहानियों में नैतिकता और सुधार लाने की दृष्टि से सरकार ने कुछ आदेश और प्रतिबंध भी लगाए हैं। इसमें संदेह नहीं कि यह आदेश 'सरकारी' होने के कारण फ़िल्म निर्माताओं पर अपना असर रखेंगे, फ़ोहश संवाद, गीत, नृत्य आदि हमारी फ़िल्मों से धीरे-धीरे उड़ जाएँगे, मगर इसके साथ ही साथ यह भी डर है कि हमारे सिनेमा हाल कहीं लेक्चर हाल न बन जाएँ।

सिनेमा, रंगमंच ख़ासतौर पर मनोरंजन के लिए बने हैं। हमारे मनोरंजन करने वाले बेचारे भद्दे और विकृत तथा हीन-वृत्तियों को उत्तेजन देने वाले तरीक़ों को ही जानते हैं। जब उनसे यह तरीक़ा छीन लिया जाएगा तो उपदेश का चार्ट बन जाएँगे, जिसकी आड़ में उनका भद्दा-भोंडापन तिलक छाप और गाँधी टोपी लगा कर किसी हद तक 'भला' बनने का अभिनय करेगा। मगर इससे जनता, देश और फ़िल्म व्यवसाय का कोई लाभ नहीं हो सकता।

फ़िल्म को ज़रूरत है एक 'ब्रेन ट्रस्ट' की। सेठों की आर्थिक घुड़दौड़ और निर्देशकों, कलाकारों की विकृत रुचि में जो गहरा समझौता है, उसे 'ब्रेन ट्रस्ट' ही ख़त्म कर सकता है। हमारे देश के फ़िल्म-टैकनीशियन बहुत-सी मजबूरियों से बँधे होने पर भी दिनों-दिन उन्नति कर रहे हैं। यह निःसंदेह सराहनीय है। दिक्क़त सिर्फ़ यही है कि उन्हें अपने काम के लिए ताज़गी और नई प्रेरणा नहीं मिलती, उन्हें नए प्रयोग करने और आज़माने के लिए सुविधाएँ नहीं दी जातीं।

मेरी यह दृढ़ धारणा बन गई है कि सरकारी फ़िल्म सेंसर बोर्ड एक निहायत की निकम्मी संस्था है। उसके मेंबरों को ज्यादातर न तो कहानी परख़ने की तमीज़ होती है और न टैकनीक आदि में दिलचस्पी लेने का माद्दा। चार मोटे-मोटे उसूलों को उल्टे-सीधे ध्यान में रखकर वह महज़ फ़तवे और फ़रमान निकालना जानते हैं। यह सेंसर बोर्ड अंग्रेज़ी शासन प्रणाली की एक रस्मियाँ ख़ानापूरी के तौर पर आज भी काम करता है। ऐसी बेजान ख़ानापूरी से किसी को भी लाभ नहीं पहुँच सकता।

'ब्रेन ट्रस्ट' में हर प्रांत के माने हुए उपन्यास-कहानी लेखक, संगीतज्ञ, नृत्यकार, शिल्पी और चित्रकारों को आमंत्रित किया जाए। साथ ही मनोविज्ञान, इतिहास, राजनीति और अर्थशास्त्र के विद्वान भी शामिल किए जाएँ। इनके साथ फ़िल्म के चुने हुए विशेषज्ञों की भी नामज़दगी हो।

यह 'ब्रेन ट्रस्ट' केंद्रीय सरकार द्वारा स्थापित किया जाना चाहिए। ट्रस्ट की साल में 6 बैठकें अनिवार्य रूप से हों। फ़िल्म के कलापक्ष की सारी जिम्मेदारी इस

ट्रस्ट को सौंपी जाए।

'ब्रेन ट्रस्ट' के सदस्यों का चुनाव विविध भाषाओं के साहित्य सम्मेलनों, संगीतविद्यालयों, आर्टस्कूलों तथा यूनिवर्सिटियों की पूर्व सिफारिश से होना चाहिए।

इसके संरक्षण में मोशन पिक्चर्स प्रोड्यूसर्स एसोसिएशन द्वारा एक स्थाई कार्यालय कायम किया जाए। यह कार्यालय कहानियाँ, सिनेरियो, संवाद, गीत, संगीत, नृत्य, वेशभूषा, शिल्प आदि फ़िल्म की आवश्यक सामग्री प्रस्तुत करे। फ़िल्म निर्माताओं को उनकी आवश्यकतानुसार रचनाएँ देने का ज़िम्मा इसी बोर्ड का हो। फ़िल्म निर्माता स्वतंत्र रूप से भी यह सामग्री प्रस्तुत करवा सकते हैं, परंतु चित्र निर्माण के पहले उन्हें 'ट्रस्ट' द्वारा उसका परीक्षण कराना अनिवार्य किया जाए।

आर्थिक मकड़ी के जाले में फँसकर मरने वाली फ़िल्म कला इस योजना द्वारा नवजीवन पाएगी, इसमें संदेह नहीं। सिनेमा आज के युग का एक अतीव शक्तिशाली माध्यम है। मनोरंजन जनजीवन के विकास के लिए भोजन और वस्त्रों की भाँति ही अत्यावश्यक है। अक़्ल के नाख़ून नोचने वालों के हाथ में इतनी बड़ी ज़िम्मेदारी को यों ही सौंपे रखना हर तरह से घातक है। सदियों की गुलामी से मुक्त होने वाला राष्ट्र अंधी दौड़ हरगिज़ नहीं दौड़ सकता।

साप्ताहिक संगम, इलाहाबाद के दीपावली अंक के लिए लिखित

लेखन तिथि : 29-9-48

# युगधर्म और फ़िल्म-निर्माता

किसी देश की सांस्कृतिक, धार्मिक, राजनीतिक एवं सामाजिक परंपरा का परिचय प्राप्त करने के लिए जिन साधनों का सहारा लिया जाता है, उनमें नाट्य-कला का विशिष्ट स्थान है। आज, जबकि युगांतर हो रहा है, यह आवश्यक प्रतीत होता है कि नवीन विचारों की प्रगति के साथ-साथ हम अपनी परंपरा को ध्यान में रखें। विश्व के इतिहास में युगांतर के समय हर जगह जिन माध्यमों के द्वारा युग का निर्माण किया गया है, उनका अध्ययन और मनन करने से हमारे वर्तमान और भविष्य की अनेक समस्याएँ सहज ही सुलझ जाती हैं।

सिनेमा नाटक का ही उन्नत रूप है। हमारे देश में अति प्राचीन काल से ही नाटकों को महत्त्व दिया गया है। इसके जन्मदाता स्वयं भगवान शंकर माने जाते हैं। इन्हें नटराज, नटेश, नटनाथ, महानट और आदि-नट नामों से पुकारा जाता है। पुराण बतलाते हैं कि ब्रह्मा ने नटराज शंकर से यह कला सीखी, और गांधर्व वेद की रचना की। ऋग्वेद से रस, यजुर्वेद से अभिनय, साम से गान और अथर्व से भाव लेकर ब्रह्मा ने गांधर्ववेद को रचा। फिर यह वेद उन्होंने भरतमुनि को सिखलाया, और भरतमुनि के द्वारा इस कला ने प्रचार पाया।

संवाद, गीत, संगीत, नृत्य और अभिनय द्वारा दर्शक का मनोरंजन करते हुए मस्तिष्क को उन रसों से प्रभावित करना, जिनका नाटक में प्रतिपादन किया गया है, यही नाटक का उद्देश्य है। नाटक के परिवर्धित रूप सिनेमा का भी यही उद्देश्य है। सिनेमा के रूप में नाटक को नूतन वैज्ञानिक आविष्कारों का भी सहयोग प्राप्त है। अतएव रसों का प्रतिपादन करने की दृष्टि से आज उसका उत्तरदायित्व और भी बढ़ा-चढ़ा है; उसका क्षेत्र भी आज अधिक विशाल है।

हमारे देश में नाटकों को अति प्राचीन काल से महत्त्व दिया जा रहा है। समाज पर नाटकों का प्रभाव केवल इस बात से ही सिद्ध हो जाता है कि ऋग्वेद के अनेक स्थलों पर संवादों में नाटकीयता कूट-कूट कर भरी गई है। उर्वशी-पुरुरवा, यम-यमी, इंद्र-वरुण आदि के अनेक संवाद इसके उदाहरण हैं।

भरतमुनि का नाट्यशास्त्र अपनी प्राचीनता के लिए प्रसिद्ध है। वाल्मीकीय रामायण में लिखा है कि नाना के घर भरत का मनोरंजन करने के लिए नृत्य, संगीत और नाटकों की व्यवस्था की गई थी। महाभारत में भी नाटकों का उल्लेख है। भगवान कृष्ण के अनेक नामों में एक नटवर नटनागर भी है। बौद्धयुग में भी नाटकों का समाज पर प्रभाव था, इसका पता शिलालेखों, जातकों और गुहाचित्रों से लगता है। अशोक को नाटक देखना पसंद था। वात्स्यायन के कामसूत्र में भी नाटकों का उल्लेख है। इसके उपरांत तो भास, सौमिल्ल, कविपुत्र, कालिदास, भवभूति, शूद्रक, वाण, राजशेखर आदि अनेक उच्चकोटि के नाटककार और उनकी अमर कृतियाँ हमारे देश में नाटकों के माहात्म्य का परिचय देने के लिए, हमारे सौभाग्य से अब तक विद्यमान हैं।

इस परंपरा का बखान करने का मात्र उद्देश्य यही है कि हमारे देशवासी नाटक के परिवर्धित एवं उन्नत-रूप सिनेमा को देखते हुए ये कभी न भूलें कि वे इस कला के मूल्य को प्राचीनकाल से आँकते चले आए हैं। वे सदा से इस कला के मर्मज्ञ रहे हैं। और यदि आज वे सिनेमा में अपनी इस लंबी-चौड़ी परंपरा को नहीं देख पाते, उसे आगे नहीं बढ़ा पाते तो यह उनकी अनभिज्ञता, रसशून्यता और अगतिशीलता का ही दोष है।

आज के युग का सांस्कृतिक, राजनीतिक और सामाजिक विकास करने के लिए रजतपट एक अत्यंत शक्तिशाली माध्यम है, इस विषय में तो दो मत कदापि नहीं हो सकते। देखना यह है कि इस शक्तिशाली माध्यम का हमारे देश में दुरुपयोग अधिक हुआ है या सदुपयोग!

इस महत्त्वपूर्ण विषय की विवेचना करने से पहले इस महादेश की जनता के सांस्कृतिक एवं राजनीतिक नवजागरण, जनमन की उलझनों और अतृप्तियों तथा उनकी बौद्धिक समस्याओं को देखना होगा।

पाश्चात्य सभ्यता और विज्ञान के प्रभाव से इस देश में नई चेतना आई। सदियों की गुलामी एवं अज्ञानांधकार ने हमें बुरी तरह से पछाड़ रखा था। यद्यपि आज भी हम उससे सही तौर पर मुक्त नहीं हो पाए फिर भी, वर्तमान युग की समस्त अशांति और अराजकता में से गुजरते हुए भी, हमारी चेतना उत्तरोत्तर सत्य की ओर उन्मुख हो रही है।

सिनेमा ने जब स्वर्गीय दादा साहब फालके के अदम्य साहस और लगन के फलस्वरूप इस देश में पदार्पण किया, तब वह एकमात्र नवाकर्षण और आश्चर्य की ही वस्तु बन सका। हमारे देशवासियों ने सिनेमा के संबंध में इससे अधिक सोचने का प्रयत्न तब नहीं किया था। हनुमान द्वारा लंका का फूँका जाना, अथवा भगीरथ द्वारा गंगा का आकाश से पृथ्वी पर लाया जाना, आदि पौराणिक चमत्कारों से साक्षात्कार ही हमें अभीष्ट था। फिर क्रमशः सिनेमा हमारे लौकिक मनोरंजन का साधन बना, और पाश्चात्य मूकचित्रों की नक़ल पर हमारे देश में चित्र बनने लगे। जनता के पढ़े-

लिखे वर्ग ने उन्हें धीरे-धीरे अपनाना शुरू किया। लेकिन उस समय देश की जनता के हृदय में सिनेमा पूरी तरह से अपना स्थान न बना सका।

सवाक् चित्रों ने इस देश की जनता को सिनेमा के अधिक निकट ला दिया। नाटकों की तरह सवाक् चित्रों के लिए लोगों में अधिक आत्मभाव उपजा। धीरे-धीरे इस 'सौ टका बोलते-गाते-नाचते' फ़िल्मों ने स्टेज को क़रीब-क़रीब ख़त्म ही कर डाला। इंपीरियल कृत **आलम-आरा;** मदन थियेटर के **शीरीं-फ़रहाद, लैला-मजनूं** और **अलीबाबा** ने तत्कालीन भारतीय नागरिक समाज पर बहुत बड़ा असर डाला। नवशिक्षित मध्यवर्ग के लिए इससे पहले मनोरंजन का कोई उपयुक्त साधन न था। सार्वजनिक मेलों, नौटंकियों और रास-मंडलियों से उसकी दिलचस्पी न हो सकी। श्री सूर्यविजय नाटक समाज, कोरंथियन, अल्फ्रैड वग़ैरह बड़ी-बड़ी नाटक कंपनियाँ कभी-कभी कुछ दिनों के लिए शहरों में आती थीं। उनमें खूब भीड़ हो जाती थी। रईसों की महफिलों में मध्यवर्ग कभी-कभी रस का आभास पा लिया करता था। धीरे-धीरे परिस्थितियों के प्रभाव और आर्थिक उलझनों तथा अपनी विलासिता के बोझ से दब कर पुराने रईस मिटने लगे। उनके साथ ही तवायफ़ और महफ़िलें भी तबाह हो गईं।

बोलपटों के आरंभकाल में जनता मनोरंजन के लिए कला के सूक्ष्म तत्त्वों के बारे में अधिक सोचने का परिश्रम नहीं उठाती थी। लोग विज्ञान के इस नवीनतम चमत्कार को देखकर ही संतुष्ट हो जाते थे। उनके लिए भक्त प्रह्लाद, वसंत बंगाली, और इंदरसभा प्रायः एक समान थे। बोलपटों के उक्त शैशवकाल में श्री रमाशंकर चौधरी द्वारा दिग्दर्शित इंपीरियल चित्र **माधुरी** से भारतीय फ़िल्म क्षेत्र में नवयुग आया। सवाक् चित्रों के उन प्रारंभिक दिनों में श्री चौधरी हमें कला की हल्की-सी झलक दिखाने में किसी हद तक सफल हुए।

सवाक् चित्रों को प्रगति के पथ पर ले जाने वालों में दो नाम उल्लेखनीय हैं—देवकी बोस और शांताराम। ये दोनों दिग्दर्शक, चित्रपट कला को दो विभिन्न दिशाओं में बढ़ाते हुए मध्यवर्ग में कलात्मकता को ऊँचे स्तर पर उठाने में श्री चौधरी से अधिक समर्थ थे। देवकी बोस ने **पूरन भगत** और **चंडीदास** देकर हमारी कोमल भावनाओं को प्रश्रय दिया। शांताराम ने चित्र निर्माण कला का स्टैंडर्ड ऊँचा उठाया।

फिर तो इस देश में फ़िल्म का उत्तरोत्तर विकास होने लगा। इसका श्रेय बंगाल की न्यू थियेटर्स तथा महाराष्ट्र की प्रभात फ़िल्म कंपनी को ही अधिक है। यहाँ एक बात ध्यान देने योग्य और है; नाटक और रंगमंच भी भारत के इन्हीं दो प्रांतों में अधिक उन्नति कर सके थे।

यद्यपि फ़िल्मों का उत्पादन बंबई में ही अधिक हुआ है, तथापि बंबई कलात्मकता में सदैव पिछड़ी हुई रही। हाँ, भारत के इस प्रमुख व्यावसायिक केंद्र में, कुशल गुजराती व्यवसायियों की व्यावसायिकता ने फ़िल्म-कला का व्यावसायिक पहलू तगड़ा करने में निस्संदेह बहुत मदद की है।

स्वर्गीय हिमांशु राय की बांबे टाकीज़ और उसके ऐश्वर्ययुक्त संगठन ने इस देश के फ़िल्म-इतिहास में अपना एक निश्चित स्थान बनाया और बंबई के कलाहीन कला-सर्जकों को एक निश्चित गति देकर आगे बढ़ाया। सागर फ़िल्म कंपनी का उत्थान और समय-समय पर रणजीत के परिवर्तित रूप का प्रेरणा स्रोत न्यू थियेटर्स, प्रभात और बांबे टाकीज़ के संगठन की पृष्ठभूमि में ही खोजने पर मिलेगा।

देश की जनता उत्तरोत्तर सिनेमा प्रेमी बनती गई। जनता में उत्तरोत्तर अपने मनोरंजन के प्रति सुरुचि और कला की श्रीवृद्धि के लिए नूतन विचारों का विकास होने लगा। जो जनता **हंटरवाली** और **बंसरीबाला** को बार-बार देखकर नहीं अघाती थी, उसे ही अब वे चीज़ें नीरस और भोंडी मालूम पड़ने लगीं। अच्छे कथानकों का अभाव लोगों को अखरने लगा। न्यू थियेटर्स ने शरत् बाबू के प्रसिद्ध उपन्यास **देवदास** को ऐसे ही मनोवैज्ञानिक अवसर पर फ़िल्म के रूप में पेश कर फ़िल्म निर्माताओं का नई दिशा में नेतृत्व किया।

**देवदास** ने युगांतर उपस्थित किया। फ़िल्म **देवदास** के साथ ही हमारे शिक्षित समाज ने देशी-सिनेमा को अपनाया। **देवदास** ने भारतीय चित्रों को एक निश्चित गति दी। उसका महत्त्व इस दृष्टिकोण से आज भी कम नहीं। इसलिए यह आवश्यक है कि **देवदास** की सफलता के साथ-साथ तत्कालीन समाज के मनोभावों को भी अच्छी तरह समझ लिया जाए।

**देवदास** एक व्यक्ति की ट्रेजडी थी। अमीरी-गरीबी, और जाति-भेद के दो प्रबल बंधन ही व्यक्ति की ट्रेजडी के कारण बने थे। ट्रेजडी हुई थी प्रेम में असफलता के कारण। इन तीन बातों के साथ एक और चीज़ मुख्यतः जुड़ी हुई थी। वह थी व्यक्ति के अंदर जागी हुई विद्रोह की भावना। तत्कालीन समय के अनुसार वह विद्रोह जिस दिशा में फूटा और गहरा रंग लाया, वह था गिरता हुआ वेश्यावर्ग। इन चार बातों को ध्यान में रखते हुए हम अपने मध्यमवर्ग में, विशेषतः युवकों में **देवदास** की सफलता को ढूँढ़ें।

सन् 1919 के जलियाँवाला बाग़ से लेकर सन् 1930 के असहयोग आंदोलन तक में भाग लेने वाला देश का मध्यमवर्ग राजनीतिक रूप से अधिक चेतन हो चुका था। यद्यपि उसकी इस चेतना में गुलामी की हीनभावना ही अधिक उभरकर आती थी। राजनीति की गुलामी के साथ धार्मिक, सामाजिक और आर्थिक गुलामी भी खलने लगी। पाश्चात्य शिक्षा के प्रभाव ने स्त्री-पुरुष के अंदर सहज स्वाभाविक रीति से उत्पन्न होने वाले पारस्परिक प्रेम के आदान-प्रदान के बीच में जाति और धन को बहुत बड़ी रुकावट मानकर उस सीमा बंधन को तोड़ने के लिए अपने अंदर साहस बटोरना शुरू कर दिया था। तब तक वह अपने साहस और विद्रोह को सामूहिक रूप से कार्य रूप में अधिक परिणत नहीं कर सका था। देवदास भी नहीं कर सका।

देवदास उस युग का प्रतिनिधि युवक था, जिसके अंदर विद्रोह की भावना

तो थी लेकिन उसके अनुसार कार्य करने की समुचित शक्ति और साहस उसमें न था। वह आर्थिक और सामाजिक बंधनों में बँधा-बँधा उलझता था। उसका विद्रोह लक्ष्यहीन और निष्क्रिय था। हमारे देश का युवकवर्ग भी देवदास की तरह ही निष्क्रिय विद्रोही और शक्तिहीन था। इसीलिए वह देवदास के दुख में अपना दुख अनुभव करता हुआ, देवदास की असफलताओं पर आठ-आठ आँसू बहाकर, रोकर प्रायश्चित्त-सरीखी शांति पाने के लिए वह बार-बार **देवदास** देखने जाता था। किसी तरह अपने को तुष्ट कर लेता था। अपनी अक्षमता के प्रति वह अधिक चेतन हो चुका था। युवकों ने पच्चीस-पच्चीस और तीस-तीस बार इस फ़िल्म को देखा। अनेक युवक लगातार तीनों शो में बैठकर **देवदास** देखते, और यह क्रम एक-दो दिन नहीं, हफ़्तों तक चलता रहा था। उनकी आपस की बातचीच में **देवदास** के संवादों का प्रभाव स्पष्ट रूप से पड़ा था।

देवदास के निष्क्रिय विद्रोह की गाज गिरी चंद्रमुखी नाम की वेश्या पर। हमारे युवक वर्ग में तब तक भी वेश्या एक महत्त्वपूर्ण स्थान ग्रहण करती थी। ओपेन एअर रोमांस की हवा भी तब तक हमारे देश में नहीं आ पाई थी। यद्यपि आज भी वह नहीं आ सकी, फिर भी बड़े शहरों में शिक्षित युवक और युवती वर्ग आज पहले से अधिक घुलमिल सकता है। इसलिए उसे अब कोठे की परी के तलुवे चाटने की ज़रूरत ज़्यादा महसूस नहीं होती। लेकिन कल तक तो कोठे की परी उसके दिल की रानी थी। पैसे के अभाव में वह वेश्यावर्ग से प्रेम के बजाय ठोकरें ही अधिक पाया करता था। इससे उनके मन को बड़ी ठेस लगती थी। हारने पर अपने गुलाम स्वभाव के अनुसार उसकी यही निष्क्रिय इच्छा होती थी कि वह एक दिन अपने हराने वाले को हराए, उसे भी अपने प्रेम में तड़पता हुआ देखे; उस पर हुकूमत करे। देवदास ने चंद्रमुखी वेश्या को बहुत तड़पाया, बहुत जलाया। चंद्रमुखी देवदास पर परवाने की तरह मर मिटी थी। युवक वर्ग के निष्क्रिय विद्रोह को इसमें अपनी जीत दिखाई देती थी, इसीलिए उसने देवदास से और भी अधिक अपनत्व माना।

**देवदास** की सफलता ने भारतीय फ़िल्म व्यवसाय को सफलता की कुंजी दे दी। निर्मातागण **देवदास** की नक़ल पर दुःखांत चित्र बनाने लगे। लेकिन ऐसी चीज़ों को कलात्मक रीति से प्रस्तुत करने में न्यू थियेटर्स ही सर्वाधिक सफल रहा। उस समय को देखते हुए उसकी (न्यू थियेटर्स की) कहानियों का गठन, गीत, संगीत का स्टैंडर्ड, अभिनय और निर्देशन औरों से अधिक अच्छा था।

युद्ध के बादल मँडराने लगे। विश्व में आदर्शों को लेकर लड़ाई छिड़ी। अनेक प्रचलित 'वादों' में सत्य की शक्ति को जाँचने के लिए बुद्धिवादी मनुष्य विज्ञान का सहारा लेकर संहार करने लगा।

हमारे गुलाम देश में महायुद्ध के कारण एक नए रूप से राजनीतिक चेतना जाग्रत हुई, जिससे उसके विद्रोह ने अपनी निश्चित दिशा का वास्तविक ज्ञान पाया।

अपनी अशांति और बुनियादी समस्याओं पर साम्राज्यवाद और पूँजीवाद की सख़्त क़ैद को उसने अब पहले से कहीं अधिक स्पष्ट रूप से महसूस किया, और उससे मुक्त होने की नई चेतना पाई। गुलामी के कारण ज़बर्दस्ती अकर्मण्य बनाया गया भारतीय अब परिस्थितियों की जंज़ीरों में जकड़ा हुआ होने पर भी करवटें बदलने का उपक्रम करने लगा।

महँगाई बढ़ी; खाना और कपड़ा जीवन की जटिल समस्या बनकर उसके सामने आया। युद्धकाल में पूँजीवादी आर्थिक नीति के कारण पैसा सस्ता हुआ और ज़िंदगी चौगुना महँगी हो गई! मनोरंजन के माध्यम के रूप में सिनेमा अब तक सर्वाधिक लोकप्रियता प्राप्त कर चुका था। जीवन से झुँझलाया हुआ आदमी दो घंटे के लिए सिनेमा हाल में अपने को बहलाने आता था। आज चूँकि आँसू और तकलीफें उसकी ज़िंदगी को हर तरफ़ से घेरे हुए थीं, इसलिए सिनेमा में वह उनसे दूर रहना चाहता था। निर्माता ने बदले हुए ज़माने को भाँपा और दुःखांत फ़िल्म बनाना बंद कर दिया। रोमांस, छेड़खानी, हँसी मज़ाक, चुलबुले गीत, जवानी की सस्ती रंगीनियों को उभारने वाले नाच उसने अपने चित्रों में देना आरंभ किया। जनता ने उन्हें खूब पसंद किया। यहाँ तक कि हमारे फ़िल्म निर्माताओं, डायरेक्टरों, कहानीकारों, संवाद लेखकों और गीतकारों, अभिनेताओं और अभिनेत्रियों में इस बात की होड़-सी लग गई कि कौन किससे बढ़कर अश्लीलता और भद्देपन में रस लेता है।

युद्धकाल में जनता द्वारा ऐसे चित्र क्यों बेहद पसंद किए जाते थे? इसका मुख्य कारण तो यह है कि लोगों के सामने एक ओर जहाँ आदर्शों और आज़ादी के लिए होने वाला महायुद्ध था; वहाँ ही, दूसरी ओर अपनी परवशता और निष्क्रियता का क्रूर और अवसादपूर्ण अनुभव भी था। विरोधी शक्तियाँ जब मनुष्य को ऊँचा उठने से रोक देती हैं, तब स्वभावतः औसत बुद्धि का मनुष्य अपना धैर्य, साहस और विश्वास खोकर, सनक से भरा हुआ पतन की ओर बढ़ता है।

युद्ध के प्रारंभिक वर्षों में बांबे टॉकीज देश के जवान दिलों पर हुकूमत करती थी। देश में सिनेमा का प्रचार इस ज़माने में बहुत अधिक हुआ। शहरों में रहने वाली जनता तो प्रायः शत-प्रतिशत सिनेमा की शौक़ीन हो गई।

मानव की दुर्बलताएँ जीवन के सत्य से डरती थीं। जो रोमांस, जो मन-बहलाव के साधन थे, सामाजिक (!) चित्रों में दिखाए जाते थे, वे वर्तमान जीवन के साथ ज़रा भी मेल न खाते थे। उनका अभाव मजबूर, गुलाम हिंदुस्तानी को अधिक अतृप्त बनाने लगा।

सन् 1942 की ऐतिहासिक अगस्त क्रांति हुई। अपनी खोई हुई शान को वापस लाने के लिए अपने कुचले हुए विद्रोह का बदला लेने के लिए महायुद्ध से प्रेरित भारतीय एक नए उत्साह के साथ आगे बढ़ा। 'करो या मरो' की भावना को लेकर उसने अपने विद्रोह को कार्य रूप में परिणत किया। परंतु नेतृत्व-हीनता, अनभिज्ञता

और विपरीत परिस्थितियों के कारण उसने बुरी तरह से मात खायी—बड़ी बुरी तरह से कुचला गया। यहाँ तक कि साम्राज्यवाद के दमन ने उसके आत्मविश्वास को चूर-चूर कर दिया। गुलाम भारतीय फिर खो गया।

फ़िल्मों ने रंग बदला। प्राचीन काल के आमोद-प्रमोद, ऐतिहासिक भारत की भव्यता और पूर्वजों के पौरुष का रजतपट पर दर्शन करा कर फ़िल्म निर्माताओं ने अपने खोए हुए देशवासियों का मन बहलाया। अपने सुनहले दिनों को, बीते हुए गौरवशाली युग को रजतपट पर देखकर गुलाम भारतीय दो घंटे के लिए अपनी गुलामी को भूल जाता था।

यों गुलामी को थोड़ी देर के लिए भूलने का बहाना भले ही कर ले, मगर हर क्षेत्र में, गृहस्थी की एक-एक आवश्यकता के लिए इस देश के मनुष्य का जीवन-संघर्ष अत्यधिक प्रबल हो गया था। गुलाम भारतीय ने अपने घर में, अपनी छोटी से छोटी आवश्यकताओं तक के लिए, इस लड़ाई को हर साँस के साथ महसूस किया। वह हर तरफ़ से घबरा गया, निराश हो गया। 'निर्बल के बल राम' इस मौके पर काम आए। गली-गली में हरिनाम कीर्तन के झाँझ करताल बजने लगे। आमतौर पर उस ज़माने में तीन काम बड़े जोरों-शोरों के साथ इस देश में हो रहे थे। ब्लैक मार्केट जो पूँजीवादी वर्ग को स्थूल बनाता रहा था और बाक़ी लोग 'पॉलिटिक्स डिस्कस' करते थे और हरिनाम कीर्तन करते थे। ज़िंदगी का रोना तो घर-घर में था।

रजतपट पर भगवान् और उनके अनेकों पौराणिक भक्त, संत आदि अवतरित होने लगे। धार्मिक चित्रों की बाढ़ आ गई। मुस्लिम निर्माता धार्मिक चित्र तो न दे सके, किंतु मुस्लिम वातावरण के ऐतिहासिक और सामाजिक चित्रों के द्वारा उन्होंने धार्मिकता को प्रचुर मात्रा में प्रोत्साहित किया! यह स्वाभाविक ही था।

युद्ध के उत्तरकालीन चित्रों में जो अधिकांशतः पौराणिक, ऐतिहासिक और धार्मिक थे। उनमें एक बात ख़ास तौर पर देखने में आती थी। किसी न किसी प्रसंगवश जोशीले 'राजनीतिक संवादों' का हर चित्र में आना अनिवार्य था। अंग्रेजों के लिए हर हिंदुस्तानी दिल में 1942 के बाद जो गुस्सा और नफ़रत भरी हुई थी, जिस आज़ादी के लिए वह लड़ा, और बहुत बुरी तरह कुचला गया था, वह आज़ादी की भावना मरी नहीं।

जीवन की हर आवश्यकता के साथ वह अपनी गुलामी के बोझ को हर मिनट बड़ी बेबसी के साथ महसूस कर रहा था। हिंदुस्तानी स्वाभाविक रूप से उस समय वाग्वीर बन गया था। वाक्‌शूरता अनर्गल प्रलाप तक पहुँच गई। हमारी फ़िल्मों के डायलॉग आमतौर पर शब्दों के बोझ से लदे हुए होते थे। (आज भी होते हैं) फ़िल्म के क्षेत्र में कला अराजक हो गई थी। जनता में चित्रों की माँग थी इसलिए फ़िल्म की दुनिया में हरेक के लिए काम चौगुना-पचगुना बढ़ गया था। काम के हिसाब से दाम भी बढ़े। बल्कि दाम तो काम से भी पचासगुना ज़्यादा क़ीमती हो गया।

किसी को अपने काम से प्यार न रहा! नतीजा साफ़ है। हर चित्र अपने दिवालियेपन का परिचय पुकार-पुकार कर देता है। ये चित्र केवल फ़िल्मी दुनिया के दिवालियेपन का परिचय ही नहीं, बल्कि उन्हें पसंद करने वाले, सराहने वाले करोड़ों हिंदुस्तानियों के दिमाग़ी दिवालियेपन का परिचय भी है।

युद्ध समाप्त हुआ। युद्ध समाप्त होने के एक वर्ष पहले से ही धार्मिक, पौराणिक, ऐतिहासिक, सामाजिक सभी प्रकार के चित्र फ़ेल होने लगे थे। भारतीय रजतपट, ज़माने की रफ़्तार के साथ न चल सका। उसकी हर कोशिश बेकार होने लगी। इसका कारण क्या है, इसे फ़िल्म निर्माता सिद्धांततः जानते हुए भी न जानने की ज़िद करता है।

आज के फ़िल्म निर्माता को युग का प्रतिनिधित्व करना था; साथ ही साथ पथनिर्देशन भी! आज की जनता का बौद्धिक विकास पूर्व-युद्धकाल से निश्चय ही बहुत अधिक हो चुका है।

राजनीतिक चेतना इस देश में आज जितनी है, इतनी पहले कभी भी नहीं थी। सन् '42 के बाद देश में होनेवाली सारी घटनाएँ प्रत्येक हिंदुस्तानी के हृदय और मस्तिष्क में समाई हुई हैं। जीवन के वास्तविक तत्त्वों को ग्रहण करने के लिए आज का भारतीय अपनी बौद्धिक अगतियों से बँधा हुआ, बहुत अधिक छटपटा रहा है। उसकी उलझनें एक से हज़ार हो गई हैं जिन्हें वह क्षण भर के लिए भी अपने दिमाग़ से नहीं निकाल पाता। ऐसे आदमी का मनोरंजन क्या अब खोखली चीज़ों से हो सकेगा? वह अब अपने को बहलाना नहीं चाहता वरन् सच्चा आनंद प्राप्त करना चाहता है। आज सपनों के कुएँ खोद कर उसकी प्यास नहीं बुझाई जा सकती। अपने मन का सारा विद्रोह, खीझ और उत्कंठा लिए हुए वह शांति पाने के लिए भटक रहा है। अपनी अकर्मण्यता, निष्क्रियता से भी वह लड़ रहा है, किंतु उसे अपनी शक्तियों का उचित उपयोग करने की उचित समझ और सूझ नहीं। सही रास्ता पाने के लिए वह प्राणपण से प्रयत्न कर रहा है। वह अपनी समस्याओं को सही तरीके से समझना चाहता है और उसका हल भी चाहता है।

फ़िल्म निर्माता को आज देश का मनोवैज्ञानिक धरातल खोज कर पहचानना होगा। उसी के आधार पर उसे अपने चित्र निर्माण करने होंगे। यदि वह ऐसा नहीं करेगा तो उसकी हानि बराबर इसी तरह होती रहेगी।

आज सारी पृथ्वी पर मनुष्य का चेतना-चक्र जिस शक्ति के सहारे चल रहा है वह राजनीति है। धर्म, सभ्यता, संस्कृति और जीवन की सारी समस्याएँ इस समय राजनीति के माध्यम से ही प्रकट होती हैं।

इस बात को ध्यान में रखते हुए, अपने देश की समस्याओं को देखना और समझना होगा।

इस वक्त सबसे पहली चीज़ जो हरेक के दिमाग़ की ऊपरी सतह पर सबसे आगे आती है वह है, पैसा। पैसा उसकी हर समस्या का हल है, ऐसा आज हरेक

आदमी सोचता है। इस तरह सोचने के लिए वह मज़बूर है। वह साफ़ तौर पर महसूस कर रहा है कि पैसा ही दुनिया में सर्वोच्च शक्ति है। पैसा काले को सफ़ेद बताकर दिन दहाड़े सच और हक़ की आँखों में धूल झोंक रहा है। देखना यह है कि क्या पैसा सचमुच संसार में सर्वोच्च शक्ति है! आदमी का बनाया हुआ पैसा क्या सचमुच आदमी से बड़ा है! यदि पैसा ही सब कुछ है तो आदमी को धर्म, सभ्यता, संस्कृति, कला, साहित्य, आदि की आवश्यकता क्यों महसूस होती है, इससे ज़ाहिर है कि आदमी की असली भूख पैसा नहीं, बल्कि कुछ और है, जिसे वह संस्कृति-साहित्य आदि माध्यमों द्वारा पाकर तृप्त होना चाहता है। पैसा जो आज प्रबल शक्ति बन गया है, वह केवल इसीलिए कि सौ आदमियों की बुनियादी, दैनिक आवश्यकताओं को पूरा करने के साधन केवल चालीस आदमियों के पास ही केंद्रित हो गए हैं, बाक़ी साठ आदमी उनके लिए पग-पग तरस कर रह जाते हैं।

क्या यह उचित है? तब ज़रूरत यह है कि फ़िल्म निर्माता सबसे पहले इस अनैतिक, असाध्य आर्थिक गुलामी को ख़त्म करने के लिए, अपनी फ़िल्मों द्वारा जी-जान से प्रयत्न करें। जब तक पैसे की झूठी शक्ति को हर तरह से झूठा साबित न कर दिया जाएगा, पैसे की इस झूठी शक्ति को चूर-चूर न कर दिया जाएगा, तब तक दुनिया चैन से नहीं बैठने पाएगी। कोई भी बहाना, रुकावट और दाँव-पेंच अब पैसे को बहुत देर तक परमशक्ति बनाकर प्रतिष्ठित नहीं कर सकता। इस सत्य को आज मानव समाज का वह चालीस प्रतिशत संकीर्ण, स्वार्थी और पूँजीवादी वर्ग भी पहचान गया है। शेष साठ प्रतिशत त्रस्त मानवता तो इसे जानती ही है।

यद्यपि पैसा, उसकी शक्ति और उससे उत्पन्न यह आर्थिक गुलामी मानव की बुनियादी समस्या नहीं; परंतु इसके कारण आज मानव की बुनियादी समस्याएँ बिखर कर उलझनों में गुँथ गई हैं। इसलिए सबसे पहले, पूँजीवाद की इस अनैतिकता को, जन साधारण की आर्थिक दासता को ही ख़त्म करना होगा।

अब धर्म को लीजिए। धर्म जन साधारण के मन में जो रहस्यमय स्थान ग्रहण किए हुए है, उसे अच्छी तरह समझना होगा। धर्म की इस रहस्यमयता का अर्थ मनुष्य में आत्मज्ञान की भूख है। बुद्धि, ज्ञान, विज्ञान और दर्शन इसी आत्मज्ञान की प्रेरणा से बँधे हुए विकास करते रहे हैं और करते रहेंगे। हरेक धर्म ने इस आत्मज्ञान की खोज की, गति गॉड, खुदा और राम में पाई है। ईश्वर को लेकर सूक्ष्म तत्त्वों का विचार करना इस समय फ़िल्म निर्माता का काम नहीं। इसी तरह धर्म और आत्मज्ञान के सूक्ष्म तत्त्वों पर विचार करना भी उसका काम नहीं। उसका काम तो यह है कि वह धर्म की उस मुख्य बात को ही आधार मान चले, जिससे कि धर्म और ईश्वर के सूक्ष्म तत्त्व, पृथ्वी भर में हर औसत मनुष्य के साथ बँधे हुए हैं। कोई भी धर्म हो, ख़ास बात सबमें एक ही है–'जियो और जीने दो।' जीव में जब तक पूर्ण आस्था उत्पन्न नहीं होगी, कोई भी धर्म तब तक आत्मज्ञान के क्षेत्र में, रहस्य के क्षेत्र में,

मनुष्य का प्रवेश नहीं करा सकता।

'जियो और जीने दो'—यही मनुष्य मात्र का, समस्त धर्मों का मूलमंत्र है। फ़िल्म निर्मांता को अपने कर्म क्षेत्र में इसी मंत्र की साधना करनी होगी।

एक धर्मवाले का दूसरे धर्मवाले से विरोध अपरिचय के कारण है। उन्नीसवीं सदी तक धर्म मानवता को एक सूत्र में बाँधने के लिए प्रगतिशील शक्ति रहा है। मनुष्य की प्रगति के आदिम इतिहास से मानव-समाज अलग-अलग हिस्सों में बँटा हुआ, अपने-अपने धर्म, सभ्यता और संस्कृति के द्वारा सत्य से अपनी जान-पहचान बराबर बढ़ाता रहा है। जिस एक विशेष ऐतिहासिक काल में, एक विशेष भूमि पर, एक विशेष धर्म का प्रादुर्भाव हुआ था—उसके लिए जो वातावरण और परिस्थितियाँ उस विशेष देश और काल में उपस्थिति थीं, वे आज नहीं रहीं। मानव की चेतना आज अनेक रूप से विकसित हो चुकी है। फिर भी प्रत्येक धर्मावलंबी अपने-अपने धर्म की रहस्यमयता और श्रेष्ठता से बँधा हुआ अपने धर्म की उन सभी मान्यताओं को आज भी ज़बर्दस्ती मानना चाहता है जिन्हें हज़ारों बरस पहले धर्म-विशेष के प्रादुर्भाव के साथ उसके पूर्वजों ने माना था। धर्म की रहस्यमयता के प्रति यह अंध-श्रद्धा सर्वथा अगतिशील है, और इसीलिए घातक है।

फ़िल्म निर्माता को इस अंध-श्रद्धा का नाश करके हर धर्म के मूल मंत्र 'जियो और जीने दो' का प्रचार करना चाहिए। यही सत्य है और इससे ही मानव को अपनी अनेकों मिथ्या शंकाओं और उलझनों से मुक्ति मिलेगी।

राजनीति, जिस रूप में आज प्रचलित है, मेरे मत से अगतिशील शक्ति है। राजनीति केवल दाँवपेंचों का अखाड़ा है जिसमें मनुष्य की बुद्धि चतुराई उसकी कुशलता बहक गई है। वर्तमान राजनीति का जन्म साम्राज्यवाद से हुआ है। इसी साम्राज्यवादी नीति से ही पूँजीवाद को प्रश्रय और शक्ति प्राप्त हुई है। उसी शक्ति के बल पर पूँजीवाद आज विश्व में अपना साम्राज्य स्थापित करना चाहता है। साम्राज्यशाही—चाहे वह पूँजीवाद की हो, राष्ट्रवाद, धर्मवाद, जातिवाद की हो—सर्वथा ग़लत है। समाज में व्यक्ति का विशिष्ट स्थान है, यह सच है कि व्यक्ति की विशिष्टता उसका अस्तित्व समाज के बिना कदापि संभव नहीं। इसीलिए समाज पर व्यक्ति का शासन, व्यक्ति की सत्ता सर्वथा असत्य है। व्यक्तिगत सत्ता की इस अनैतिक भावना से—इस महान् असत्य से समाज को लड़ना है। समाज उससे निरंतर लड़ता आया है। इतिहास इसका साक्षी है, वर्तमान युग इसका साक्षी है।

समाजवादी प्रगतिशील शक्तियाँ पूँजी-साम्राज्य की प्रतिक्रियावादी शक्तियों के दाँव-पेंच, उनकी कूटनीति, राजनीति, आदि से अब परिचित हो गई हैं किंतु इस परिचय से उन्हें जो प्रेरणा प्राप्त हुई है वह कदापि प्रगतिशील नहीं। उनकी प्रेरणा का मूल स्रोत प्रतिक्रियावादी शक्तियों में ही आज भी पाया जाता है। दाँव-पेंच, बुद्धि की चतुराई और कुशलता, जिसे राजनीति, कूटनीति के नाम से पुकारा जाता है—उनसे समाजवादी

शक्तियाँ आज पूरा-पूरा समझौता करके बढ़ रही हैं। 'मुख में राम बगल में छुरी' वाली प्रतिक्रियावादी भावना इन समाजवादी प्रगतिगामी शक्तियों में, जहाँ तक मैं समझता हूँ, कदापि नहीं! यदि उनमें भी यही भावना होती तो वे एक कदम भी अपनी विचारधाराओं और सत्य को लेकर आगे न बढ़ पातीं; परंतु इसके साथ ही भी मानना पड़ेगा कि शतरंज की चालें चलना उन्हें भी प्रतिक्रियावादियों की तरह ही उचित प्रतीत होता है। दाँव-पेंच को दाँव-पेंच से मारना और जीतना चाहे कितना ही आवश्यक और तर्कपूर्ण सिद्ध किया जाए, लेकिन इस बात से कोई भी समझदार पुरुष इनकार नहीं कर सकता कि इससे दाँव-पेंच का अंत कभी नहीं हो सकता। यह उलझनों का मार्ग है। इसमें शांति नहीं, और न मानव की वास्तविक सरल प्रगति ही है।

सत्य को दाँव-पेंचों के रथ पर चढ़ाकर रण के जीतने की ज़रूरत क्यों महसूस हो? सत्य की शक्ति के प्रति यह अनास्था क्यों? समाजवादी शक्तियों को दाँवपेंच भरी राजनीति का सहारा लेने की ज़रूरत निहायत ग़लत और ग़ैर-ज़रूरी है। सत्य की सरलता में अडिग आस्था हर विरोधी दाँव-पेंच को निश्चयतः परास्त कर देगी। 'जियो और जीने दो'—इस सत्य का मर्म केवल अहिंसा के द्वारा ही पहचाना जा सकता है। गांधीजी का सत्याग्रह, उनकी सविनय अवज्ञा नीति, मनुष्य में हर अन्याय के प्रति सर न झुकाने की दृढ़ता और शक्ति उत्पन्न करती है। इसी दृढ़ता और शक्ति से 'जियो और जीने दो' के सत्य में पूर्ण श्रद्धा और विश्वास उत्पन्न हो सकता है—हर मनुष्य के हृदय में चाहे वह 'क्रियावादी' हो या 'प्रतिक्रियावादी'। इसमें हारने वाला अपने विपक्षी से नहीं हारता; बल्कि उसकी संकीर्णता, उसका स्वार्थ अपने से ही उलझ-उलझ कर अंत में हार जाता है—मर जाता है। एक धर्म, जाति, संप्रदाय, वर्ग और वाद दूसरे धर्म, जाति, संप्रदाय, वर्ग और जाति वाले को अपनी पार्थिव शक्तियों, दाँवपेंच और नक्शेभरी रणचातुरी तथा विज्ञान की शक्तियों से हरा भले दें, मगर वह अपने विपक्षी को जीत नहीं सकते। कुचला हुआ आत्माभिमान ऊपरी तौर पर दबा दिया जाए तो उसकी गति विकृतियों में होगी—कायरता उत्पन्न होगी, दाँवपेंच और गुप्त संगठनों का बाज़ार गर्म होगा। कायरता अहिंसा में नहीं, हिंसा और दमन की भावना में पनपती है। जहाँ विश्वास की दृढ़ता और तेज है, वहाँ भय कहाँ?

भारतीय फ़िल्म निर्माता की यह ज़िम्मेदारी है कि वह इस बात को सही तौर पर समझे, इसमें आस्था उत्पन्न करे। इस अराजकता के वातावरण में वह 'जियो और जीने दो' का मंत्र लेकर पथ निर्देश करे। मानव की एकता, शांति और प्रेम हर धर्म और हर 'वाद' से बड़ा है। फ़िल्म निर्माता को आज अपने चित्रों द्वारा इसी मानवता, इसी नागरिक धर्म, और इसी जनतंत्रवाद का प्रचार करना चाहिए। यही उचित है।

एक दूसरी अत्यावश्यक समस्या जो सार्वभौमिक है और सनातन काल से बराबर

चली आती है, वह है स्त्री-पुरुष के संबंध की। हमारे फ़िल्म-निर्माताओं को जिस प्रकार का रोमांस और प्रेम आज अपने चित्रों में देना चाहिए, वह 'सेक्स' प्रधान न होकर, कर्म प्रधान हो। स्त्री और पुरुष को ठीक-ठीक बराबरी का स्थान मिलना चाहिए। यही सत्य है। स्त्री और पुरुष दोनों एक-दूसरे के पूरक हैं। एक से अलग होकर दूसरे का अस्तित्व ही लोप हो जाता है। यौन संबंधी आकर्षण तो शरीर का स्वाभाविक धर्म है। उसे व्यर्थ में प्रोत्साहन देने से कोई लाभ नहीं, वरन उससे हानि ही अधिक होगी, और हो रही है। इसलिए स्त्री-पुरुष के रोमांटिक स्तर को भी आज बौद्धिक रूप से ऊपर उठाना होगा। केवल शारीरिक रूप से सेक्स-आकर्षण ग़लत है। स्त्री-पुरुष का दैहिक भोग कोई मानी नहीं रखता यदि उसमें रस न हो। आज के दंगों में सबसे अधिक भोगा है स्त्री ने। स्त्री को बलात्कार द्वारा कभी भी देह भोग में रस और आनंद प्राप्त नहीं हो सकता, फिर उसके साथ संभोग करने वाला बलात्कारी कैसे रस और आनंद पाएगा? रस और आनंद प्रेम से उत्पन्न होता है, घृणा से नहीं। शरीर का आकर्षण तो केवल माध्यम है। जिससे मनुष्य का मन प्रेममय, आनंदमय होता है। एक-दूसरे के गुणों और कर्म द्वारा बराबरी का दर्जा देते हुए उन्हें स्वाभाविक सेक्स आकर्षण के प्रति ले जाना उचित है। स्त्री-पुरुष के ऐसे ही संबंध में सुख-संतोष कवित्व और लालित्य मिलेगा। यही सच्चा सौंदर्य है, यही आनंद है।

इन विचारों की धारा पर चिंतन करते हुए फ़िल्म निर्माता अपने अनेक मानसिक झकोलों से स्वयं भी बचेगा और अपने देश तथा मानवता को भी बचा लेगा। यदि वह आज चित्रों में स्वस्थ मनोरंजन और रस उत्पन्न नहीं करेगा तो उसकी असफलता, उसका अंत निश्चित है। जो समय के साथ नहीं चलता वह बीते समय के साथ ही समाप्त हो जाता है। अपने क्षेत्र में (फ़िल्म क्षेत्र में) समय के साथ चलने के लिए, स्वस्थ मनोरंजन से रस और आनंद उत्पन्न करने के लिए उसे समझ, सूझ, धैर्य और लगन से काम लेना होगा।

केवल चित्र बनाना और लाखों कमा लेना ही जिनका उद्देश्य है, वे अगर आज इन बातों पर ध्यान नहीं देंगे तो नुक़सान उनका ही होगा। फ़िल्म एक महान् शक्तिशाली माध्यम है। निर्बल के हाथ में बड़ी शक्ति अधिक काल तक नहीं रहा करती। उसे स्वयं ही बाध्य होकर छोड़ना पड़ता है। पूँजीवादी वर्ग को एटमबम बनाने की दुर्भावना, और पूँजीवादी फ़िल्म निर्माता को अपनी फ़िल्मों के साथ बलात्कार-व्यभिचार करने की दुर्भावना एक दिन बाध्य होकर छोड़नी ही पड़ेगी।

**1945, पुनर्लेखन : 1947**

अक्टूबर-नवंबर, 1945 के चित्रप्रकाश के दीपावली अंक में सर्वप्रथम प्रकाशित। संशोधित एवं परिवर्धित आलेख आगरा में 17 अक्टूबर 1947 को पूर्ण किया तथा संगम एवं गुजराती चित्रपट को प्रकाशनार्थ भेजा।

# नए कथानकों के लिए नए आधार

पंद्रह अगस्त के बाद से देश का नक़्शा और परिस्थितियाँ कानूनी तौर पर बदल गई हैं। सदियों की पुरानी कमज़ोरियों के साथ-साथ बहुत से नए सवाल भी पेचीदा होकर सामने आए। विश्व के आर्थिक, राजनीतिक संघर्ष ने हिंद और पाकिस्तान को सहज स्वाभाविक रूप से आज़ादी की ताज़ी साँस लेने की मोहलत न दी। देश के इन दोनों हिस्सों में जन-जीवन की अशांति ने विभिन्न दलों के नेताओं की निजी और सार्वजनिक समस्याओं के साथ नाइत्तफ़ाक़ करके एक ज़बरदस्त कशमकश पैदा कर दी।

जब जनता, इस तरह अस्तव्यस्त हो—रोटी, कपड़े, घर और रोगों की समस्या—दुश्चिंताएँ अमर रहने की चुनौती देती हों, तब उसके मनोरंजन के साधन भी स्वाभाविक रूप से अस्तव्यस्त हो ही जाते हैं। हमारे देश का फ़िल्म व्यवसाय आर्थिक रूप से भी इस समय अपनी असफलता के दलदल से उबर नहीं पाया। निर्माता, निर्देशक और पैसा लगाने वाले, सभी अँधेरे में भटक रहे हैं। इस दलदल से उबरने के प्रयत्न में वे अनेक प्रयोग कर रहे हैं।

मेरी राय में दो बातों पर सबसे पहले ध्यान देना चाहिए और उन्हें सिद्धांत के रूप में मान भी लेना चाहिए। पहली बात यह, कि आज व्यक्तिगत सफलता का मूल्य कुछ भी नहीं रहा। जहाँ समाज निर्धन हो, वहाँ एक व्यक्ति का सेठ बन जाना न तो उसके लिए ही कोई मूल्य रखता है और न समाज के लिए ही। अज्ञान के अँधेरे का वह ज़माना अब गया, जबकि भाग्य की अमिट मानी जाने वाली रेखा पर निर्धन समाज और धनी व्यक्ति आकर रुक जाते थे। धनिकों के अतुलनीय 'भाग्य' में जनता अपने हिस्से को अब साफ़-साफ़ देखने और पहचानने लगी है। अब काले-गोरे और अंधे चोर बाजारों की तरकीबें लगाकर व्यापारी वर्ग जनता की आँखों में धूल न झोंक सकेगा। उसे यह साफ़-साफ़ समझ लेना चाहिए कि अगर वह दुनिया का गला काटकर सिर्फ अपना ही पेट भरता रहेगा, तो उसका अंत निश्चित और अतिशीघ्र है। जनता की अशांति से सार्वजनिक चेतना अब क्रांति का रूप धारण कर चुकी है। कोई भी शक्ति अब उसे पीछे नहीं हटा सकती। इसलिए हमारे फ़िल्म निर्माताओं

और निर्देशकों को सिर्फ अपने ही नफ़े का ख़्याल छोड़ देना चाहिए। जनता को घाटे में रखकर अब वह मुनाफ़ेखोर हरगिज़ न रह पाएँगे, इसे वे ठंडे दिमाग़ और सच्चे दिल से महसूस करना अब शुरू करें। अपने को दुनिया से अलग रखकर अपनी पंचायत और बिरादरी अलग न बनाकर इंसान की तरह कदम-ब-कदम दुनिया के साथ चलें। यह बुद्धि और समझ का तक़ाजा है। इसी में उनके हितों की सच्ची रक्षा हो सकेगी।

दूसरी बात पहली बात को सिद्धांत के रूप में मान लेने के बाद ही सही तौर पर उठेगी। जनता का मन बहलाव अब खोए और खोखलेपन से हरगिज़ नहीं हो सकता। यों बहलाने का तरीका दरअसल ग़लत है। सार्वजनिक अशांति को अब बहलाया नहीं जा सकता; वह ज़रूरत से ज़्यादा भड़क चुकी है। जनता अब सुख पाना चाहती है, खुश होना चाहती है। अपनी वर्तमान उलझनों के सुलझ जाने पर ही दुनिया अब चैन से बैठ सकेगी।

फ़िल्मों की कहानियाँ अब इंसान की बुनियादी ज़रूरतों को सही तौर पर पूरा करने के उद्देश्य से लिखी जाएँ। आज के राजनीतिक वातावरण ने हर आम और ख़ास को अपनी दुनियाबी समस्याओं के साथ-साथ बुद्धि की अनेक उलझी-सुलझी समस्याओं तक आगे बढ़ा दिया है।

आदमी के पास घर नहीं है। क्यों नहीं है? क्या घर के बग़ैर आदमी रह सकेगा? क्या आदमी कहलाने का हक़दार सिर्फ़ वही है जो बंबई के बालकेश्वर और मॅरीन-ड्राइव, कालबादेवी और फ़ोर्ट के गगनचुंबी महलों में रहता है? फुटपाथ पर रहनेवाला; दिन भर दफ्तर, होटल और सड़कों और सिनेमाघरों में बिता कर आखिरी लोकल ट्रेनों में सोते हुए 'टर्मिनस' तक पहुँच जाने वाले परदेसी बाबू लोग क्या आदमी कहलाने का हक़ नहीं रखते? सीधी सी बात है जिनके पास घर जैसी बुनियादी ज़रूरत का अभाव होगा, वह तो चिड़चिड़ाएँगे ही। और उनकी यह चिड़चिड़ाहट सच्ची और समझने लायक है। अगर अमीर लोग पैसे के लालच में पगड़ियाँ लेंगे और खुद बड़ी-बड़ी जगहों को घेर लेने का मोह अब भी ज़िद के साथ करने की कोशिश करते रहेंगे, तो उनका नुक़सान होगा। सारी दुनिया को नुकसान होगा। अपने ग़लत मोह के बस में तब कोई भी सत्य की क्रांति को दबाकर न रख सकेगा। फिर मूर्खता भरी मारकाट मचाने से, फ़िज़ूल की चालबाजियों से नतीजा क्या निकलेगा? अगर सही तरीके से इंसान के बुनियादी हक़ को न माना गया तो भयंकर खून ख़राबा और विनाश निश्चित है; और निकट भी है।

कहानियों में घर की समस्या को सुलझाने का प्रयत्न करना चाहिए। अन्न नहीं है, कपड़ा नहीं है, रोग और रोगी बेहिसाब हैं मगर दवा नहीं, मंदिर, मस्जिद और गिरजाघर तो अनेकों अनगिनत हैं, मगर उनमें खुदा नहीं! जमीन से लेकर आसमान तक पर आदमी चलने लगा है, मगर दिलों की राह में गुज़र कर एके का एहसास

वह अब तक न कर पाया। जुलूसों और नारों से अक़्ल इंसान के दिमाग़ पर उतरी तो सही, मगर समझ बनकर उसके दिल में अब तक घर न कर पाई। यह हवाई ज्ञान बड़ा खतरनाक है। फ़िल्मी कहानियाँ समझ के इन मूल आधारों का सहारा लेकर अपने को नए रूप से सँवारें।

सिनेमा की कहानियाँ अब इस बात को हरगिज़ न भूलें कि उनका असर नगर-नगर, डगर-डगर, गली-गली में पड़ता है। **ख़ज़ांची, कंगन, बंधन, नया संसार, कुँवारा बाप, आगे क़दम, पीछे क़दम, शाहंशाहों और अकबरों** की गोद में मुँह छिपा लेने से अब काम न चलेगा। ताश के पत्ते पीटते हुए लगे हाथ कहानियाँ भी पीट लेने से अब काम न चलेगा। ''ठोंकने, चालसे और चलेंगा जी'' कहने से अब काम न चलेगा। घूमती-फिरती एक बॉक्स-ऑफिस बटेर कभी किसी निर्माता के हाथ पड़ गई तो उससे क्या? ये 'फ्लूक' के जुए में घोड़े दौड़ाने से काम न चलेगा। बंबई में बैठे हुए निर्माता, निर्देशक और लेखक यह न भूलें कि उनके और उनके बाप-दादों के घर हिंदोस्तान और पाकिस्तान भर की सड़कों और गलियों, क़स्बों, ज़िलों और पुरई-पुरवों में आबाद हैं। बंबई में सबके फ्लैट हैं--घर किसी का नहीं। बंबई तो किसी कौम, जाति या प्रांत की मिल्कियत ही नहीं है। मूल मछुआरों का घर है। यही पेशा आज भी वहाँ होता है। दूर-दूर देश का आदमी अपने जाल और कम्पें लेकर बंबई जाता है, सोने की मछली पकड़ने के लिए। नींव से, घर से संबंध छूट जाने से उनका देश से भी संबंध छूट जाता है। आमतौर पर बंबई, कलकत्ते की नागरिक चेतना और सब जगहों से कुछ अलग भी है। छोटे शहरों और गाँवों में इंसान पहले जीता था, और अब सिसक-सिसक कर जी रहा है। बंबई, कलकत्ते का नागरिक जीता नहीं, चलता है। आदमी का जीवन वहाँ मशीन बन गया है। पैसा उसका पेट्रोल है, जिसके सहारे वह चलता है। और चूँकि इंसान, बेइंतिहा कोशिश करने के बावजूद लोहे की मशीन सा जड़ नहीं बन सकता, इसलिए उसको आमोद-प्रमोद, मनबहलाव, नागरिक और सामाजिक जीवन, नई-पुरानी सभ्यता और संस्कारों के बेतुके से मिक्स्चर को अपने घर और बाहर के जीवन में घड़ी-घड़ी घोट कर पीना पड़ता है। वहाँ के आदमी का दिमाग़ लामुहाला एक अजीब और नए साँचे में ढल जाता है। इसीलिए वहाँ की देशीयता और राष्ट्रीयता भी असली देश और भूमि से अलग, एक नए क़िस्म की पनपती है। फ़िल्म निर्माता, निर्देशक और लेखक के लिए यह ज़रूरी है कि वह इस मनोवैज्ञानिक क़मजोरी को समझें और अपने को उससे ऊपर उबारें। वह समाज के सांस्कृतिक नेता हैं। अपनी इस ज़िम्मेदारी को वह क्यों कर भुला सकते हैं? उनकी लापरवाही आज उनके देश को, उनके घर और पड़ोस को उज़ाड़ किए दे रही है। क्या वाक़ई वो अपने को इस तरह, और हर तरह से बरबाद होता हुआ देख सकेंगे?

यह समझ का युग है, कोरे नारों का नहीं। क्रांति के हवाई संवाद और गीत

अब बॉक्स ऑफिस में सफल न हो पाएँगे। उन्हें यह न भूलना चाहिए कि उनकी फ़िल्म देखने वाली जनता अब शरीर और मन से क्षीण है। व्यर्थ की उत्तेजना अब उसे बजाय जोश में लाने के ठंडा कर देती है। मानव समाज के पुनर्निर्माण और इंसानियत की परम भावना से ही सही समझ और सच्ची लगन जनता में आ सकती है। इसी तरह मुर्दों की दुनिया में फिर से जान, नई ताज़गी उमग उठेगी!

**चाँदनी : 1948**

लेखन तिथि : 26-2-48

# रजतपट और रंगमंच की विशेषताएँ

मुहावरा मशहूर है कि सड़क पर आसमान की तरफ़ उँगली उठाकर खड़े हो जाइए, और आपके पास भीड़ इकट्ठी होने लगेगी। लोग-बाग अपने काम-काज के ढर्रे से समय निकालकर तमाशा देखने के लिए खड़े हो जाएँगे।...तमाशा मनुष्य के जीवन में यद्यपि भोजन, वस्त्र, घर और धंधे व्यापार की तरह पहला महत्त्व नहीं पाता, फिर भी वह इनमें से एक से भी किसी कदर कम नहीं। सिर्फ़ मनुष्य के लिए ही नहीं, मनोरंजन पशु-पक्षियों के लिए भी निहायत ज़रूरी है। ऐसा लगता है जैसे जीवन, खान-पान और बसेरा...यह सब कुछ जीव के लिए केवल इसीलिए ज़रूरी है कि वह इनसे निश्चिंत होकर क्रीड़ा कर सके, तरह-तरह से अपने मन को प्रफुल्लित कर सके, हमारे देश के दार्शनिक, संत-भक्तों ने तो खेल को ही जीवन का यथार्थ माना है...हम यही मानते हैं कि यह सृष्टि भी भगवान की लीला ही है; विश्व के रंगमंच का सूत्रधार वही है, और प्रत्येक जीव अभिनेता-अभिनेत्री बनकर, उसी के निर्देशन में अपना काम-कमाल दिखलाकर वापस चला जाता है। आदिनट, नटराज, नटनागर ही सबका स्वामी है।

मनोरंजन के लिए ही कलाओं का जन्म हुआ। मनोरंजन की वृत्ति को, तरह-तरह के प्रयोग करते हुए, जैसे-जैसे नया बोध प्राप्त हुआ, जीवन का व्यापक रूप और उसका अर्थ मिलता गया, वैसे ही उसकी कला-क्रीड़ा में कुशलता आती गई। कला और कौशल इस तरह एक-दूसरे के पूरक और अभिन्न माने जाते हैं।

दुनिया में ऐसा कोई भी सभ्य देश नहीं, जहाँ नाटकों का चलन न रहा हो। नाटकीयता की वृत्ति सार्वभौमिक है। इस देश में भी नाटकों का रिवाज बहुत पुराना है; यही नहीं बल्कि हम तो बड़े गर्व के साथ यहाँ तक कह सकते हैं कि ईसा के जन्म से बहुत पहले ही नाट्यकला, हमारे देश में शास्त्रीय ज्ञान तक विकसित हो चुकी थी।

आज रंगमंच और रजतपट की विशेषताओं पर आपसे सरसरी बातचीत करते हुए, उदाहरण देने की दृष्टि से भी एक चीज़ की सख्त कमी जो मुझे अनुभव हो

रही है, वह रंगमंच की है। इस समय तक भारत में रंगमंचों का निर्भाण नहीं हुआ।...रंगमंच की विशेषताओं का बखान बिना रंगमंच के भला क्यों कर हो? खैर, संतोष इसी बात का है कि रंगमंच का अभाव अब हमारे देश के लोगों को खटकने लगा है, आज की कला-विहीन फ़िल्म कथाओं से ऊबकर हमार युवक वर्ग नाटक की ओर बढ़ रहा है; हमारी सरकार ने भी दिल्ली में राष्ट्रीय रंगमंच की नींव डालने के लिए जतन करना शुरू किया है। अस्तु।

उपन्यास हो, नाटक हो, रेडियो या फ़िल्म का सिनेरियो हो...एक विशेषता सब में समान रूप से होती है। यह विशेषता होती है...कहानी; कहानी जिसमें बात हो और बात के लिए करिश्मे भी हों...अर्थात् दृश्य हों...जिसे पढ़कर, देखकर या सुनकर लोगों को रस मिले। उपन्यास लेखक बात और एक्शन का लिखित वर्णन कर छुट्टी पा जाता है, उसके लिए यह बहुज ज़रूरी नहीं कि वह अपने हर कैरेक्टर का नखशिख नक्शा खींचे या अपने दृश्य को डिटेल्स से भरता चला जाए। अपने ढंग से हर पाठक उपन्यास लेखक के चित्रों की किसी हद तक स्वतंत्र कल्पना करता है।

मिसाल के तौर पर जैसे मैं लिखूँ : "मेरी नन्ही बिटिया आरती बड़ा दंगा करती है।" इस वाक्य को लिखते समय मेरे मन में अपनी बिटिया का एक निश्चित रूप दिखाई दे रहा है, पर यह ज़रूरी नहीं कि इस वाक्य से उपन्यास या कहानी पढ़ने वाला आरती को ठीक उसी रूप में देखे; पाठक अपनी नन्ही-मुन्नी बेटियों में मेरी आरती की कल्पना कर लेगा। इसी तरह आरती के दंगों का जो चित्र मेरे सामने है, हूबहू वही चित्र मेरे पाठक के मन में हो...यह आवश्यक नहीं।

## रंगमंच की सीमा

नाटक के दृश्य में जन-जन की कल्पना को यह स्वतंत्रता नहीं। वहाँ देखनेवाले की नज़र में एक चार-पाँच बरस की उम्र वाली गोरी या काली, सुरूप या कुरूप लड़की आरती नाम का कैरेक्टर बनकर रंगमंच पर आएगी। उसका पिता उसे आरती नाम से पुकारेगा...देखनेवाले भी उसी लड़की को आरती के रूप में देखने पर मजबूर होंगे। रंगमंच पर घर या बाहर की सेटिंग में आरती की उचक-फाँद को उसका पिता अपने डायलॉग में दंगा कहकर पुकारेगा, और देखनेवाली जनता के सामने एक क़िस्म के होने वाले बच्ची के दंगे को ही दंगा मानकर कहानी में आगे की बात टटोलेंगे। रंगमंच पर कम एक्शन और अधिक बातों के साथ भी काम चल जाता है। यदि परदा नहीं है...नौटंकी, रास, रामलीला आदि का खुला रंगमंच है तो सेटिंग की ज़रूरत भी बातों से ही चल जाती है। स्टेज पर एक्शन का मोटा-मोटा ख़ाका खींच दिया तो काम चल जाता था।

मगर रजतपट की यह अपनी विशेषता है कि मौलिक रूप में वह चित्र है...ऐसा चित्र जिसकी हर बात निकट से महसूस की जा सकती है। और चूँकि यह चित्र

वास्तविक जीवन की तरह ही चलते-फिरते, बोलते और रंगीन हैं, इसलिए देखने वाला दृश्य के साथ अधिक निकटता से अपनापन स्थापित कर सकता है।

## फ़िल्म और दर्शकों का भोलापन

फ़िल्म में हमें यह मानकर चलना चाहिए कि हमारा दर्शक, हमारी जनता बड़ी भोली है। केवल एक बात को छोड़कर वह और कुछ नहीं जानती...जनता को आपस में और प्रकृति के फैलाव में सब कुछ देखते सुनते बरतते हुए सच और झूठ परखने की इंस्टिंक्टिव आदत होती है। व्यक्ति कैसा भी हो, हम मानव समाज के पैमाने पर आँक कर यह मानते आए हैं कि अपने मूल रूप में खरा है यानी सोचने में, करने और बोलने में उसकी निष्ठा का तार एक होता है। अनेक भौगोलिक, ऐतिहासिक और सामाजिक कारणों से बहुजन समाज इस तार से अलग हो गया तो क्या हुआ? मनुष्य के मन में, उसके संपूर्ण जीवन में उसी निष्ठा के तार को पाने के लिए ज़बर्दस्त लड़ाई चलती रहती है। इसलिए फ़िल्म सिनेरियो लेखक या निर्माता और निर्देशक को यह तो ज़रूर मानना चाहिए कि उनका दर्शक...उनकी पब्लिक...बड़ी भोली है, वह कुछ नहीं जानती। मगर उसे यह हरगिज़ न मानना चाहिए कि जनता को कोई ठग सकता है। व्यक्ति का विकास बंद हो जाया करता है; परंतु समाज हर हालत में गति करता है; वह अपने अनुभवों से सीख कर रोज़-ब-रोज़ नया होता है। भोली जनता लाखों रुपये खर्च कर बनाई गई तड़क-भड़क वाली फ़िल्मों को अब आधे रेट पर उतार लाई है। यह सत्य हमारे फ़िल्म निर्माताओं को अब खुदा के बाग़ के सेब की तरह हलक़ से नीचे उतर जाना चाहिए।

हाँ, यह तो प्रसंगवश सिद्धांत की बात हो गई। हम फिर अपनी बात पर आ जाएँ...बात थी आरती के दंगा करने की। फ़िल्म का माध्यम जब यह मानकर चलता है कि दर्शक बड़ा भोला है, वह कुछ नहीं जानता तब वह दंगा भी दृश्य में इस तरह उपस्थित करता है कि बात की स्पिरिट से हर दर्शक का मन बँध जाता है।...मैं अपनी बात को और खुलासा करके कहूँ : बच्चों का दंगा...अगर हम सोचें तो अपने-अपने देखे हुए अनेक चित्र हरेक के मन में होंगे, किसी के कटु, किसी के मीठे। बच्चों के दंगों से भयंकर उत्पात भी हो जाते हैं...और मान लीजिए कि बच्चे दंगा ही न करें।...हम तो भाई साहब, ऐसी दुनिया में रहने को हरगिज़ तैयार न होंगे। बच्चों के दंगे मेरे ही समान करोड़ों अरबों मनुष्यों को मीठे लगते हैं। हमने फ़िल्म सिनेरियो लेखक के नाते बात की स्पिरिट को पकड़ लिया। दंगों में विनाशकारी उत्पात की प्रवृत्ति भी है और निर्माणकारी लीला की भी। मैं आरती के दंगा करने के दृश्य की मोटी रूपरेखा इस प्रकार उपस्थित करूँगा—एक खाते-पीते खुश मध्यवर्गीय मकान के एक कमरे में नयी कार्पेट बिछी है; एक फ्राक और रिबन और दो चोटियों वाली आज के चलन की ढली चार-पाँच बरस की बच्ची चॉकस्टिक से दरी पर बड़े-बड़े

अक्षरों में अ आ इ ई लिख रही है; उसका मँझला भाई हाई स्कूल का इम्तहान देकर चूँकि आजकल बेफ़िक्रा हो गया है लिहाजा वह रोज़ एक न एक ऊटपटाँग हरकत करता है; नई दरी खराब होती देखकर पिता का आरती को डाँटना, उसके भाई को डाँटना और तमाम घर में बात का बतंगड़ बन जाना।...यह दंगे का दृश्य हो सकता है। दंगे की मिठास से लेकर उत्पात तक सब खेल दिखला दिए, घर के हर आवश्यक कैरेक्टरों का स्वभाव झलका दिया...पूरे घर का वातावरण एक दृश्य के साथ बाँधकर हम कहानी की नई बात जानने के लिए चटपट आगे बढ़ जाते हैं।...रंगमंच के माध्यम पर रजतपट की विजय ही इसी बात की है कि वह स्पीड में उससे ज़्यादह तेज़ है। फ़िल्म को कला और विज्ञान के अपूर्व साधन प्राप्त हैं।

इस जगह मैं यह भी निवेदन कर दूँ कि रंगमंच के नए विकास की जिन संभावनाओं को अन्य बहुत से देशों के दर्शक अनुभव में ला चुके हैं उन्हें भारत ने अभी अनुभव नहीं किया। हमारा रंगमंच इस समय सूना है। यह शोक की बात तो है, साथ ही सावधानी से इस पर विचार करना है कि हमें क्या करना चाहिए। पश्चिम से रंगमंच की शोमैनशिप की बहुत सी टैक्नीकल बातों को हमें लेना होगा, यह सच है। मगर खुद हमारे घर में भी अगर ऋषि मुनि बाबा लोगों की कमाई हुई कोई ज्ञान की बात है, तो उस पर विचार कर लेना भी, मेरा ख्याल है, जुर्म तो न होगा। वैसे हवा कुछ-कुछ हम ऐसी ही चलती हुई देखते हैं। हमारे बीच वाले पुरखों ने बची-खुची पोथियों को पूजा, मगर पहचानने की कम कोशिश की। हम नयी पीढ़ी वाले सुसंस्कृत समाज के लोग अपने उन पुरखों के इस अज्ञान की निंदा तो खूब करते हैं, मगर आम तौर पर खुद भी नहीं पढ़ते। बहुतों का हमाशुमा, जैसे बाबू क़िस्म के लोगों का, तो अपने जन जीवन से और उसकी परंपराओं से संबंध शिथिल हो गया। यह हिंदुस्तान एक विशाल बंद हवेली की तरह है। इसमें बेशुमार, अनमोल रत्न मणियाँ और कूड़े का ढेर है। यह जिम्मेदारी इंसान की मौजूदा पीढ़ी पर ही है कि वह इस विशाल हवेली को फिर से खोलकर रहने योग्य बनाए। रत्न मणियों को कूड़े के ढेर से बड़ी सावधानी से अलग कर कूड़े से समुद्र पाटे। जिस देश का कोयला कोहेनूर बना, उसकी अमूल्य ज्ञान मणियों को आँकने पर दुनिया जाने कितना विकास पाएगी। ऐसी ही ज्ञान मणियों में क़ीमती एक भरतमुनि का नाट्यशास्त्र भी है।

## नाट्यशास्त्र का रंगमंच

हजारों बरस पहले एक समय वह भी रहा होगा जब नाटक के लिए किसी किस्म के परदों की ज़रूरत न रही होगी। पोशाक और मेकअप से भी जैसे-तैसे काम चला लिया जाता होगा। खुले आसमान में मशालों की रोशनी में सैकड़ों-हजारों का मज़मा बाँधने वाली नौटंकियाँ, रामलीला आदि आज भी हमें उस युग की याद दिला देती हैं। उस कला को जब राज्याश्रय मिला तब वह अपनी साज-सजावट और ऊँची प्रतिभा

के साथ विकसित होकर एक नया रंगमंच बन गई।

भरतमुनि के नाट्यशास्त्र के बहाने हम अपने हज़ारों बरस पुराने समाज की एक संघर्षमयी झाँकी भी पा लेते हैं। नाट्यशास्त्र में आदेश दिया गया है कि नाटक आरंभ होने से पहले जिस जगह नाटक को वहाँ इंद्र की ध्वजा...जर्जर की स्थापना और पूजा हो। यह इसलिए किया जाता था कि देखने वाले दर्शकों में असुर भी थे। वे अपने ही हुल्लड़ से नाटक के रस में विघ्न डालते थे। कलाकार भरतमुनि को यह खलता है। मगर असुरों से इनको बैर नहीं। वे जानते हैं कि उनके नाटक देखने के शौकीन बहुत से असुर भी आते हैं। भरतमुनि ऐसे असुरों का अपने दर्शक रूप में स्वागत करते हैं।

इसके बाद नाट्यशास्त्र में स्टेज बाँधने के तरीके बताए गए हैं। यह रंगमंच अधिकतर प्राइवेट सा ही रहा। अनेक पेशेवर नाटक मंडलियाँ जनता को भी किसी हद तक उन आराइशों की नकल दे देती थीं जो राजमहलों की नाट्कशाला को प्राप्त होता था। इस तरह जो नया रंगमंच बना उसने अपनी कला के माध्यम से अनेक प्रयोग किए। नाटक में वार्त्ता के साथ-साथ गीत, नृत्य और संगीत को भी स्थान दिया गया।

भरत मुनि ने अपने नाट्यशास्त्र में प्रत्येक रस और उसके भाव विकारों का चित्रण बड़ी मार्मिक दृष्टि से किया है। जनता को काव्य, संगीत, नृत्य और अभिनय द्वारा चेतना के ऊँचे स्तर पर उठाना कला का मुख्य उद्देश्य रहा है। भरत नाट्यशास्त्र अभिनेताओं का शास्त्र तो है ही, साथ ही अनिवार्य रूप से वह मानस शास्त्र है, योग है।

नाट्यशास्त्र में दो खंड के रंगमंच का विवरण है, जिससे ज़ाहिर होता है कि हमारा स्टेज-क्राफ्ट बहुत विकसित था।

मेकअप के बहाने एक बड़े मजे की बात हमें और देखने को मिल जाती है। कुछ जातियों का मेकअप करते हुए उन्हें रंगना पड़ता है जैसे किरात, बर्बर, आंध्र, काशी, कोसल वगैरह-वगैरह। कुछ जातियों का मेकअप साँवले रंग का किया जाता था, जैसे पांचाल, शूरसेन, अंग, बंग, कलिंग आदि।

इन सब बातों से पता चलता है कि हमारा नाट्यशास्त्र कला का यथार्थवादी आधार लेकर उसे भारतीय जीवन के सौंदर्य से भर देता है। सौंदर्य की इस देश ने मार्मिक अनुभूति की है। हमारा देश संतों और योगियों का है, उनका दृष्टिकोण हमें देखना होगा। उसके बिना स्टेज की नई स्वस्थ परंपरा बन ही नहीं सकती।

रंगमंच आज भी एक जीता जागता माध्यम है। इसका विकास यदि सही तौर पर हुआ तो निकट भविष्य में भारतीय रंगमंच कई दृष्टियों से बहुत बढ़ा-चढ़ा हो जाएगा। हाँ, हमारे यहाँ भी विलायती फूल लगेंगे, मगर ज़मीन तो हमारी ही होगी। हमें अपनी ज़मीन को निश्चित रूप से पहचानना होगा।

आकाशवाणी, लखनऊ से प्रसारित वार्ता, बाद में नयापथ, नाटक विशेषांक, 1956 में प्रकाशित

# फ़ोटो नाटक

नाट्यशास्त्र में नाटक को दृश्य काव्य कहा गया है। नाट्यशास्त्र के रचे जाने के समय से लेकर आज से लगभग 80-90 वर्षों पहले तक नाटक केवल रंगमंच पर ही खेले जाते थे परन्तु अब वे रेडियो, दूरदर्शन और सिनेमाघरों में भी देखे और सुने जाते हैं। इन नाटकों के लेखन और प्रदर्शन की विधाओं में भी अंतर है। यों तो फ़ोटो-नाटक भी दृश्य काव्य की व्याख्या के अंतर्गत ही आता है परन्तु इसकी तकनीक सर्वथा नई है। मैंने दूरदर्शन और सिनेमा के नाटकों को 'फ़ोटो नाटक' नाम दिया है। 'फ़ोटो' शब्द विदेशी भाषा का होते हुए भी अब हमारे देश में सर्वत्र इतना प्रचलित हो चुका है कि उसे हम अपना ही कह सकते हैं।

अंग्रेजी भाषा का पहला संपूर्ण फ़ोटो नाटक **'द ग्रेट ट्रेन रॉबरी'** सन् 1897 ई. में प्रदर्शित हुआ था और भारत वर्ष में सन् 1913 ई. में **'राजा हरिश्चंद्र'** निर्मित हुआ। इस प्रकार यह विधा अपेक्षाकृत काफी नई है; विशेष रूप से हिंदी के नवलेखकों के लिए तो एकदम नई ही है इसलिए इस विधा की कुछ जानकारी देना आवश्यक है।

## थीम, प्लॉट और कहानी

रंगमंचीय नाटक हो या रेडियो अथवा फ़ोटो नाटक, कहानी सबके लिए आवश्यक है। कहानी सुनते समय बच्चे हुंकारी भरते हैं। यह हुंकारी ही बड़ों में कौतूहल वृत्ति होकर पनपती है; और यह कौतूहल वृत्ति ही कहानी को अपनी चरमगति तक बढ़ा भी ले जाती है।

प्लॉट या कथानक कहानी के उस ढाँचे को कहते हैं जिसे हम दूरदर्शन की स्क्रीन या रजतपट पर देखते और सुनते हैं। प्लॉट का उदाहरण देने के लिए एक लोक प्रचलित श्लोक उद्धृत करता हूँ :

*"आदौ राम तपोवनादि गमनं हत्वा मृगं कांचनम्।*
*वैदेही हरणं जटायु मरणं सुग्रीव संभाषणम्।।*

*बाली निर्दलं समुद्र तरणं लंकापुरी दाहनम्।*
*पश्चाद् रावण कुंभकर्ण हननं एतद्धि रामायणं।।"*

इन चार पंक्तियों के संक्षिप्त प्लॉट से वाल्मीकि, तुलसी, कंबन और कृत्तिवास सरीखे महान् रचनाकारों ने बड़े-बड़े नवरसमय महाकाव्य रच डाले। इसी प्रकार प्लॉट से फ़ोटो नाटक की कहानी का विस्तार भी होता है। पुराने नाट्यशास्त्री जैसे, अरस्तू, नाटक को जीवन की नकल मात्र मानते थे। इस बात को मोटे तौर से मानकर भी हम अब यह जान गए हैं कि मनुष्य का एक रूप और सारे क्रियाकलाप जहाँ उसकी कायिक गतिविधियों से प्रकट होते और अपना प्रभाव डालते हैं वहीं उसकी मानसिक गतिविधियों का भी स्वयं उसके तथा दूसरों के ऊपर भी गहरा प्रभाव पड़ता है। नाटक अब मात्र खेले नहीं जाते बल्कि जिए जाते हैं। जैसे मनुष्य का जीवन हर्ष, शोक, शृंगार, करुणा आदि नवरसों से परिपूरित होता है वैसे ही नाटक भी।

सब मिलाकर हम फ़ोटो नाटककार की उपमा यदि एक घड़ीसाज़ से दें तो शायद अनुचित न होगा। घड़ीसाज़ जिस प्रकार से उसके एक-एक पुर्ज़े को ढालता और बाल कमानी आदि बनाकर उन्हें एक निश्चित ढाँचे में इस तरह से जोड़कर रखता है कि सब पुर्जे सुनियंत्रित ढंग से चाभी के सहारे चलकर समय बतलाने का अपना उद्देश्य पूरा कर सकें। फ़ोटो कथा में भी ऐसे ही होता है। थीम या कथावस्तु फ़ोटो कथा को वैसे ही सहीं ढंग से चलाती है जैसे चाभी घड़ी को।

## रंगमंचीय और फ़ोटो नाटक का अंतर

रंगमच के नाटक में हम एक ही सेट पर बहुत-सा समय संवादों में कहानी कहलवाते हुए बिता सकते हैं किंतु फ़ोटो नाटक में पृष्ठभूमि प्रायः वैसे ही जल्दी-जल्दी बदलती है जैसे हमारे दैनिक जीवन में। इस दृष्टि से फ़ोटो नाटक विधा को रंगमंचीय नाटक विधा से अधिक व्यापक माना जा सकता है।

एक कहानी जो किसी व्यक्ति के साठ-सत्तर या अस्सी वर्षों की जीवनावधि में घटती है उसे हम सवा दो घंटे या एक घंटे की अवधि में ही पूरा करके दिखला देते हैं। फ़ोटो नाटककार अपने कौशल से ही यह नज़रबंदी का-सा खेल खेल सकता है।

## तकनीक

फ़ोटो नाटक में लंबी अवधि के अंतराल को विश्वसनीय ढंग से दर्शाने की युक्तियाँ हैं : फ़ेड इन, फ़ेड आउट, डिजॉल्व, लैप-डिजॉल्व, कट, वाइप आदि आवश्यक तकनीकें हैं, जिनकी व्याख्या आगे की जाएगी।

मेरे फ़ोटो नाटक **'चढ़त न दूजो रंग'** में बालक सूरदास कुछ दृश्यों के बाद युवा सूर के रूप में सामने आता है। फ़ेड आउट और फ़ेड इन इस तकनीक के द्वारा उसके बचपन और जवानी के दो अध्यायों में ऐसा तारतम्य रखा गया है कि

समय का अंतराल दर्शक को अविश्वसनीय नहीं लगता। डिजॉल्व दो दृश्यों के बीच में काल और स्थल के अलगाव को दर्शाते हुए भी कथासूत्र की एकता को बनाए रखता है। अल्पकालिक अवसरों पर कथा को तीव्रता प्रदान करने के लिए इसका प्रयोग किया जाता है। दैवज्ञता के गुण से सूर अपने पिता के घर में अपने अंतर्ज्ञान का परिचय देता है, साथ ही उसके कारण गृह कलह का सूत्रपात भी होता है। यही कलह सूर के गृह त्याग का कारण बनती है। घर छोड़ने के बाद भी इसी शकुन विद्या या दैवज्ञता से वह जमींदार को भी प्रभावित करते हैं, घर-द्वार-नौकर-चाकर आदि भी पाते हैं। किंतु यह सारे लौकिक सुख सूरदास के कृष्ण भक्त मानस में शूल से चुभते हैं। यह मनोद्वंद्व ही सूर के जीवन नाटक का प्रमुख नाटकीय तत्त्व है। इसी से ही संघर्ष में गति आती है।

दृष्टांत की व्याख्या के लिए संक्षेप में यहाँ उसका सिद्धांत पक्ष भी बतला देना आवश्यक है।

## घटना, परिस्थिति, संघर्ष और क्लाइमेक्स

प्लाट के विकास के लिए हमें चार बातों को ध्यान में रखना चाहिए। इन सीढ़ियों पर चढ़े बिना फ़ोटो नाटककार अपनी नाट्यकथा को सुव्यवस्थित ढंग से अपने परम लक्ष्य तक नहीं पहुँचा सकता है।

1. घटना उसे कहते हैं जिसके घटित होने पर परिणाम जानने के लिए दर्शक का कौतूहल बढ़ता है।
2. परिस्थिति हम उस अस्थाई गति को कहेंगे जिसमें पूरी कथा का केवल एक नाटकीय एक्शन ही घटित होता है।
3. बाहरी संघर्ष या मनोद्वंद्व के ताने-बाने से हम अपनी कथा को लेकर उन क्षणों से टकराते हैं जिनसे हमें आगे के एक्शनों के लिए सुनिश्चित दिशा मिलती है। नायक अथवा नायिका उस परिस्थिति विशेष के संघर्षों से उबरने के हेतु 'हाँ' या 'ना' में एक निश्चित गति ग्रहण कर चरम संघर्ष अर्थात् क्लाइमेक्स के लिए बढ़ते हैं।
4. क्लाइमेक्स को हम संघर्षों की शृंखला में मोटे तौर से जटिलतम चरम संघर्ष की स्थिति कह कर बखान सकते हैं। इससे गुज़र कर ही क[illegible] अपनी अंतिम गति पाती है, भले ही वह दुःखांत हो अथवा सुखांत।

उपर्युक्त व्याख्या को और स्पष्ट करने के लिए हमें घटना और परिस्थिति का आपसी संबंध समझ लेना चाहिए। **'चढ़त न दूजो रंग'** में एक घटना फ़ोटो नाटक आरंभ होने से पहले ही घट चुकी होती है—अर्थात् दुष्ट राजा की सेना का आक्रमण पहले ही हो चुका होता है। और हम बाद में उसके परिणामस्वरूप बन जाने वाली मानसिक, आर्थिक और सामाजिक स्थितियों से स्तब्ध वातावरण में दृष्टि-प्रवेश करते

हैं। लूट-पाट और आत्मविश्वास के विघटन से जो बातें स्थल विशेष में लोगों के दुख और चिंताओं से व्यक्त होती हैं वह दृश्य में व्यक्त खँडहर और उजाड़पन की मनहूसियत से दर्शक के लिए अधिक मार्मिक हो जाती हैं।

यहाँ हमने दृश्य बदल दिया। दृश्य परिवर्तन की तरकीब के लिए हमने 'कट' का तरीका अपनाया। 'कट' उस जगह प्रयोग में लाया जाता है जहाँ हम एक ही समय में दो स्थलों की घटना बखानना चाहते हैं। नया दृश्य उसी गाँव के एक ऐसे पंडित व्यक्ति के धर में खुलता है जो कुछ ही दिनों पहले होने वाली लूटपाट में बुरी तरह से तबाह हो गया था। एक संपन्न पंडित के बेटों को निर्लज्ज होकर भीख माँगनी पड़ी। घोर आपद्काल में संयम और अनुशासनहीन इस परिवार में एक जन्म का अंधा बालक है—वह बालक ही हमारा नायक है। इस नायक के बारे में पुस्तकें पढ़कर मैंने यह विशेषता जानी थी कि वह दैवज्ञ था। चीजों का पता बतला देता था। अंधों में आमतौर से भविष्यवाणी करने और गाने की विशेषताएँ सुनने में आया भी करती हैं, इसलिए मैंने चरित्र-चित्रण के लिए इसे उपयोगी माना।

इस प्रकार हमने घटना, परिस्थिति और संघर्ष का दिग्दर्शन करा दिया। अब विभिन्न प्रकार के संघर्षों के क्रम में कथा नायक तथा अन्य पात्रों के सहारे क्लाइमेक्स की ओर गति करेगी।

यहाँ पर कुछ तकनीकी शब्दों को समझ लेने की आवश्यकता है। जिस तरह पुस्तकों में विषयों को अध्यायों में बाँटा जाता है उसी तरह फ़ोटो कथा में 'सीक्वेन्स' अर्थात् अन्वयात्मक अनुक्रमों में कथा का विकास होता है। इस प्रकार हर 'सीक्वेन्स' का आदि और अंत क्रमशः 'फ़ेड इन' और 'फ़ेड आउट' कहलाता है। 'डिजॉल्व' द्वारा हम उस दूरी का संकेत देते हैं जो एक घटना से दूसरी घटना तक कथा के पहुँचने का क्रम बतलाती है। मान लीजिए दृश्य में हमने एक घटना प्रस्तुत की और उसका परिणाम दो घंटे या दस दिन या दस वर्षों के बाद होने वाला है तो हम पहले दृश्य को दूसरे दृश्य में डिज़ॉल्व करेंगे। मान लीजिए कि हमारा नायक पुलिस अफ़सर एक चोर का पीछा कर रहा है या हमारा नायक एक जगह से उठकर किसी दूसरी जगह कथा के चलते हुए प्रसंग को लेकर ही जा रहा है तो हम पहले दृश्य के अंत में उसका प्रस्थान दिखलाएँगे और दूसरे दृश्य में उसका नए स्थल गें प्रवेश। इस त्वरित अंतराल को 'वाइप' की तकनीक से दर्शाएँगे। कभी कहानी की घटनाओं को तेज़ी से घटते हुए दिखलाकर हम नायक अथवा नायिका की किसी एक मनःस्थिति की तीव्र प्रतिक्रिया को दर्शाना चाहते हैं और उससे एक निश्चित परिणाम तक पहुँचना चाहते हैं तो हम 'वाइप' के द्वारा ही विभिन्न स्थितियों को बदल-बदल कर दिखलाते हुए भाववेग और कथावेग को आगे बढ़ाते हैं। इस तकनीक को 'मोण्टाज' कहा जाता है। इस तरकीब के द्वारा भावों अथवा घटनाओं की गहराई तेज़ी से दर्शाई जा सकती है। फ़ोटो नाटक का प्लॉट छोटी-छोटी घटनाओं और परिस्थितियों के सहारे

क्रमबद्ध रूप में कथारस को आगे बढ़ाते हुए ही क्लाइमेक्स की ओर बढ़ता है। यह क्लाइमेक्स दुःख या हर्ष, प्रेम या घृणा, स्फूर्ति या मनोशिथिलता, आशा अथवा निराशा के चरम बिंदु तक दर्शक की मनोदृष्टि पहुँचा देता है। यों किसी भी प्रकार का नाटक हो परन्तु फ़ोटो नाटक के लिए यह बात आवश्यक है कि घटनाओं और परिस्थितियों के द्वारा कथा के नाटकीय तत्त्वों को उभारकर दर्शाने में रचनाकार को ऐसी ही घटनाएँ और स्थितियाँ चुननी चाहिए जो कथा के क्रम और कौतूहल को बिना किसी प्रकार की लड़खड़ाहट के क्लाइमेक्स की ओर बढ़ाएँ।

## चरित्र-चित्रण

प्लॉट के बाद हमें अपनी कहानी के चरित्रों का चरित्रांकन करने के लिए भी बहुत सतर्क रहना चाहिए। जैसे-जैसे चरित्रों की अपनी स्वाभाविक विशेषताओं का विकास होता चलेगा वैसे-वैसे ही घटनाओं और परिस्थितियों का विकास भी होगा। चरित्रों की गति सही मनोवैज्ञानिक आधार पर होगी तो कथा का घटनाक्रम भी निश्चय ही विश्वसनीय रूप से बन सकेगा। मान लीजिए एक संत है। उसे हम रोज़ देखते-सुनते हुए उसके प्रति श्रद्धालु हो जाते हैं। इसके बाद एक दिन हमें यह पता चलता है कि वह संतजी बड़े नामी डाकू और हत्यारे हैं तो हम सहसा इस बात पर विश्वास नहीं कर सकते। हो सकता है कि अपने हत्यारे और डाकूपन को छिपाकर वह संत का ढोंग रचकर बैठ गया हो अथवा यह भी संभव हो सकता है कि वह सच्चा हो और उसके विरुद्ध षड्यंत्र रचकर उसे हत्यारा सिद्ध किया जा रहा हो। इन दोनों ही स्थितियों में संत चरित्र के विभिन्न पहलू दर्शाकर ही हम दर्शक के मन में वह निर्णयात्मक स्थिति उत्पन्न कर सकते हैं जो चरित्र के प्रति न्याय कर सके। पात्रों का चित्रण इसलिए खूब मनोयोग से करना चाहिए। अपने फ़ोटो नाटक **'चढ़त न दूजो रंग'** के नायक का मनोचित्रण करने के लिए मैंने एक प्रतीक नायिका कल्पना से गढ़ी, उसका नाम है आराधना। वह वस्तुतः सूर का ही दूसरा मन है। वह मन जो अपने इष्टदेव के साथ पूरी तरह से जुड़ गया है और जब-जब सूर मानवीय दुर्बलताओं के कारण किसी बाहरी लालच की ओर झुकता है तब वह उसे सचेत कर जाता है। मन के भीतर का दृश्य दर्शाने के लिए ऐसी प्रतीकात्मक युक्तियाँ की काम में लाई जाती हैं। याद रहे कि हम फ़ोटो नाटक में सब कुछ देखना चाहते हैं। फ़ोटो नाटक एक ऐसा कैमरा है जो स्थूल और सूक्ष्म दोनों ही रूपों के चित्र सजीव रूप से अंकित कर सकता है। इसलिए चरित्र-चित्रण करते हुए इस बात का विशेष ध्यान रखना चाहिए कि उनकी मनोवृत्तियों की परस्पर टकराहटों अथवा मिलाप के क्षणों से हमारी फ़ोटो कथा की उचित प्रगति हो रही है या नहीं। यदि चरित्र-चित्रण सही होता है तो कथा का विकास भी सही होगा।

कुछ व्यक्ति निष्काम भाव से अपनी प्रकृतिवश परोपकारी और सद्व्यवहारी

होते हैं, कुछ स्वार्थवश परोपकारी। स्वार्थ न होने पर वह दूसरे व्यक्ति का भला नहीं करते। कुछ घृणा और भीतरी कुंठाओं से जकड़े होने के कारण बड़े ही घातक होते हैं। इस तरह फ़ोटो नाटक के लेखक को अपनी कथावस्तु (थीम) और कथानक (प्लाट) को ध्यान में रखकर ही पुरुष पात्रों अथवा महिला पात्रों का चयन करना होता है।

मेरे फ़ोटो नाटक **'चढ़त न दूजो रंग'** में एक सूफी का छोटा-सा चरित्र भी आया है। दर्शक पूछ सकता है कि कृष्णभक्त सूरदास के जीवन में एक अल्लाह भक्त को लेखक क्यों लाया? कुछ उदारचेता लोग शायद यह कहें कि हिंदू-मुस्लिम एकता के विचार से सूफीजी का समावेश किया गया है, किंतु मेरा उद्देश्य इनसे अलग है। कहानी के आरंभ में और बाद में भी एक जगह विदेशी शासकों के अत्याचारों का वर्णन हुआ है। इससे स्वाभाविक रूप से सांप्रदायिक कटुता की भ्रांति उत्पन्न हो सकती है। वस्तुतः विभिन्न धर्मों की एकता ही सूर-सूफ़ी मिलन के द्वारा स्थापित होती है। धर्म धर्म को कभी नहीं लड़ाता। धर्म की राहें अलग-अलग हो सकती है पर सबकी मंज़िल एक है। सूरदास के जीवन से लगभग एक सौ वर्ष पूर्व ही भारत में सूफ़ी आंदोलन चल पड़ा था। मुल्ला दाऊद और मलिक मोहम्मद जायसी जैसे महान् सूफ़ी कवि प्रेम आख्यानों की रचनाएँ भी कर चुके थे। इसलिए यह अत्यावश्यक था कि वातावरण की समग्रता को प्रदर्शित करने के लिए हम एक अन्य धर्मी पात्र से कृष्ण प्रेमी सूर का परिचय कराएँ और अपने नायक की विशुद्ध मनःस्थिति का परिचय अपने दर्शकों को दें। इस प्रकार के दृश्य चरित्र-चित्रण की बारीकियों को ध्यान में रखकर ही रचे जा सकते हैं। चरित्र-चित्रण की विशेषताओं को भी केवल संवादों में ही बखान कर हम ऐसे दृश्य शायद नहीं ला सकेंगे किंतु पात्र के चरित्र चिंतन में जब हम गहरी अंतर्दृष्टि से पैठेंगे तो ऐसी मनोवैज्ञानिक स्थितियों का निरूपण भली-भाँति किया जा सकेगा। देखने की शक्ति फ़ोटो नाटक के लेखक के लिए अत्यधिक आवश्यक होती है।

जब तक लेखक स्वयं अपने नाटकीय तत्त्वों को गतिशील चित्रों में देखने का अभ्यास नहीं बढ़ाएगा तब तक वह फ़ोटो कथा लेखक कदापि नहीं हो सकता। दुनिया में ऐसे लोगों की संख्या ही दुर्भाग्य से ज्यादा है जो आँखों से देखकर भी कुछ नहीं देख सकते या कानों से सुनकर भी कुछ नहीं सुन पाते। परन्तु फ़ोटो नाटककार की सफलता के लिए यह लापरवाही अत्यंत घातक होती है। दृष्टि-शक्ति सजग और पैनी रखने से ही हमारी अंतर्दृष्टि का भी विकास होता है। एक अंग्रेज विद्वान जॉन बरो ने तो फ़ोटो नाटक के लेखक को अपनी कई दृष्टियों का विकास करने के लिए कहा है। उसका तो यहाँ तक कहना है कि फ़ोटो नाटककार के लिए एकमात्र दृष्टि-शक्ति ही सफलतादायक होती है। वह कहता है कि एक आँखें वह हैं जो हम सबको मिलती हैं, दूसरी आँख दिल की आँख होती है, तीसरी बुद्धि की और चौथी दृष्टि आत्मा की होती है। जॉन बरो की यह बात भले ही काव्यात्मक ढंग से कही

गई हो लेकिन इसमें गहरा तथ्य है और इस तथ्य को समझने के लिए फ़ोटो नाटककार को हर बात चित्रों में ही देखने की आदत डालनी चाहिए। बिंबों का अपना तर्क होता है और वह भी उतना ही वैज्ञानिक होता है जितना कि करण-कारण तर्क पद्धति का। मेलों में, राजनीतिक-धार्मिक सभाओं में या ऐसी ही भीड़-भाड़ भरी जगहों में फ़ोटो नाटककार चेहरों की विभिन्न भाव-भंगिमाओं को देख-देख कर ही अपनी दृष्टि को व्यापक बना सकता है। कुछ ऐसे चेहरे भी आपको नज़र आ सकते हैं जो आपके मन में उगे हुए किसी पात्र की सजीवता के लिए बहुत अच्छा आलंबन बन सकते हैं। वे चेहरे, उनकी सुलझी या अनर्गल बातें किसी अन्य वातावरण में देखी जाने पर बिलकुल नए रूप में ही ढली हुई नज़र आने लगती हैं। इसी तरह छोटे-बड़े घर, गलियों के बाजारों या बड़े बाज़ारों की दूकानों या दूकानदारियत की अनेक विशेषताएँ भी लेखक के सामने प्रकट हो जाती हैं। इसीलिए कहा जाता है कि कवि या लेखक को देखने-सुनने और उन दृश्य-श्रव्य बातों को मन-ही-मन गुनने के लिए गहरे अनुभव और अभ्यास की आवश्यकता पड़ती है। रचनाकार को अपने समस्त बोध सजग रखने चाहिए।

—1982

# पारसी रंगमंच

आज से करीब 25-30 बरस पहले तक हमारे लखनऊ शहर के मुहल्ले गोलागंज में एक बड़ा भारी टीन का तबेला था, जिसे उस ज़माने के लोग 'गोलागंज ठेठर' के नाम से पुकारा करते थे। बरसों तक उस टीन के तबेले की बड़ी महिमा रही। साल-छः महीने में कोई-न-कोई पारसी कंपनी वहाँ आकर अपना डेरा डाला ही करती थी। शहर भर में मैनेजर 'कंपनी हाजा' नाम से इश्तहार बाँटते, मिस पुतली, गौहर, मिस बिजली, मास्टर मोहन, मास्टर भगवानदास, खटाऊ जी कामिक वाला, मास्टर बेंजामिन, मुन्नी बाई आदि उस ज़माने के मशहूर और मारूफ एक्टर-एक्ट्रेसों के नाम उस पर्चे में छपे होते, रात को शहर-का-शहर उस टीन के तबेले के आगे बाढ़ के पानी की तरह उमड़ता दिखलाई देता और दो-चार दिन के भीतर ही गली-कूचों में बड़े-बड़े तानसेन मुँह उठाए हुए 'तर्ज ठेठर' में गाते नज़र आते कि '...मान ओ मान, मेरी प्यारी कहना हमारा तू मान'। उन दिनों 'तर्ज ठेठर' के गानों की वही महिमा थी, जो आज फ़िल्मी गानों की है। पारसी खेलों की सीन-सीनरी पर लोग लट्टू होते थे। रईस लोग मैनेजर कंपनी और मशहूर एक्टर-एक्ट्रेसों को अपने घर खाने की दावत दिया करते थे, बड़े-बड़े उपहार दिया करते थे। मुझे आज भी याद है कि उन दिनों के शौकीन लोग नाटक के आगे सिनेमा को दो कौड़ी का मानते। बहुतों की तो ये हालत थी कि कंपनी जब तक शहर में रहती, तब तक उनकी रातें थियेटर हाल में कटा करती थीं। उस ज़माने का ध्यान करता हूँ, तो खयाल आता है—कहाँ वह जमाना और कहाँ ये आज का दिन ठेठर का नाम ही हवा हो गया, रंगमंच के जानकारों तथा भारत की केंद्रीय और प्रादेशिक सरकारों को आज इसकी परंपरा क़ायम रखने की चिंता पड़ रही है। सच है, सब दिन किसी के लिए एक समान नहीं रहते :

*न गोरे सिकंदर, न है क़ब्र दारा,*
*मिटे नामियों के निशाँ कैसे-कैसे।*

भारत में पारसी थियेटर की नींव ग़दर के इर्द-गिर्द वाले काल में ही पड़ी थी। बात यह है कि अंग्रेजों ने कलकत्ते में अपने मनोरंजन के लिए शौकिया नाटक खेलने

शुरू किए फिर यूरोप की पेशेवर ड्रैमेटिक कंपनियाँ भी यहाँ आने लगीं। बंगाल के रईसों और ज़मीदारों को भी अंग्रेजों की देखा-देखी ये चस्का लगा। झाँसी के राजा गंगाधर राव ने भी अपने महलों में एक नाटक मंडली जुटा रखी थी। अवध के कन्हैया, 'पिया जाने आलम' वाजिदअली शाह के महलों में भी नाटक कंपनी थी, खुद बादशाह भी उसमें हीरो का पार्ट किया करते थे। लेकिन ठेठरी चस्का बहुत दिनों तक राजे-रईसों का प्राइवेट मनोरंजन ही न रह सका, आम भारतीय जनता के लिए भी नाटक कंपनियाँ चालू हो गईं और इस नई चाल के थियेटर को जमाने का श्रेय अधिकतर पारसी समाज को ही जाता है। उन्नीसवीं शताब्दी के उत्तरार्द्ध काल में हमारे देश के पारसियों ने अनेक दिशाओं में बड़ी उन्नति की। टाटा पेटिट जैसे उद्योगपति, दादाभाई नौरोजी, फिरोजशाह मेहता, दिनशा वाच्छा—जैसे राष्ट्रीय नेता हमें पारसी समाज से ही मिले। अंग्रेजी रहन-सहन और चाल-ढाल पारसियों ने बड़ी खूबी के साथ पाई और उन्हीं की संगत के प्रभाव से उन्होंने थियेटर का धंधा भी बड़े जोश के साथ अपनाया और रंगमंच-कौशल में धीरे-धीरे बड़ी उन्नति कर ली। यहाँ यह बात निःसंकोच रूप से कही जा सकती है कि पारसियों ने गुजराती, मराठी और हिंदी, उर्दू स्टेज की नई परंपरा को स्थापित करने में उस ज़माने में बड़ा योगदान दिया। यह बात और है कि एक ओर जहाँ उन्होंने सीन-सीनरी की तड़क-भड़क में रंगमंच की शान बढ़ाई, वहाँ ही दूसरी ओर भारतीय पौराणिक कथानकों की सौंदर्य-निष्ठा को भी अपने व्यावसायिक दृष्टिकोण के कारण काफी हद तक नष्ट किया है। इसके प्रमाण स्वरूप हम यहाँ भारतेन्दु कालीन एक घटना का उल्लेख करते हैं। काशी में एक पारसी थियेटर आया और **'शकुंतला'** नाटक खेलने का नोटिस बाँटा। महाकवि कालिदास के **शकुंतला** नाटक की चर्चा तब तक यूरोप में फैल चुकी थी। पढ़े-लिखे सुसंस्कृत भारतीयों को भी इस नाटक पर बड़ा गर्व था। इसलिए बनारस के नाचघर में **शकुंतला** नाटक देखने के लिए महज आम लोग ही नहीं, बल्कि खास लोगों ने भी अड्डा जमाया। अंग्रेज विद्वान डाक्टर थीबो, बंगाली विद्वान बाबू प्रमदादास मित्र, भारतेंदु हरिश्चंद्र और उनके साथी-संगी आदि भी वहाँ मौजूद थे। थोड़ी देर में ही ये विद्वान लोग बोर हो गए। शकुंतला का धीरोदात्त नायक दुष्यंत जब खेमटे वालियों की तरह कमर पर हाथ रख कर मटक-मटक कर नाचने और 'पतरी कमर बल खाय' गाने लगा, तो ये विद्वान मंडली ये कहकर उठ पड़ी कि 'अब देखा नहीं जाता। ये लोग कालिदास के गले पर छुरी फेर रहे हैं।' खैर, इस कचोट से एक बड़ा लाभ यह हुआ कि हिंदी में शौकिया रंगमंच की नींव पड़ी। भारतेंदु ने भले घर के युवकों को नाटकों में अभिनय करने की प्रेरणा दी और आप भी कई नाटक खेले और खिलाए; मगर ये विषय ही दूसरा है।

पारसी रंगमंच पर अधिकतर हिंदू पौराणिक नाटक ही आते थे, बाद में कुछ सामाजिक खेल भी चले तथा शेक्सपियर के अनेक प्रसिद्ध नाटकों के उर्दू में छायानुवाद

भी प्रस्तुत किए गए।

बंबई में बाटलीवाला थियेटर, खटाऊजी की कंपनी, पारसी नाटक मंडली आदि कंपनियाँ हिंदी, उर्दू, गुजराती नाटकों की धूम बाँधा करती थीं। कलकत्ते में भी सन् 1882 ई. से ही पारसी कंपनियों के पहुँचने की सूचना हमें मिलती है। उस ज़माने के **'इंगलिशमैन'** नामक अखबार में छपे विज्ञापन के अनुसार फरवरी 1882 में विक्टोरिया पारसी ऑपेरा कंपनी ने कोरंथियन स्टेज पर हिंदी उर्दू नाटक खेले थे। 1884 में बंबई के पारसी एलफ़िंस्टन ड्रैमेटिक क्लब ने भी उर्दू की शैली में कई नाटक खेले और अंत में बंगाली समाज के आग्रह से हिंदी शैली में **'नल-दमयंती'** नाटक भी खेला। हेमेंद्रनाथ दासगुप्त के अनुसार अरबी फारसी-निष्ठ खड़ी बोली बंगालियों को कठिनाई से समझ में आती थी, जब कि संस्कृतनिष्ठ हिंदी उनकी समझ में जल्दी आ जाती थी। खैर। उसी समय के लगभग बंबई के गुजराती रंगमंच पर पारसी अभिनेता और नाटककार सामाजिक नाटक प्रस्तुत कर रहे थे। पारसी थियेटर ने गुजराती का **'ललिता-दुखहरण'** नाटक खेल कर बड़ी सफलता पाई थी, इसीलिए गुजराती भाषा के एक पारसी नाटककार, अदना महोदय ने भी पारसी सामाजिक नाटक प्रस्तुत किए। सन् 1884 में छपा पारसी नाटक मंडली के लिए लिखा गया एक गुजराती नाटक **'कंजूस ना करमनी कथाश्री'** खूब सफल हुआ। इसमें 70 वर्ष के असलाजी 17 वर्ष की शीरीन को ब्याहने चले और खेल मज़ेदार बन गया।

बीसवीं शताब्दी के आरंभ के साथ-साथ पारसी कंपनियाँ जोर-शोर से बढ़ने लगीं। हमारे सुनने में आया है कि लगभग 20-25 कंपनियाँ भारत में घूम-घूम कर नाटक दिखलाया करती थीं। पारसी एलफ़िंस्टन, पारसी अल्फ्रेड खटाऊ कंपनी, पारसी रिपन थियेट्रिकल, बाटलीवाला थियेटर आदि कई कंपनियाँ सन् 1901 से सन् 20-22 तक खूब फूलीं-फलीं। के. पी. खटाऊ बड़ा बढ़िया कॉमिक पार्ट करते थे। मिस मेरी फैंटन नाम की एक अंग्रेज अभिनेत्री खटाऊजी की कॉमिक कला पर ऐसी मुग्ध हुई कि फिर उनका साथ ही न छोड़ा। उनके साथ काम करने लगी। खटाऊजी की कंपनी ने **'रामायण'**, **'महाभारत'**, **'बिल्वमंगल'**, **'श्रवण कुमार'**, **'यहूदी की लड़की'**, **'पत्नी प्रताप'**, **'धर्म विजय'** आदि कई सफल नाटक खेले। मिस जरीना इन नाटकों में हीरोइन का काम किया करती थी। **'यहूदी की लड़की'** नाटक में मिस पुतली और आगा मुहम्मद शाह के अभिनय की बड़ी धूम थी। मिस सँवरिया का नाम भी सरनाम था। बाटलीवाला थियेटर के संचालक बाटलीवाला खुद भी अच्छे अभिनेता थे। उनकी कंपनी का **'सत्य हरिश्चंद्र'** नाटक बड़ा मशहूर था। मिस बिजली ने तारामती का पार्ट करते हुए बड़ी प्रसिद्धि पाई। बाटलीवाला थियेटर के साथ भी मिस बिजली, मिस गुलाब, मिस मुन्नी, मास्टर पेशावरी, मास्टर तांतरा और स्वयं बाटलीवाला जैसे प्रसिद्ध कलाकार थे।

सन् 1913 में पारसी थियेट्रिकल और एलफ़िंस्टन थियेट्रिकल कंपनियाँ मिलकर

एक हो गईं। इन्होंने **'श्रीकृष्ण चरित्र'**, **'सती सावित्री'**, **'नल दमयंती'**, **'मधुर मुरली'**, **'वीर बालक'**, **'पत्नी प्रताप'** आदि बड़े-बड़े खेल खेले। इनके साथ मिस गौहर ने बड़ी लोकप्रियता पाई। मास्टर मोहन के गाने पुराने लोग आज भी याद करते हैं। ये कॉमिक भी अच्छा करते थे। दौराबजी मेहेबवाला भी उस ज़माने के मशहूर अभिनेता थे। के. खुसरू, अडाजायिया, खुरशेदजी बिलमोरिया, दादा भाई आदि बड़े नामी पारसी कलाकार हुए। लाहौर के हुसैन बख्श सेटिंग मास्टर की बनाई सीन-सीनरी में भी ग़ज़ब का जादू था। नारायणप्रसाद 'बेताब', आग़ाहश्र कश्मीरी, और राधेश्याम कथावाचक, मुंशी आरजू आदि के नाटकों ने बड़ा नाम कमाया। ओलिमार्क की कंपनियाँ न्यू अल्फ्रेड और कोरैंथियन थीं।

पारसी स्टेज की तड़क-भड़क, पारसी स्टेज की बोलचाल और तर्ज़ थियेटर के पुराने गाने, पुराने लोगों की स्मृतियों में अब तक अपनी अमिट छाप छोड़े हुए हैं। पुराने लोग पारसी थियेटर की याद करते हुए आधुनिक फ़िल्मों को दो कौड़ी मोल का सिद्ध करने से आज भी नहीं चूकते। जो हो, पारसी रंगमंच अब पुराने दिनों की एक शानदार कहानी मात्र रह गया है।

रेडियो वार्ता, पृथ्वीराज कपूर अभिनंदन ग्रंथ, 1963 में संकलित

# हिंदी का शौकिया रंगमंच

आमतौर से हमारे बुद्धिजीवी आलोचक मुँह उतार कर बड़ी लापरवाही भरी शान के साथ यह फ़रमाया करते हैं कि हिंदी में रंगमंच ही नहीं है। यह बात मेरे गले के नीचे आज तक नहीं उतर सकी।

रंगमंच के दो पहलू होते हैं, व्यावसायिक रंगमंच और शौकिया रंगमंच, हर भाषा के क्षेत्र में रंगमंच का यही इतिहास रहा है। हिंदी के पास भी दोनों प्रकार के रंगमंच रहे। बंगला के शौकिया रंगमंच का इतिहास हमसे निःसंदेह पचास-साठ वर्ष पहले आरंभ हो जाता है। और विधिवत शोध के साथ सुरक्षित किया गया है।

यही बात मराठी, गुजराती आदि अन्य भाषाओं के रंगमंचीय इतिहास के साथ भी जुड़ी है। हिंदी में यह इतिहास अब तक न संकलित किया जा सका, खेद है तो सिर्फ इसी बात का। हिंदी का व्यावसायिक रंगमंच हिंदी भाषी क्षेत्र से बाहर के पारसी लोगों के हाथ में रहा और शौकिया रंगमंच इस विशाल क्षेत्र में हर जगह फलफूल कर भी उसका इतिहास हिंदी भाषी क्षेत्र की विशालता के कारण संपूर्ण रूप से कभी संकलित न हो सका। शौकिया रंगमंच किसी भी भाषा के क्षेत्र में व्यावसायिक रंगमंच से होड़ नहीं ले सका है। हिंदी में भी यही स्थिति रही। शौकिया रंगमंच पर हमारे देश के हर भाषा क्षेत्र से श्रेष्ठ अभिनेता उभरे हिंदी के रंगमंच से भी कुछ उभरे। औरों की और कहते हैं और सब जान जाते हैं पर हिंदी वालों को खुद अपनी ही खबर नहीं।

अपनी पारसी रंगमंच संबंधी वार्ता में उस घटना का उल्लेख कर चुका हूँ जिसके कारण हमारा शौकिया रंगमंच स्थापित हुआ। पैसे कमाऊ रंगमंच पर श्रेष्ठ नाटकों और अभिनय कला की दुर्दशा देखकर ही भारतेंदु स्वयं रंगमंच पर अवतरित हुए। स्वाभाविक अभिनय हिंदी रंगमंच का अपना नारा हुआ। बलिया के हिंदी मेले में स्वरचित नाटक 'सत्य हरिश्चंद्र' में सहज स्वाभाविक और सुंदर अभिनय करके भारतेंदु ने न केवल हिंदी भाषियों का हृदय ही जीता वरन् अंग्रेजों तक को प्रभावित किया था। भारतेंदु के उत्साह दिलाने पर अनेक भले घर के युवक नाटकों में भाग

लेने लगे। इसका परिणाम यह हुआ कि हिंदी की अन्य साहित्यिक हलचलों के साथ ही साथ शौकिया रंगमंच का आंदोलन भी ज़ोर-शोर से चल पड़ा। प्रयाग में एक हिंदी नाट्य समिति की स्थापना हुई जिसके रंगमंच पर महामना पंडित मदनमोहन मालवीय भी अपने नवयौवन काल में शकुंतला के रूप में अवतरित हुए थे। कानपुर के पंडित प्रतापनारायण मिश्र भी रंगमंच पर अभिनय किया करते थे। वे स्त्री का पार्ट करते थे। पर उन दिनों बाप के जीते जी मूँछें मुड़ाना भी कारेदारद था। मिश्रजी ने स्वयं भी **'कलि कौतुक रूपक'** रचा था। हिंदी साहित्य सम्मेलन के वार्षिक अधिवेशनों के अवसर पर नाटक खेलने की प्रथा उसके दूसरे अधिवेशन से चलाई गई। राधाकृष्ण दास रचित **'महाराणा प्रताप'** नाटक उक्त अवसर पर खेला गया था। पंडित माधवशुक्ल, राजर्षि पुरुषोत्तमदास टंडन, महादेव भट्ट आदि ने उसमें पार्ट किया था।

काशी में भी अग्रवाल ब्वायज़ ड्रामेटिकल क्लब की स्थापना हुई। इस संस्था ने भारतेंदु रचित **'अंधेर नगरी'** और **'नीलदेवी'** नाटक खेले। यह बीसवीं शताब्दी के आरंभिक दिनों की बात है। सन् 1906 ई. के लगभग काशी में श्री नागरी नाट्यकला संगीत प्रवर्तक मंडली स्थापित हुई। संस्था का यह नाम कुछ लोगों को अटपटा लगा। इसी को लेकर संस्थापकों में फूट पड़ गई। काशी के नाट्यकला प्रेमी युवक दो दलों में बँट गए। श्री नागरी नाट्यकला संगीत प्रवर्तक मंडली टूट गई और उसकी जगह भारतेंदु नाटक मंडली तथा नागरी नाटक मंडली नामक दो संस्थाओं की स्थापना हुई। भारतेंदु नाटक मंडली ने भारतेंदु लिखित **'सत्य हरिश्चंद्र'** नाटक जैसे-तैसे खेला और फिर बताशे की तरह बैठ गई। भारतेंदु नाटक मंडली ने बाद में पुनः संगठित होकर कई नाटक खेले। सन् 1932 की **'जागरण पत्रिका'** में प्रकाशित बालकृष्ण दास के लेख से तथा काशी के लोगों से पूछताछ करने पर जहाँ तक मुझे मालूम हुआ है कि उक्त मंडली ने पहले-पहल बाबू राधाकृष्णदास लिखित **'महाराणा प्रताप'** खेला था। नाटक के रिहर्सल दो बरसों तक होते रहे। महाराणा प्रतापसिंह का पार्ट पं. गोविंद शास्त्री दुगवेकर ने किया था और वीरसिंह का पार्ट डा. वीरेंद्रनाथ उर्फ़ बीरेबाबू ने। यहाँ यह बात ध्यान देने योग्य है कि हिंदी रंगमंच के प्रारंभिक अभिनेताओं में गुजराती, महाराष्ट्रीय और बंगाली युवक भी सहर्ष सोत्साह भाग लिया करते थे। इस मंडली ने मराठी से अनूदित **'संगीत सौभद्र'** नाटक भी खेला। इस नाटक में दुगवेकर जी ने अर्जुन का पार्ट किया था। श्री अनंतराव गोडबोले ने श्रीकृष्ण और पं. विद्यानाथ शुक्ल ने बलराम का अभिनय किया था। यह नाटक भी पूरे एक वर्ष की तैयारी के बाद दिखलाया गया था। ये दोनों ही नाटक काशी की जनता ने खूब पसंद किए। पुराने लोग आज भी उनकी सराहना करते हैं। आरंभ में चार-छः वर्षों तक मंडली खूब चली फिर पैसों के अभाव में टूट गई। आगे चलकर बीरेबाबू तथा मनोहरदास के प्रयत्न से आदर्श भारतेंदु नाटक मंडली की स्थापना हुई। इस संस्था ने राधाकृष्णदास रचित **'महाराणा प्रताप'** और माधव शुक्ल रचित **'महाभारत'** नाटक खेले। इससे

प्रोत्साहित होकर पुरानी भारतेंदु मंडली वालों ने भी गोविंद शास्त्री दुगवेकर रचित हिंदी नाटक **'हर-हर महादेव'** खेला था। इसके बाद काशी का शौकिया रंगमंच फिर कुछ वर्षों के लिए सो गया।

हमारे शौकिया रंगमंच के साथ धन की कमी आरंभ ही से दुर्भाग्य बन कर जुड़ी रही। लोग-बाग़ अक्सर कहते हैं कि नाटकों की कमी के कारण हिंदी रंगमंच या कहें कि शौकिया रंगमंच फल-फूल न पाया। मैं इस बात को पूरी तौर पर स्वीकार नहीं कर पाता। हिंदी में मौलिक या अनूदित नाटक तो आरंभ ही से बढ़ चले थे पर वे जम कर खेले न जा सके। नाटकों के बढ़ते हुए शौक का अंदाज़ केवल इसी से लगाया जा सकता है कि आरंभ में नाट्यशास्त्र संबंधी पुस्तकों की रचना तेज़ी के साथ हुई थी। नाट्य-कला संबंधी पहली पुस्तक भारतेंदुकृत **'नाटक'** सन् 1883 में प्रकाशित हुई। जब हमारे यहाँ नाटक खेलने का शौक़ जागा तो उसका शास्त्र समझने की जरूरत भी पड़ी। बीसवीं शताब्दी के आरंभ में हिंदी के शौकिया रंगमंच ने जब फिर अपना दम ताज़ा किया तो पुस्तकें लिखी जाने लगीं। सन् 1903 ई. में बंबई से बलदेवप्रसाद मिश्र का **'नाट्य-प्रबंध'** प्रकाशित हुआ। सन् 1904 में काशी से किशोरीलाल गोस्वामी रचित **'नाट्य-संभव'** ग्रंथ प्रकाशित हुआ। इसके बाद सन् 1911 में प्रयाग से आचार्य महावीर प्रसाद द्विवेदी लिखित **'नाट्यशास्त्र'** प्रकाशित हुआ। इसके बाद पत्र-पत्रिकाओं में नाट्यकला संबंधी फुटकर लेख तो कई प्रकाशित हुए पर किसी पुस्तक का प्रणयन शायद नहीं हुआ। सन् 1911 के बाद सन् 31-32 के लगभग श्यामसुंदर दास का लिखा **'रूपक-रहस्य'** प्रकाशित हुआ। नाट्यशास्त्र संबंधी पुस्तकों के इस नक्शे से हम अपने रंगमंच के विकास की स्थिति का भी अनुमान लगा सकते हैं। पैसों के अभाव में रंगमंच का उत्साह मंद पड़ने लगा। यद्यपि पूरी तौर पर समाप्त न हुआ।

काशी के रंगमंचीय इतिहास की कड़ियाँ नए सिरे से फिर जुड़ीं। श्री बीरे बाबू, श्री केशवराम टंडन और श्री पुरुषोत्तम पंड्या के प्रयत्न से फिर रंगमंच ने ज़ोर पकड़ा। भारतेंदु नाटक मंडली में फिर से नई जान आई। इन लोगों ने डी. एल. राय के चार नाटक **'दुर्गादास'**, **'मेवाड़ पतन'**, **'शाहजहाँ'** और **'चंद्रगुप्त'** खेले। इनके अतिरिक्त राधेश्याम कथावाचक के तीन नाटक **'वीर अभिमन्यु'**, **'प्रह्लाद'** और **परिवर्तन'**, ज्वालाराम नागर लिखित **'गुरु द्रोणाचार्य'** और **'दस्युदमन'**, माधव शुक्ल रचित **'महाभारत'** और विश्वंभरनाथ शर्मा 'कौशिक' रचित **'भीष्म'** नाटक भी खेले। इन नाटकों में कुँअरकृष्ण कौल, श्री बेनीप्रसाद गुप्त, महेंद्रलाल मेढ़, भगवतीप्रसाद मिश्र, पुरुषोत्तम पंड्या, राजाराम मेहरोत्रा, हरिनाथ व्यास, द्वारिकादास, केशवराम टंडन आदि सज्जनों ने बड़ा नाम पाया। बीरे बाबू तो पुराने नामी थे ही। स्त्री पात्रियों के अभिनय में राजाराम मेहरोत्रा द्वारा अभिनीत गुलनार का पार्ट और हरिनाथ व्यास तथा द्वारिकादास उर्फ राजाबाबू द्वारा अभिनीत सुभद्रा और उत्तरा के पार्ट भी खूब सराहे

गए। आगे चलकर इसी मंडली में हिंदी के सुप्रसिद्ध लेखक पांडेय बेचन शर्मा 'उग्र' ने **'मेवाड़ पतन'** नाटक में मानसी का अभिनय कर बड़ी सराहना पाई। भारतेंदु नाटक मंडली के भगवतीप्रसाद मिश्र और नागरी नाटक मंडली के आनंदप्रसाद कपूर उर्फ लल्लो बाबू ने आगे चलकर फ़िल्म डायरेक्टर के रूप में भी बंबई में बड़ी ख्याति अर्जित की। स्व. भगवतीप्रसाद मिश्र का नाम बंबई की फ़िल्मी दुनिया के जाने-माने पुराने लोग आज तक बड़े आदर के साथ लेते हैं। वे पृथ्वीराज कपूर, अर्मेलीन जैसे फ़िल्मी कलाकारों की एक पीढ़ी के गुरु रहे थे। महेंद्रलाल मेढ़ भारतेंदु नाटक मंडली के प्राण थे। उनका देहांत असमय ही हो गया। उसके बाद श्री केशवराम टंडन ने रंगमंच का काम आगे बढ़ाया। मैंने काशी के बड़े जिम्मेदार व्यक्तियों से श्री टंडन के अभिनय की बड़ी-बड़ी तारीफें सुनी हैं। सीताराम चतुर्वेदी, कृष्णदेवप्रसाद गौड़, रुद्र काशिकेय, काशीनाथ उपाध्याम 'भ्रमर', सर्वदानंद, लक्ष्मीचंद्र अग्रवाल आदि के नाम शौकिया रंगमंच की अर्वाचीन कड़ियाँ बन कर जुड़ते हैं।

प्रसाद जी का **'चंद्रगुप्त'** नाटक एक बार काशी की समस्त नाट्य मंडलियों के सहयोग से बड़ी सफलता के साथ खेला गया था। प्रसादजी ने इसके लिए विशेष रूप से एक प्रहसन भी लिखा था। खेद की बात है कि वह प्रहसन अब नहीं मिलता।

प्रयाग में पं. माधव शुक्ल के प्रयत्न से शौकिया रंगमंच की बढ़ोतरी हुई। हिंदी साहित्य सम्मेलन के अधिवेशनों के अवसरों पर हिंदी के नाटक खेलने की परंपरा उन्हीं की प्रेरणा से स्थापित हुई थी।

आधुनिक काल में कई नाट्य संस्थाओं ने प्रयाग के रंगमंच को विकसित किया है। अश्क, रामकुमार वर्मा, लक्ष्मीनारायण लाल, विमला रैना, लक्ष्मीकांत वर्मा, आदि के प्रयत्नों से वहाँ प्रतिवर्ष नाटक होते रहते हैं। स्त्री पात्रियों में श्रीमती तेजी बच्चन, श्रीमती सादिका सरन और ललिता चटर्जी के अभिनय मैंने देखे और सराहे हैं। विजय बोस ने रंगवाणी के मंच पर मेरे लिखे नाटक **'युगावतार'** में भारतेंदु हरिश्चंद्र का पार्ट बड़ी खूबी से अदा किया था। श्री बनर्जी, कौशलबिहारी लाल के अभिनय भी खूब सराहे गए थे।

कानपुर का प्राचीन नाटकीय इतिहास एक बार श्री देवीप्रसाद धवन 'विकल' से सुना तो था पर तब नोट न कर पाया। धवनजी और उनके छोटे भाई स्व. जगदीश प्रसाद ने अनेक नाट्य आयोजन किए। श्री विनोद रस्तोगी ने कई नाटक लिखे और निर्देशित किए। श्री सिद्धेश्वर अवस्थी प्रतिवर्ष तीन-चार नाटक निर्देशित करते ही रहते हैं। मंच-सज्जा के वे पहुँचे हुए करतबिए हैं। नए कलाकारों में ज्ञानदेव अग्निहोत्री सराहनीय हैं।

पिछले कुछ वर्षों में आगरा जननाट्य संघ के राजेन्द्र सिंह रघुवंशी ने भी चरित्र एवं हास्य अभिनेता के रूप में बड़ा नाम कमाया है। रामगोपाल सिंह चौहान, ज्ञान शर्मा, शरद नागर, राजेश्वरप्रसाद सक्सेना आदि आगरा में रंगमंचीय हलचल मचाते

रहते हैं। एटा, मेरठ, अलीगढ़, झाँसी आदि में भी अच्छे कलाकारों का निवास सुना है। मुझे खेद है कि इन सबका इतिहास मेरी जानकारी में अभी नहीं आया।

लखनऊ में हिंदी रंगमंच की स्थापना बीसवीं सदी के आरंभ के साथ ही होती दिखलाई देती है। सन् 1902 में प्रबोधिनी परिषद् नाम की संस्था द्वारा श्री गंगाप्रसाद अग्रवाल और श्री श्यामसुंदर कपूरिया के प्रयत्नों से नाटकीय हलचल आरंभ हुई। सन् 1908 के लगभग हिन्दू यूनियन क्लब की स्थापना हुई।

लखनऊ के हिंदी रंगमंच संबंधी इतिहास में इस संस्था का महत्त्व इसलिए सर्वाधिक है कि इसके सदस्यों को पं. माधव शुक्ल के चरणों में बैठकर अभिनय कला सीखने का सौभाग्य प्राप्त हुआ था। भारतेंदु के बाद माधव शुक्ल का नाम हिंदी रंगमंच के उन्नायकों में सदा बड़े आदर के साथ लिया जाएगा। माधवजी ने कलकत्ते के बंगला और पारसी रंगमंचों का भली-भाँति अध्ययन किया था। माधव शुक्ल भारतेंदु द्वारा स्थापित स्वाभाविक अभिनय की परिपाटी को फिर से जगा रहे थे, क्योंकि उसी के द्वारा हिंदी रंगमंच का व्यक्तित्व स्वतंत्र रूप से उभरा था। हिंदी के पुराने लेखक कालिदास कपूर के एक लेख के अनुसार हिंदू यूनियन क्लब के मंच पर माधव शुक्ल के निर्देशन में पहली बार राधाकृष्ण दास लिखित **'महाराणा प्रताप'** नाटक नए ढंग से खेला गया। राजाराम नागर और गोपाललाल पुरी ने शौकिया रंगमंच पर क्रमशः महाराणा प्रताप और भामाशाह की भूमिका में विशेष नाम पाया। राजाराम नागर सदा हीरो का पार्ट करते थे। उनके द्वारा अभिनीत **'सत्य हरिश्चंद्र'** में हरिश्चंद्र, **'मेवाड़ पतन'** में अमरसिंह और माधव प्रसाद शर्मा लिखित **'बनवीर'** में विक्रम के अभिनय पुराने लोगों के द्वारा आज तक मुक्तकंठ से सराहे जाते हैं। हिंदू यूनियन क्लब के अन्य अभिनेताओं में गोपाललाल पुरी, बब्बीदलाल, रमाशंकर गुलेरी, विश्वनाथ वर्मा, डा. मोहन, चंद्रशेखर पंड्या, बलदेवप्रसाद जैतली, योगेन्द्रनाथ शर्मा, मुनुआजी आदि ने भी उस समय नगर में काफी ख्याति पाई। इंडियन हीरोज एसोसिएशन की ओर से भी गोलागंज थियेटर में कई नाटक खेले गए। बाबू मुरारीलाल एडवोकेट इस संस्था के प्रमुख स्तंभों में गिने जाते थे। सन् 1925 में यंगमैंस म्यूजिकल सोसायटी की स्थापना हुई। रायसाहब रामप्रसाद वर्मा, चौधरी सच्चिदानंद वर्मा, जोगेशप्रसाद सक्सेना और उमेश प्रसाद सक्सेना इस संस्था के प्राण थे। बब्बन साहब संगीत निर्देशक थे। इन लोगों ने भी कई नाटक खेले जिनमें **'यहूदी की लड़की'**, **'बिल्वमंगल'** और **'चंद्रगुप्त'** प्रसिद्ध हुए। श्री ए. के. गंजूर, तुलसीराम वैश्य, कृष्णकुमार श्रीवास्तव उर्फ मन्नी बाबू, राधेबिहारी लाल, बी.एन. सिन्हा, प्रयागनारावण श्रीवास्तव, कृष्णलाल दुआ आदि अभिनेता इस संस्था से चमके। इंडियन रेलवे इंस्टीट्यूट ने भी कई नाटक खेले। इस संस्था ने तीन कलाकार भारतीय फ़िल्म व्यवसाय को भी दिए, सुप्रसिद्ध संगीत निर्देशक नौशाद अली, चरित्र अभिनेता नजीर हुसैन और डायरेक्टर राखन।

आग़ा हश्र कश्मीरी के नाटक हिंदू-मुस्लिम जनता में समान रूप से लोकप्रिय होते थे। नख़ास पाटानाला क्षेत्र ने भी कई अच्छे अभिनेता लखनऊ को दिए। उनमें कैसर मिर्जा, प्यारे नवाब, हसन अब्बास, तारा आदि कुछ नाम मुझे अब तक मिले हैं। इन लोगों ने केवल आग़ा हश्र के लिखे नाटक ही खेले **'हश्रे महशर'**, **'मुहब्बत का फूल'**, **'बिल्वमंगल'** आदि । कैसर मिर्ज़ा ने आग़ा साहब के चरणों में बैठकर सीखा भी। आग़ा साहब कहते थे : 'हमारा असली रोटी देनेवाला दस-पाँच रुपयों की सीट वाला नहीं बल्कि अठन्नी वाला है। उसे हमारी आवाज़ भी साफ सुनाई पड़े।'

सन् 1953 से लखनऊ रंगमंच संस्था द्वारा नई हलचल आरंभ हुई। इस संस्था द्वारा मैंने तीन नाटक मंचित कराए। स्वलिखित एकांकी **'परित्याग'**, परिक्रामी सेटिंग पर विष्णु प्रभाकर कृत **'गोदान'** का नाट्य रूपांतर और भगवतीचरण वर्मा द्वारा स्थापित भारती नामक संस्था के उद्घाटनोत्सव पर उन्हीं का लिखा नाटक **'रुपया तुम्हें खा गया'** खेला। सर्वदानंद द्वारा स्थापित संस्था नटराज का पहला नाटक **'चेतसिंह'** भी मेरे निर्देशन में खेला गया। इन चारों नाटकों में राधेबिहारी लाल, कृष्णलाल दुआ, पी. एन. श्रीवास्तव और संतराम की सुंदर अभिनय कला ने जनता को प्रभावित किया। राधेबिहारी पुराने मंच के मँजे हुए यथार्थवादी शैली के उत्तम चरित्र अभिनेता हैं। कृष्णलाल दुआ में हास्य अभिनय करने की प्राकृतिक स्फूर्ति है। नारी कलाकारों में श्रीमती कृष्णा मिश्र और प्रमोद बाला अच्छा काम करती हैं। सोना चटर्जी, कमला पंजानी, मीरा शर्ग़ा, कमर जहाँ भी विकासमान अभिनेत्रियाँ हैं।

इस समय नगर में अनेक नाट्य संस्थाएँ कार्य कर रही हैं। महावीर अग्रवाल की नाट्य मंडली, राष्ट्रीय नाट्य परिषद्, मदन मोहन यंगमेंस एसोसिएशन, सांस्कृतिक संघ आदि के खेल होते रहते हैं। संतराम, जी. के. गंजूर, राजेन्द्र श्रीवास्तव, के. के. सिंह, कुमुद नागर, कृष्णलाल दुआ आदि यत्र-तत्र नाटक खेलते-खिलाते ही रहते हैं।

बंबई में श्री बलराज साहनी की संस्था जूहू आर्ट थियेटर, कलकत्ते की अनामिका तथा दिल्ली की कुछ नाट्य संस्थाएँ भी इस समय अच्छा काम कर रही हैं।

सच तो यह है कि हिंदी के शौकिया रंगमंच का एक इतिहास विधिवत तैयार किया जाना चाहिए। बिहार, मध्य प्रदेश, उत्तर प्रदेश, राजस्थान, दिल्ली और कलकत्ता ही नहीं सुदूर पंजाब और जम्मू तक हमारे रंगमंच का इतिहास बिखरा पड़ा है। समय रहते इसे संग्रह कर लेना चाहिए। पुरानी पीढ़ी तेजी से छीजती जा रही है। उसके साथ ही हमारा यह अलिखित इतिहास भी सदा के लिए नष्ट हो जाएगा। आने वाली पीढ़ियाँ हमारी लापरवाही को क्षमा न कर पाएँगी।

मैं आसेतु हिमांचल धर्मयुग के पाठकों से प्रार्थना करता हूँ कि हिंदी रंगमंच की इतिहास सामग्री संकलित करने में मेरा हाथ बँटाएँ। मेरे निम्नलिखित प्रश्नों का उत्तर देने की कृपा करें :

1. आपके नगर में सबसे पहली नाट्य संस्था कब स्थापित हुई?

2. कौन-कौन से नाटक खेले गए?

3. अभिनेताओं के नाम।

4. नाट्य आयोजकों और लगन वाले कार्यकर्ताओं के नाम।

5. कुशल सैटिंग मिस्त्री, मेकअप वालों और संगीत निर्देशकों के नाम और उनकी विशेषताएँ।

6. पुराने अभिनेताओं और निर्देशकों के नाट्य कला संबंधी अनुभव वाक्य।

आकाशवाणी, लखनऊ से 9-12-1961 को प्रसारित वार्ता, किंचित संशोधन एवं परिवर्धन के साथ 1961 में ही धर्मयुग में तथा 1963 में पृथ्वीराज कपूर अभिनंदन ग्रंथ में भी प्रकाशित।

# जरूरत है एक नाटक सम्राट की

विद्वानों का कहना है कि हिंदी नाटकों का इतिहास सन् 1643 ई. से महाराज जसवन्त सिंह के द्वारा हिंदी में अनूदित **'प्रबोध-चंद्रोदय'** नाटक से शुरू होता है। **'आनंद रघुनंदन', 'हनुमन्नाटक', 'समयसार', 'शकुंतला, 'सभासार'** भी नाटकों की श्रेणी में ही गिनाए जाते हैं। इन रचनाओं के साथ नाटक शब्द भले ही जुड़ा हो पर खुद भारतेंदु को भी इन्हें नाटक मानने से आपत्ति थी। जो रंगमंच पर खेले न जा सके, उन्हें भला नाटक माना ही क्यों कर जाए। भारतेंदु ने अपने पिता गोपालचंद्र के **'नहुष नाटक'** को हिंदी का पहला असली नाटक बतलाया पर वह भी दरअसल खेले जाने के बजाय पढ़ने लायक रचना ही मानी जाएगी। हिंदी में नाटकों का युग दरअसल भारतेंदु के ज़माने से ही शुरू होता है। 3 अप्रैल, सन् 1868 ई. के दिन बनारस में शीतला प्रसाद त्रिपाठी का **'जानकी मंगल'** नाटक ही पहली बार रंगमंच पर पेश किया गया था। भारतेंदु ने संस्कृत और बंगला भाषाओं से नाटकों के अनुवाद किए, खुद भी कई नाटक रचे और अपने साहित्यिक मित्रों को नाटक रचने की प्रेरणा दी। यही नहीं, नाटकों की रचना के साथ-ही-साथ उन्होंने रंगमंच स्थापना के लिए भी ज़ोरदार आंदोलन चलाया। बनारस, प्रयाग, कानपुर, पटना, आरा, बलिया, डुमरांव आदि कई स्थानों पर उनकी प्रेरणा से नाटक खेले गए। दिल्ली-निवासी बाबू श्रीनिवासदास ने पहला दुखांत नाटक रचा। प्रतापनारायण मिश्र, चौधरी बदरीनारायण प्रेमघन, राधाकृष्णदास, राधाचरण गोस्वामी आदि कई लेखकों ने नाटकों की रचना के लिए अपने हौसले-भरे कदम उठाए। उन्नीसवीं सदी के अंतिम बीस वर्षों में उपन्यास कम और नाटक ही अधिक नज़र आते हैं।

इस तसवीर से यह बात साफ हो जाती है कि नाटकों की रचना उसी समय हो सकती है, जब कि उनके प्रदर्शन के लिए रंगमंच भी मौजूद हों। जयशंकर प्रसाद ने एक बार किसी हद तक चिढ़ कर यह लिखा था कि नाटकों को रंगमंच के अनुरूप नहीं, बल्कि रंगमंच को नाटकों के अनुरूप ढालना चाहिए। रंगमंच के लिए उनकी चिढ़ का कारण साफ है, आलोचकों ने उनके नाटकों को रंगमंच के योग्य नहीं ठहराया

था। प्रसादजी की इस चिढ़ को नज़रअंदाज़ कर के देखने पर खुद उन्हीं की इस बात में नाटक और रंगमंच का नाता सूरज और धूप के समान अटूट है। नाटक पढ़ने के लिए नहीं, देखने के लिए रचे जाते हैं। उनकी रचना उसी समाज में अधिक होती है जिसके पास व्यवस्थित रंगमंच होता है।

नाटककार के लिए एक सबसे बड़ी असुविधा यह है कि उसका जौहरी सिर्फ साहित्यिक मूल्यांकन करने वाला समीक्षक ही नहीं हो सकता। नाटक की जान उसके संवाद होते हैं। संवाद बोले जाने के लिए लिखे जाते हैं। लिखी हुई चीज पढ़ने और बोली हुई बात सुनने के प्रभाव एक-से पड़ तो सकते हैं पर आमतौर से अलग-अलग किस्म के होते हैं। इसलिए नाटककार का आलोचक स्टेज डायरेक्टर और एक्टर भी होता है। आलोचना की इस दोहरी फाँसी ने बहुत-से लेखकों के हौसले पस्त कर दिए। हिंदी में ऐसे दर्जनों नाटक हैं जिन्हें साहित्य के इतिहास में तो अवश्य बखाना गया है लेकिन शौकिया रंगमंच वालों तक ने कभी उनका नोटिस तक न लिया, फिर पेशेवर रंगमंच वालों की तो बात ही क्या है। एक ओर जयशंकर प्रसाद और लक्ष्मीनाराण मिश्र के साहित्यिक प्रशंसकों को यह शिकायत है कि उनके नाटकों को रंगमंच वालों से मान्यता नहीं मिली तो दूसरी ओर राधेश्याम कथावाचक, हरिदास माणिक, बेताब, जौहर, आग़ा हश्र आदि के प्रशंसकों को यह शिकायत है कि उन्हें साहित्य में श्रेष्ठ स्थान नहीं मिला। इस प्रकार साहित्यिक-असाहित्यिक नाटकों का पचड़ा बहुत-से सृजनशील लेखकों को नाटक लिखने से विमुख कर देता है।

हिंदी के शौकिया रंगमंच का इतिहास ही पेशेवर पारसी रंगमंच की सांस्कृतिक कुरुचि के खिलाफ़ मोर्चा बाँधने से आरंभ होता है। एक तरह से यह अभागी बात हुई। इसके कारण हमारे यहाँ नाटक-लेखन और रंगमंच-निर्माण का सही आधार ही डगमगा गया। बांग्ला या मराठी भाषाओं का पेशेवर और शौकिया रंगमंच दोनों वहीं के लोगों के हाथ में रहे, जब कि हिंदी की उर्दू, हिंदी दोनों शैलियों का पेशेवर रंगमंच ऐसे पेशापरस्त लोगों के द्वारा स्थापित हुआ जिन्हें हमारी भाषा के संस्कार ही नहीं मिले थे। पारसी स्टेज पर शकुंतला-पति महाराज दुष्यंत को कमर मटका कर सस्ता गाना गाते हुए देख कर भारतेंदु हरिश्चंद्र, डॉक्टर थीबो, बाबू प्रमदादास मित्र जैसे साहित्यिक सज्जनों को बहुत बुरा लगा। हिंदी के शौकिया रंगमंच की नींव यहीं से पड़ी। शौकिया रंगमंच आम तौर से वैसी तड़क-भड़क और साज-सज्जा नहीं प्रस्तुत कर पाता था जैसी कि पेशेवर पारसी रंगमंच की होती है। हाँ, अभिनय-कला का सांस्कृतिक और यथार्थवादी चेतनायुक्त स्तर वह आरंभ में अवश्य ही बहुत हद तक ऊँचा उठा सका। पर मजबूरी यह थी कि शौकिया रंगमंच अपने आयोजकों के धन और जन एकत्र करने की बाट ही ताकता रह जाता था, जब कि पारसी कंपनियाँ नियमित दौरे कर के प्रायः हर बड़े नगर को साल-डेढ़ साल में एक बार अपने जादू से बाँधा करती थीं।

साहित्यिक-असाहित्यिक नाटकों की सौतिया लड़ाई में सब कह-सुन कर भी असाहित्यिक नाटककार साहित्यिकों पर किसी-न-किसी तरह हावी हो ही जाते थे। स्वयं भारतेंदु के नाटकों में यह प्रभाव बोलता है। दोहे, कवित्त और शेर-शायरी-विहीन संवाद लिख कर सन् 1871 ई. में साहित्यिक श्रीनिवासदास एक नई परंपरा को सफलतापूर्वक स्थापित करते हुए नजर आते हैं। अगर पेशेवर रंगमंच से उनका नाटक **'रणधीर-प्रेममोहिनी'** पेश हुआ होता तो उसके मालिकान नाटक की सफलता से उत्साहित हो कर वैसे नाटक और लिखवाते, पर चूँकि शौकिया रंगमंच के दीर्घसूत्री माध्यम से वह पेश हुआ, इसलिए उसकी सफलता स्थायी प्रभाव न डाल सकी। स्थायी प्रभाव दोहे, कवित्त, शेर-शायरी वाले संवादों ने ही डाला। इसलिए 1871 ई. के बाद की दूसरी तसवीर यानी वही पुरानी तसवीर पेश करता है, 1897 ई. में लिखा गया साहित्यिक राधाकृष्णदास का नाटक **'महाराणा प्रताप'** । इस प्रकार भारतेंदु से ले कर राधाकृष्णदास और उनके भी बाद के नाटककार और महान् रंगमंच-निर्माता माधव शुक्ल तक दर्शकों की सांस्कृतिक अभिरुचि जगाने की नेक नीयत रखते हुए भी उस जादू से मुक्त न हो सके जिसे श्रीनिवासदास तोड़ चुके थे। स्वयं साहित्यिक स्तर के नाटककारों में भी जब सही और नई लीक पर चलने वाले प्रतिभाशाली लेखकों की दाल अधिक न गल पाई तब उन्हें भला कहाँ गति मिलती। ज़ाहिर है कि ऐसी स्थिति में विशेष प्रतिभासंपन्न लेखक नाटक-लेखन की ओर से कुंठित होने लगे। पिछले सौ वर्षों में हिंदी-साहित्य में नाटक तो काफी लिखे गए पर कोई ऐसा नाटककार न निकला जिसका नाम हम उपन्यास-सम्राट प्रेमचंद की तरह नाटक-सम्राट के विशेषण से जोड़ कर ले सकें।

इसके अर्थ यह हुए कि महज़ शौकिया रंगमंच से किसी भाषा में अच्छे नाटककार नहीं हो सकते। मुझे याद पड़ता है कि श्री जगदीशचंद्र माथुर ने किसी लेख में एक बड़े मार्के की बात यह लिखी है कि भारतेंदु ने हिंदी-भाषी क्षेत्र में नाटककारों और अभिनेताओं की बढ़ोतरी तो अवश्य की पर रंगमंच को व्यावसायिक रूप देने के लिए वे यहाँ के धनिकों को आकर्षित न कर सके। हमारा शौकिया रंगमंच अगर व्यावसायिक पक्ष से भी जुड़ जाता तो पेशेवर पारसी रंगमंच को सटीक, सचोट टक्कर दे कर हम अपना स्थायी रंगमंच बना ले जाते। बंगाल और महाराष्ट्र में नाट्य-प्रतिभाओं को पराए पेशेवरों से नहीं जूझना पड़ा। उनके शौकिया और पेशेवर रंगमंच दोनों एक-दूसरे को सही ढंग से प्रभावित करते हुए आगे बढ़े। मैं यह कहकर बंगाल और महाराष्ट्र के रंगमंच को, पश्चिमी उन्नति पर नजर रखते हुए, अब भी बहुत अधिक फला-फूला तो नहीं मानता, ताहम हमारे इन प्रदेशों की भाषाओं में नाटक अब भी लिखे जा रहे हैं और उनकी भली-बुरी चर्चा भी खूब होती है पर हमारे हिंदी भाषी क्षेत्र में उर्दू और हिंदी दोनों ही शैलियों की साहित्यिक प्रतिभाएँ रंगमंच के अभाव में नाटक लिखने से प्रायः दूर ही रहीं। नाटक इस समय हमारे यहाँ केवल कोर्स

में पढ़ाने की चीज हैं और कोर्स में जैसे नाटक आजकल अधिकतर चल रहे हैं वैसे यदि न पढ़ाए जाएँ तो हमारा अधिक कल्याण हो।

नाट्य-लेखन के प्रति उदासीनता के कारणों पर विचार करते हुए अपने देश की एक स्थिति पर और भी विचार करने की मेरी इच्छा होती है। फ़िल्मों पर आमतौर से यह इल्जाम लगाया जाता है कि उनके आते ही थियेटर समाप्त हो गया। इस में शक नहीं कि फ़िल्मों ने दूसरे देशों में भी रंगमंच को कमोबेश धक्का तो ज़रूर दिया पर मेरी जानकारी में इस तरह उसका नामोनिशान कहीं नहीं मिटा जैसा कि भारत में। वे पारसी थिएट्रिकल कंपनियाँ जो श्रीनगर-जम्मू से ले कर मद्रास तक, गुजरात, सिंध, बिलोचिस्तान से ढाका-कलकत्ते तक हिंदी-उर्दू के नाटक खेला करती थीं; जिनके तमाशे देखने के लिए गरीब शौकीन अपने बर्तन-भांडे तक बेच डालते थे, सन् 1937-38 का ज़माना आते-आते तक पानी के बुलबुले की तरह से बैठ गईं। जिस देश में नाटकों और रंगमंच की परंपरा रही हो वहाँ फ़िल्म के आते ही वे गायब हो जाएँ, यह बात सहसा समझ को झटका देती है। पारसियों के बाद, फ़िल्म का ग्लैमर साथ ले कर घूमने पर भी अच्छे नाट्य-प्रदर्शनों के बावजूद पृथ्वीराज रंगमंच को जिला न पाए। उत्तर प्रदेश सरकार कुछ वर्षों तक प्रति वर्ष नाटक-प्रतियोगिता कराती रही। हर रोज़ दर्शकों की इतनी अधिक भीड़ होती थी कि बीच-बीच में किसी-न-किसी बात पर हो जाने वाले मजमे के झगड़ों से शांति भंग हो जाया करती थी। मैंने सुझाव दिया कि एक रुपये और आठ आने का टिकट लगा दिया जाए ताकि उन पर अपने खर्च किए हुए पैसों का अंकुश रहे। अगली बार ऐसा ही किया गया और पंडाल खाली रहा; मुश्किल से सौ-सवा सौ लोगों का मजमा। तीन हजार आदमियों के बैठने के वास्ते बनाए गए पंडाल में ये लोग ऐसे ही लगते थे जैसे ऊँट के मुँह में जीरा। अभिनेताओं को अपनी कला दिखलाने की स्फूर्ति नहीं मिलती थी। तीन दिन यह हाल देखकर खुद मुझे ही जा कर तत्कालीन मुख्यमंत्री एवं सूचना मंत्री श्रीमती सुचेता कृपलानी से यह प्रार्थना करनी पड़ी कि सरकार अपना टिकट का आदेश कृपया वापस ले ले। दिन-भर लाउड-स्पीकर पर ये ऐलान हुआ और शाम को भीड़-ही-भीड़ नज़र आई। मैं दिल्ली-कलकत्ते की बात तो नहीं कह सकता पर हमारे हिंदी-क्षेत्र के छोटे नगरों में भारतेंदु-काल से ले कर अब तक यही परंपरा रही कि नाटक मुफ़्त में देखने की चीज रहे और सिनेमा पैसे दे कर। जब पारसी कंपनियाँ थीं तब भी उनके टिकट खरीदते थे और शौकिया रंगमंच के नाटक फोकट में देखते थे। मैं समझता हूँ कि शौकिया रंगमंच के आंदोलनकर्ताओं के चाहे और कितने ही यश बखाने जाएँ पर अपनी भावुकता-भरी आदर्शवादिता के कारण दर्शकों को मुफ्तुल्ला बनाकर उन्होंने दीर्घकाल में खुद शौकिया रंगमंच को भी नुकसान पहुँचाया क्योंकि मुफ्तुल्ला मनोरंजन होने के कारण उस का स्तर दिनोंदिन गिरता गया और इससे रंगमंच की साख ही गिर गई है। प्रतिभासंपन्न लेखक और सुरुचिपूर्ण दर्शक दोनों

ही एक साथ नाटक और उसके मंच से विमुख हो रहे हैं।

अंतिम बात के रूप में एक स्वानुभव निवेदन करता हूँ। सन् 1948 से 1959-60 तक अपने नगर और प्रदेश के शौकिया रंगमंच से मेरा घना संबंध रहा है। मेरे बेटे-बेटियाँ तक इस कला से संबद्ध हैं। मैंने अनेक सफल नाट्य-प्रदर्शन करके इस दिशा में कुछ नामवरी भी पाई यह सब होते हुए भी मेरी क़लम जब अपने-आप उठती है तब कहानी या उपन्यास लिखने की इच्छा लेकर ही, नाटक लिखने की नहीं। यह नहीं कि मेरे मन में नाटक के लिए विचार न आते हों या कई बार संकल्प न उठा हो, फिर भी वैसे बानक अब तक बन नहीं पाए। हो सकता है कि एक कारण यह हो कि नाटकों की अपेक्षा कहानी-उपन्यास अधिक बिकते हैं इसलिए मुनाफे की छिपी नीयत मेरे मन को भरमा लेती हो; पर मुझे लगता है कि बात इससे आगे तक पहुँचती है। दूसरे महायुद्ध के समय से लेकर अब तक हमारा दैनिक जीवन इतना अधिक घटना-ग्रस्त और व्यस्त होता जा रहा है कि अब घटना में निहित हमारा नाटकीय तत्वबोध ही कुंठित हो गया है। अंतर्शोध और मानस-व्याख्या के लिए मुझे उपन्यास का माध्यम अधिक सहज और उपयुक्त लगता है। उपन्यास नाटकीय और अनाटकीय दोनों ही स्थितियों को समान भाव से पचाने की सामर्थ्य रखता है। बिंबों और अंतर्बिंबों के उलझाव या टकराव की विभिन्न स्थितियों को जिस आवश्यक विस्तार के साथ आँकने का अवसर मुझे उपन्यास का माध्यम देता है वह नाटक का माध्यम मुझे नहीं दे पाता।

साप्ताहिक हिंदुस्तान, 20 अप्रैल, 1969

# क्या ख़ूब थे वे दिन : जब नाच ज़िंदा और गाना ज़ोर से होता था

आपने कभी शायद यह अनुभव किया हो कि एक दिमाग़ बुढ़भसिया होता है जो आमतौर से आगे की बात नहीं सोचता सदा पीछे की तरफ ही भागता है। ऐसे लोग चालीस की उमर तक पहुँचे नहीं कि शेखियों के एवरेस्ट पर चढ़कर चिल्लाने लगते हैं कि आज का जमाना एकदम छी-छी! थू-थू!! है, हाय, क्या था वो पुराना ज़माना, क्या थे वे दिन जब घी-दूध की नदियाँ बहती थीं...वगैरा-वगैरा। सच पूछिए, तो हमें ऐसे आदमीनुमा जानवरों से चिढ़ है। कभी-कभी ऐसे लोगों को चिढ़ाने के लिए कह देता हूँ कि क्या था आपके बखाने पुराने ज़माने में! सम्राट अशोक, समुद्रगुप्त, अकबर, आलमगीर ही नहीं बल्कि उनके बापदादों को भी भला कभी हवाई जहाज़ पर चढ़ना नसीब हुआ था? उन्होंने कभी इंसान को चाँद पर उतरते हुए अपने टेलीविज़न सेटों पर देखा था? वे कभी फोम के गुलगुले गद्दों पर सोए थे? फ्रिज के ठंडे पानी और शराब की तरावट भी कभी पाई थी? रेडियो पर फ़िल्मी गाने सुनने नसीब हुए थे उन्हें! यानी इस तरह की हज़ार दलीलें कुछ तुक की कुछ बेतुकी दी जा सकती हैं। मगर हम कभी ये करना नहीं चाहते। समय की सही परख-पहचान करने के लिए हमें नए और पुराने समय के गुण-दोषों को काँटे तोल नज़रों से आँकना चाहिए।

सौभाग्य से मैंने अपने जीवन में दोनों प्रकार के दिनों को भोगा है। दो चित्र मेरे सामने हैं : आज आप गलियों-गलियों चक्कर काटकर किसी चौराहे की बड़ी सड़क तक का फासला तय करें तो अक्सर आपको यह अनुभव होगा कि विविध भारती का कोई गाना जिसे आप किसी गली में प्रवेश करते समय सुनते आए थे वही आपको प्रायः अबाध गति से हर गली में सुनायी पड़ता चला जा रहा है। रेडियो की यही तो सुविधा है कि साल में लाइसेंस के कुछ रुपये खर्च करके हर आदमी बड़े से बड़े गवैयों की गायकी सुन सकता है जो पुराने ज़माने में केवल राजा रईसों को या उनके आसपास के लोगों को ही नसीब था। आम आदमी तो खाली बस

उनकी लंतरानियों के मज़े ही ले पाता था। रईसों-नवाबों के यहाँ जब कोई खुशी का अवसर आया तो महफिल हो गई। पाँच-पाँच, सात-सात रोज़ तक महफिलें चलती थीं। एक कोठी या महल के अंदर और एक बाहर आम जनता के लिए। गुलामी के दिन थे, उस समय किसी के सामने बीस-सूत्री कार्यक्रम तो था नहीं बस यही ठल्ले नवीसियाँ सूझती थीं कि फ़लाने रईस नवाब के यहाँ कलकत्ते की गौहरजान और बनारस की विद्याधरी बाई आ रही हैं। आगरे की मल्का जान आएँगी और जाने कहाँ-कहाँ के नामों की रेलगाड़ी उनकी ज़बानों पर दौड़ पड़ती थी।

हमें इन दोनों ज़मानों में जो सबसे बड़ा भेद नज़र आता है उसे एक ही तरह से बखाना जा सकता है कि जैसा भेद रंगमंच के अभिनेता और सिनेमा टेलीविज़न के अभिनेता में होता है। रंगमंच के अभिनेता के काम को तत्काल सराहने या उसे हूट आउट कर देने के लिए उसके सामने शेरों भरा जंगल यानी आडियंस से भरा हॉल होता है। उसे अपनी कर्म-चेतना पाने के लिए जैसे एक प्रत्यक्ष कसौटी की परख अपने भीतर साधनी पड़ती है वैसी सिनेमा के अभिनेता को नहीं। शाट खराब हो गया तो फिर रीटेक लेगा। अभिनय, संगीत या नृत्यादि कलाओं का यह जन संपर्क अब टूट गया है। जैसे आज गलियों-गलियों विविध भारती वैसे ही पहले लखनऊ की गलियों-गलियों में बड़े तानसेन और बैजू बावरे डोलते नज़र आते थे। शास्त्रीय संगीत, गज़ल, लोकगीत सभी की टाँगें तोड़ते हुए रसिए आपकी नज़रों में अक्सर आते ही रहते थे। इन्हीं आम जन समाज के लोगों में एक बात जो पहले अधिक दिखलाई देती वह यह थी कि औसत लोगों में भी राग-रागिनियों की पहचान रखने वाले व्यक्ति आपको अक्सर औक़ात मिल जाते थे। आज यांत्रिकता के युग में संगीत लोकप्रिय तो हद से ज़्यादा हुआ है मगर उसका ज्ञान लुप्त हो गया है।

हमें बचपन के ज़माने में लखनऊ की अनेक महफिलें देखने के मौक़े मिले। हवेलियों के बड़े-बड़े आँगन और बारहदरियाँ बिलकुल मुग़लिया ठाठ से सजाई जातीं। सुहाने चंदोवे या जालीदार कपड़ों की मेहराबें, झाड़-फानूस, बीच-बीच में पंछियों के पिंजरे लटकते थे। रात के दो बजे के बाद इधर बाई जी चहकीं उधर चिड़ियाँ चहकीं ऐसा समां बँधता था।

महफ़िल में भांड़ों और गानेवालियों की बड़ी नोक-झोंक चलती थी। एक लतीफा याद आता है। एक बाईजी नाच रही थीं, सारी महफिल की नज़रें उनके हुनर-हुस्न से बँधी हुई थीं। एकाएक नाचते-नाचते बाई जी के हाथ का रूमाल गिर पड़ा। एक भांड़ फ़ौरन बोल उठा, 'हुज़ूर मुबारक हो बाईजी के अंडा हुआ।'

नाच के जादू पर मज़ाक के ठहाकों का कहर पड़ा मगर बाईजी भी कुछ कम न थीं। पट से बोलीं, 'ऐ हाँ, हुज़ूर देखिए अंडा पल कर बोल भी पड़ा।'

कभी-कभी इन गानेवालियों की ईर्ष्यावश जनता को भी तमाशे देखने को मिल जाते थे। एक बार प्रतापगढ़ में किसी रईस के यहाँ महफ़िल थी। एक गानेवाली

लखनऊ से गई दूसरी कानपुर से। लखनऊ-कानपुर में लागडाँट हो गई। लखनऊ वाली गाती तो खैर अच्छा थी ही मगर देखने में भी सुंदर थी। उसका गाना अधिक जमा। दोनों स्टेशन पर अपनी-अपनी गाड़ियों पर सवार होने आईं। प्लेटफॉर्म पर बैठे-बैठे ही ईर्ष्यावश कहा-सुनी हो गई। एक ने तैश में कहा कि पब्लिक में गाओ जिसे पब्लिक पसंद करे वो जीती। गाड़ी आने में देर थी, बस प्लेटफॉर्म पर ही महफिल जम गई। जनता को बड़ा आनंद मिला। अब ऐसे कंपटीशन आपको देखने को न मिलेंगे।

कलाकारों की ऐसी ही लागडाँट का एक क़िस्सा और याद आता है। कलकत्ते की गौहरजान का बड़ा नाम था। एक बार एक रियासत की महफ़िल में वो मौजूद थी और उस रियासत के महाराजा की प्रेयसी एक कलाकार भी थी। उसे अपनी सुंदरता गौहरजान से बढ़कर लगती, हीरे के कीमती गहनों का घमंड भी था। खैर उसका गाना हुआ, मामूली था। फिर गौहर ने गाया, समां बँध गया। महफ़िल के बाद गौहर ने रियासतवाली से कहा—'महफ़िल में हीरे नहीं हुनर चमकता है।'

रियासतवाली को यह ताना लग गया। सीधे पुणे मीरजवाले उस्ताद अब्दुल क़रीम खाँ की शरण में गई। गहने रख दिए कहा कि उस्ताद हीरे लीजिए और हुनर दीजिए। उस्ताद ने लगन देखकर उसे सिखाया और हीरे भी न लिए।

बाद में वो रियासतवाली गौहरजान को गाना सुनाने गई तो वह बोली कि 'सुभानअल्लाह, अब तुम्हारे हीरे भी चमकते हैं और हुनर भी।'

तो ऐसे थे वे दिन—बहुत सी खूबियाँ थीं उन दिनों में भी। मगर आज के दिन भी कुछ बुरे नहीं। शुक्र है कि जी रहे हैं और आगे बढ़ रहे हैं।

आकाशवाणी, लखनऊ से वार्ता, प्रसारण तिथि : 5-7-1976

# भारतीय रंगमंच पर पाश्चात्य प्रभाव : विशेष संदर्भ शेक्सपियर

भारतीय रंगमंच पर शेक्सपियर के प्रभाव की बात सोचने से पहले यह इच्छा होती है कि अंग्रेजी नाटक साहित्य और उसके रंगमंच के क्षेत्र में शेक्सपियर के व्यक्तित्व और कला के प्रभाव को पहले एक नज़र अवश्य देख लिया जाए। प्रो. सेसिल ए. मूर ने प्राचीन नाटकों के एक संकलन में, अपने संपादकीय लेख में सन् 1664 के एक लेखक का यह वक्तव्य उद्धृत किया है कि पुराना रंगमंच एकदम सीधा-सादा था। उसमें दृश्यों की कोई सजावट और तड़क-भड़क नहीं होती थी। हम 1664 ई. के इस वक्तव्य को प्रमाण मानकर अपने जिज्ञासा विलास में यदि थोड़ा गणित फैलाएँ तो पहली बात यह समझ में आती है कि इस (प्रो. मूर के) लेख के लिखे जाने के समय तक शेक्सपियर को मरे हुए लगभग अड़तालीस वर्ष बीत चुके थे। उसके बाद पवित्रतावादी (प्यूरीटन्स) सत्ताकाल में सन् 1642 से 21 अगस्त सन् 1660 तक, लगभग 18 वर्षों तक इंग्लैंड में राजाज्ञा से नाटक प्रदर्शन एकदम बंद कर दिया गया था। इन 18 वर्षों के खोखलेपन के बाद सन् 1664 में जो लेखक पुराने रंगमंच का हवाला देता है, वह रंगमंच निश्चित ही शेक्सपियर और उसके परवर्ती काल का है।

एक दूसरे प्रसिद्ध विद्वान थे सर फिलिप सिडनी। महारानी एलिजाबेथ के काल में वे अपने रंगमंच की जो शिकायत लिख गए हैं वह भी ध्यान देने के योग्य है। उनका कहना है कि एलिजाबेथ काल के नाटकों में आकार-विहीनता और शिल्प-शून्यता बहुत काफी है। उन्होंने अपने समय के लेखकों से अपील की थी कि वे पुराने ग्रीक नाटकों का गहरा अध्ययन करें और वैसे ही नाटक रचें। उस ज़माने के विद्वान बेन जानसन ने शायद इसी अपील से प्रेरणा लेकर अपने नाटक लिखे थे। उनके ज़माने का और कोई नाटककार तो इस ओर बढ़ा नहीं, हाँ एक कस्साब का मामूली पढ़ा-लिखा बेटा अपनी प्रतिभा से बेन जानसन के पांडित्य को भी छका गया। इस कस्साब के मामूली पढ़े-लिखे बेटे का नाम था विलियम शेक्सपियर। जिस बेन जानसन ने

शेक्सपियर के जीवन काल में उसकी सफलता को ओछी दृष्टि से देखते हुए खीझकर कहा था कि शेक्सपियर जानता ही क्या है, उसका लैटिन ज्ञान दूसरे-तीसरे दर्जे के लायक है और ग्रीक भाषा तो वह उससे भी कम जानता है। लेकिन शेक्सपियर के मरने पर यही महापंडित बेन जानसन स्वर्गवासी महान् आत्मा के प्रति अपनी श्रद्धांजलि अर्पित करते हुए अपने राष्ट्रीय स्वाभिमान के भावावेश में कह गया कि 'पुराने महान् ग्रीक नाटककारों के गुणगान करते न अघाने वाले लोग आएँ और देखें कि हमारे पास भी एक शेक्सपियर था जो उन महान् नाटककारों की टक्कर का साहित्य छोड़ गया है।'

मैं अंग्रेजी साहित्य या शेक्सपियर का अधिकारी विद्वान नहीं हूँ, फिर भी यह अवश्य कह सकता हूँ कि शेक्सपियर के पास जैसी सच्ची और सूक्ष्म संवेदनशीलता और गहरी भावानुभूति थी वैसी कम भाग्यशाली लेखकों को ही मिलती है। उसके बारे में कहा जाता है कि उसने अपने नाटकों के लिए इधर-उधर से प्लाट बटोरे, अतः उसमें मौलिकता का अभाव था। लेकिन शेक्सपियर की मौलिकता को कसने के लिए यह कसौटी बहुत छोटी है। शेक्सपियर की मौलिकता इस बात में है कि उसने विभिन्न परिवेशों में मानव मन को गहरी दृष्टि से देखा और दिखलाया।

इस लेख के आरंभ में इंग्लैंड के जिस पुराने सीधे-सादे रंगमंच का हवाला मैंने दिया है, वह इस बात का प्रमाण है कि शेक्सपियर के नाटकों ने स्टेज की सजावट और तड़क-भड़क के दम पर सफलता नहीं अर्जित की थी। चरित्र-चित्रण में वह गहरा निखार ला सका और इस तरह नाटकों का रूप उसने सुगढ़ बना दिया। नाटककार जब एक चरित्र का दूसरे चरित्र या चरित्रों से, उनकी मनोगत विशेषताओं का तालमेल कराता है, भाव प्रसंग को रसानुपात से बढ़ाता है, तब वह धोखे से भी कभी आकारहीनता लाने वाली गलती अपने नाटक में नहीं करेगा। और शिल्प तो भाव के रस से फूटता है। शेक्सपियर के नाटक आकारहीनता और शिल्प-शून्यता की दृष्टि से इसी कारण से बेदाग रहे हैं, और अपने बाद के नाटककारों के लिए भी नज़ीर बन गए हैं। सत्रहवीं सदी का प्रसिद्ध अंग्रेजी नाटककार ड्राइडन लिखता है कि मैं अपनी कलात्मक प्रतिभा को सँवारने के लिए 'डिवाइन शेक्सपियर' की नकल करने की कोशिश करता हूँ।

लेकिन एक मजे की बात है, ड्राइडन के समय तक इंग्लैंड का स्टेज बहुत विकसित हो चुका था। स्टेज की सजावट और तड़क-भड़क खूब बढ़-चढ़ गई थी, और इससे नाटक की स्क्रिप्ट यदि तनिक कमजोर हुई तो भी नाटक की सफलता को आँच नहीं आती थी। नाटक की स्क्रिप्ट भी यदि एक-नंबरी हुई तो पूछना ही क्या, सोने में सुहागा मिल जाता था।

शेक्सपियर के नाटकों में मानव मन का प्रदर्शन इतना गहरा और सच्चा हुआ है कि उसने अपने ज़माने के अभिनेताओं को अभिनय कला की नई थाह दी—अभिनेता

विकसित हुआ तो नाटकों के दर्शकों को भी नया भाव-सौंदर्य और गहरा रस-बोध मिला। इस तरह शेक्सपियर ने अपने और आगे आनेवाले युगों पर अपनी अमर छाप छोड़ दी। मेरी तो यहाँ तक कहने की तबीयत होती है कि शेक्सपियर के नाटकों से जनता का रस-बोध इतना अधिक बढ़ गया था कि उसके बाद के नाटक लोगों को एकाएक फीके लगने लगे। इस फीकेपन को दूर करने के लिए नाटक प्रोड्यूसरों ने शायद सजावट और तड़क-भड़क से काम लिया। यह सच है कि हर लेखक शेक्सपियर नहीं हो सकता, मगर यह भी सच है हर शेक्सपियर अपने युग को और उसके द्वारा आने वाले युगों में भी एक ऐसा संस्कार जगा जाता है जिसके कारण मानव-संस्कृति अनेक दिशाओं में नया प्रसार और निखार पा जाती है।

मैं केवल इसी दृष्टि से भारतीय रंगमंच पर शेक्सपियर के प्रभाव को देख पाता हूँ, वरना सब कहने सुनने के बाद भी यही कहना पड़ता है कि पिछले डेढ़-पौने दो सौ वर्षों में क्रमशः बढ़ते हुए शेक्सपियर-संपर्क के बाद भी हमारे देश में कोई शेक्सपियर-सा दिग्विजयी नाटककार नहीं हुआ। इसके साथ ही साथ मैं यह भी कहना चाहूँगा कि महाराष्ट्र और बंगाल को छोड़कर भारत के अन्य किसी भी क्षेत्र ने नए नाटकों में इतनी गहरी दिलचस्पी भी नहीं ली। मराठियों और बंगालियों के बाद बंबई के पारसियों को ही नए रंगमंच और नाटकों के प्रवर्त्तकों में शामिल किया जा सकता है।

अंग्रेज़ी प्रभाव के नए रंगमंच और नाट्य शैली के अनुरूप पहला भारतीय नाटक सन् 1843 ई. में मराठी भाषा में खेला गया था। हालाँकि इससे पहले लेबेडेफ नामक एक रूसी यायावर बंगला भाषा में अंग्रेजी नाटक **'डिसगाइज'** और **'लव इज दि बेस्ट डॉक्टर'** के अनुवाद अपने कलकत्ते के लेबेडेफ थियेटर द्वारा सन् 1795 में प्रस्तुत कर चुका था; पर इस प्रसंग में उसका उल्लेख हम छोड़ भी सकते हैं। सन् 1843 ई. में जिस तरह महाराष्ट्र की नई मौलिक प्रतिभा प्रदर्शन की दृष्टि से महत्त्वपूर्ण है, उसी तरह बंगाल के लिए भी है। नाटक के क्षेत्र की एक मौलिक प्रतिभा, स्वनामधन्य नाटककार और अभिनेता गिरीशचंद्र घोष के रूप में इसी सन् में जन्मी थी। गिरीश बाबू ने बंगला रंगमंच को अत्यधिक प्रभावित किया। नाटककार के रूप में उनको इस कारण से अधिक सफलता मिली कि वे स्वयं एक अच्छे अभिनेता और नाट्य प्रदर्शक भी थे। गिरीश घोष आदि हमारे सभी नाटककारों का आदर्श शेक्सपियर ही था। बंगाल, महाराष्ट्र, गुजरात और हिंदी भाषी प्रदेशों में शेक्सपियर के अनेक नाटकों के अच्छे-बुरे, भोंडे अनुवाद, छायानुवाद और भावानुवाद उन्नीसवीं शताब्दी में प्रस्तुत किए गए।

दक्षिण में विचित्र स्थिति रही। आंध्र प्रदेश नाटकों की दृष्टि से बहुत ही पिछड़ा हुआ था। यही हाल केरल का भी था। अंग्रेजों के संसर्ग से तमिलनाडु को नए रंगमंच का परिचय बंबई और कलकत्ता के समान ही जल्दी मिला। मराठी का सांगली थियेटर

और बाद में पारसी कंपनियाँ भी मद्रास तक पहुँचीं। लेकिन दक्षिण पर भारतीय नाट्य परंपरा का गहरा प्रभाव पड़ा हुआ था। उसे नई चाल के नाटकों का संस्कार जगाने में कुछ समय लगा। भारत देश की हर प्रादेशिक भाषा पर शेक्सपियर का प्रभाव इसलिए भी पड़ना अनिवार्य था कि उसके नाटक नई शिक्षा के कोर्स में पढ़ाए जाते थे। शेक्सपियर की गद्य-पद्य मिश्रित संवाद शैली अकेले शेक्सपियर ही की नहीं, बल्कि पुराने यूनानी और भारतीय नाटककारों के द्वारा अपनाई हुई चीज भी थी। हाँ, उनकी नाटकीय अदायगी का ढंग ज़रूर विलायती प्रभावानुकूल हो चला था। इसके दो कारण थे, एक तो शेक्सपियर का साहित्य कालेजों में विधिवत पढ़ाया जाता था, दूसरे कलकत्ते, बंबई आदि में अंग्रेज़ी नाटक दिखलानेवाली विलायती कंपनियों के अभिनेताओं से हमें प्रेरणा मिलती थी।

इस प्रकार भारत के नए रंगमंच पर अंग्रेजी रंगमंच के प्रभाव के बहाने हम लोग अलक्ष्य में उस परंपरा से भी प्रभावित हुए जो कि अंग्रेजी रंगमंच को शेक्सपियर महान् से विरासत में मिली थी। नाटक के क्षेत्र में विधिवत शोध करके भारतीय रंगमंच ने शेक्सपियर का प्रभाव अपने ऊपर चढ़ाया हो, ऐसा कोई दृष्टांत कम-से-कम मेरे देखने में तो नहीं आया।

नवजीवन, 23 अप्रैल, 1967

# नाटक का नाटक

यों कहने को तो सिनेमा है, टेलीविज़न भी है, मगर तमाशों में ठेठर का तमाशा अपना रंग कुछ अलग ही रखता है—यानी कहाविनी ढंग से कहें तो जो मज़ा छज्जू के चौबारे में है वह न बलख़ में है न बुख़ारे में। हमने यह माना कि सिनेमा, रेडियो और टेलीविज़न के कलाकार, निर्माता और निर्देशक अपनी कला की ऊँची से ऊँची चोटियों तक पहुँच सकते हैं मगर इस समय तो हमें यह कहने के लिए क्षमा किया जाए कि वे होते दरअसल अजायबघर ही के शेर हैं, जब कि नाटक का आर्टिस्ट जंगल का शेर होता है। दर्शक रूपी शिकार अपने सामने देखकर उसकी कला की भूख बढ़ती है और वह अपने कमाल में चार चाँद लगा कर दिखलाता है।

ठेठर पहले खूब ही होते थे। बीच में बोलती फ़िल्मों ने आकर उसकी बोलती बंद कर रखी थी। आज़ाद भारत में उसकी सेहत के लिए नेक-नैक उम्दा बयार फिर बह चली है। इस पर भी हिंदुस्तान के केवल कुछ बड़े नगरों को छोड़कर टिकट ख़रीद कर नाटक देखने वाली जनता हमें आमतौर पर अब भी कहीं भी अधिक नहीं मिलती। हाँ, मुफ़्त में नाटक दिखलाएँ तो अलबत्ता ऐसी भीड़ हो कि शामियाने और क़नातें फट जाएँ, कुर्सियाँ टूटें, लोहे के फाटक लचक जाएँ, यहाँ तक कि पुलिस बुलाने की नौबत भी आ सकती है।

इन्हीं मुफ्तुल्ले तमाशबीनों की वाहवाही लूटने के लिए हमारे समाज के शौक़िया कलाकार अक्सर नाटक किया करते हैं। लेना-देना कुछ नहीं, फिर भी अपने शौक़ के पीछे दीवाने बने डोलते रहते हैं। अब पल्ला छूटा है वरना बरसों तक हम भी इस शौक़ के शहीद रहे हैं। हम ही नहीं, हमारे पिता भी नाट्याचार्य भारतेंदु के बाद हिंदी रंगमंच के महान् संस्थापक पंडित माधव शुक्ल के शिष्य और बीसवीं सदी के पहले दूसरे दशकों के श्रेष्ठ शौक़िया कलाकार थे और हमारे बेटों-बेटियों ने भी शौक़ को विरासत में पाया है, पनपाया है।

कहने का मतलब यह कि नाटकों के रिहर्सल देखते, करते-कराते हमारी उम्र भी तीन चौथाई बीत गई और अब हम ख़ासे पोढ़े अनुभव के साथ यह फ़तवा देने

लायक़ हो गए हैं कि नाटक देखने वालों को नाटकों का वह मज़ा मिल ही नहीं पाता जो नाटक करने वालों को मिलता है। और उनमें भी असली लुत्फ़ तो शौक़िया रंगमंच के डायरेक्टर, प्रोड्यूसर को ही मिलता है। पेशेवर रंगमंच, सिनेमा या टेलीविज़न के कलाकार तो चाँदी के कोड़े की मार से बँधे रहते हैं उन्हें मनमानी करने की छूट उस हद तक मिल ही नहीं सकती, जितनी कि शौक़िया रंगमंच के कलाकारों को मिलती है। शौक़िया नाटक का आयोजन करने-कराने वालों की तो बस मौत ही होती है। रिहर्सल का समय दिया पाँच बजे—लोग आ रहे हैं सात बजे, साढ़े-सात बजे, नौ-नौ बजे तक आर्टिस्टों की अवाइयाँ हो रही हैं। लेडी कलाकार तब तक नख़रा छौंकने के मूड में आ चली हैं, "देखिए साहब, देर हो जाने पर हमारे डैडी, मम्मी या हसबैंड कहते हैं कि नाटक में काम करने की कोई ज़रूरत नहीं, घर बैठो। भला बतलाइए मैं इतनी देर की आई बैठी हूँ और अभी तक रिहर्सल ही शुरू नहीं हुआ।" अब आयोजक महोदय उनकी खुशामद कर रहे हैं।

कोई अपना पार्ट बिगाड़ कर पढ़ रहे हैं। आप उन्हें डाँटिए तो वह नाराज़ होकर कहते हैं कि इस वक्त हमारा मूड नहीं है। चलिए साहब छुट्टी हो गई। दृश्य में चार-पाँच जनों के संवाद हो रहे हैं, एक तो मूड का मर्ज़ चढ़ा, तो दूसरे की अहंता ने भी अपने मूड को बिच्छू का सा डंक मार दिया। एक दृश्य में दो कलाकारों के मूड बिगड़े तो समझ लीजिए कि फिर भुस में आग लगी। कभी-कभी तो रिहर्सल ऐसा उखड़ता है कि फिर उस दिन जमता ही नहीं। ग्रांड-रिहर्सल के दिन ख़ुदा न ख़्वास्ता अगर किसी बड़े कलाकार की किसी दूसरे बड़े कलाकर या डायरेक्टर अथवा प्रबंधक से कुछ लग-बज गई तो ऐन नाटक के दिन कलाकार, डायरेक्टर या आयोजक से बदला लेने के लिए ऐन मौक़े पर घर बैठ सकता है तब नाटक के अंदर का नाटक देखने में नाटक दिखाने वालों को जो दाँतों पसीने छुटा देने वाला मज़ा मिलता है वह गूँगे के गुड़ की तरह बखान के बाहर की वस्तु है।

एक बार हम खुद भी ऐसे चक्कर में फँस गए थे। एक कलाकार के मन में किसी तरह से यह समा गया कि मैं उसे एक दूसरे के मुक़ाबले में कुछ कम बड़ा कलाकार समझता हूँ। बस समा गई, तो समा ही गई। अदब और लिहाज़ के मारे वे कुछ कहते तो न थे पर भुन्नाए हुए अवश्य रहते थे। अंतिम दिन यानी ऐन नाटक के दिन उन्होंने हमसे बदला लेने की ठानी। शाम को सात बजे से नाटक आरंभ होने को था। मैंने चार बजे कलाकारों को मेकअप के लिए बुलाया था। होते-करते पाँच बजे तक लोगबाग़ आ ही गए। दो-एक बड़े कलाकार देर से आए, मगर साढ़े पाँच बजे तक सब आ गए। बस एक वही आर्टिस्ट साहब न दिखलाई दिए। उनका पार्ट तो बड़ा नहीं था मगर महत्त्वपूर्ण बहुत था। उस पार्ट के लिए मेकअप भी काफ़ी मेहनत और समय माँगता था। तीसरी दिक्कत यह थी कि उनके विचित्र मेकअप के कारण मैंने नाटक का आरंभ उन्हीं के प्रवेश से कर दिया था। यानी दर्शक के

सामने आने वाले कलाकारों में सबसे पहले वे ही सज्जन थे। छः बज गए मगर उनका पता नहीं। हमने दो एक आदमियों को साइकिल पर उनके यहाँ भेजा भी, मगर वो न आए। पता यह चला कि घर में मौजूद हैं मगर मिलने से इनकार करते हैं। हमने यह ख़बर सुनी तो छक्के छूट गए। करें तो क्या करें। आरंभ के दृश्य में उस चरित्र को हमीं ने जोड़ा था, मूल नाटक में वह कुछ बाद में आता था। हमने पहले दृश्य के कलाकारों में घबराहट फैलने से पहले ही अपने आपको सावधान कर लिया। एक छोटे पार्ट वाला अभिनेता था आवाज़ उसकी कमज़ोर थी मगर समझदार खूब था, हमने उसको बुलाया और स्थिति बतलाकर कहा कि नेपथ्य से तुम्हारा पार्ट मैं बोलूँगा तुम स्टेज पर होठ हिलाना। दाढ़ी-मूँछ वाले पात्र के साथ एक सुविधा यह रहती है कि बात करते समय उसके होठों की गतिविधि बहुत साफ़ नहीं झलकती। उसको खड़े होने का अंदाज़ इस तरह दे दिया कि डायलॉग बोलते समय उसका मुँह दर्शक की ओर अधिक न झलके। ऐक्शन और संवाद की गति में साम्य रखने के लिए दो एक समझौते उससे और कर लिए। हल्का सा रिहर्सल कराके देख लिया और भगवान का नाम लेकर उसका मेकअप करा डाला। पहला दृश्य आरंभ हुआ। उस दृश्य के दूसरे कलाकारों ने नाटक के अंदर की इस नई नाटकीय स्थिति को सम्हालने के लिए काफ़ी सहयोग दिया। रिहर्सल के समय दृश्य की जो कल्पना साकार हुई थी वह तो मंच पर न उतरी परन्तु देखनेवालों के लिए दृश्य प्रभावशाली रहा। मेरा वह डमी अभिनेता नेपथ्य के माइक्रोफ़ोन से मेरी डायलॉग अदायगी के साथ कुछ ऐसा निभ गया कि पट्ठा हॉल से अपने लिए तालियाँ बजवा कर ही लौटा।

हमारे असली कलाकार साहब हमारा तमाशा बनता हुआ देखने के लिए नाटक देखने पधारे थे। कहीं पीछे बैठकर उन्होंने हमारी करामात देखी। बस फिर तो वे पानी-पानी होकर वहाँ से सीधे ग्रीनरूम की ओर दौड़-दौड़े आए। लोगों ने हमें आकर ख़बर दी कि हज़रत आए हैं और अपना मेकअप कराना चाहते हैं। पहले दृश्य के बाद वह पात्र दूसरे अंक के मध्य में आता था। बीच में काफ़ी समय था, मगर हमने उन्हें मेकअप करने से रोक दिया। अब उनकी ओर से खुशामदें और सिफ़ारिशें चलीं। हमें दो आपत्तियाँ थीं, एक तो यह कि उन्होंने अक्षम्य अपराध किया था, दूसरे यह कि उस पात्र की आवाज़ अब मेरी आवाज़ के रूप में जनता के कानों में बस चुकी थी, तीसरे यह कि एक पात्र जिस अभिनेता के द्वारा स्टेज पर लाया जा चुका था, उससे यह कलाकार तनिक लंबे थे और चौथी आपत्ति यह थी कि नाटक जब पब्लिक के सामने हो रहा हो, तब बहुत अधिक फेर-बदल और बहस-मुबाहसा करने की गुंजाइश नहीं होती। थोड़ी देर में ख़बर मिली कि हमारे इनकार कर देने से वह कलाकार साहब फूट-फूट कर रो रहे हैं और नदी में डूबने के लिए उठ-उठ कर भागते हैं बड़ी मुश्किल से रोके जा रहे हैं।

प्रदर्शन के समय इस तरह की परेशानियाँ ध्यान उखाड़ने वाली हुआ करती

हैं। हम सामने का काम देखें, आगे के क्रम पर नज़र रखें या आर्टिस्ट की आत्महत्या के इस नए नाटक पर ग़ौर करें। लेकिन यहीं सतर्कता की ज़रूरत होती है, हमने उन्हें मेकअप कराने से साफ़ मना कर दिया। थोड़ी देर में वह डमी अभिनेता हमारे पास आया कहने लगा कि मेकअप हमसे उतरवाकर आप उन्हें ही दे दीजिए, वो कहते हैं कि बाहर निकलोगे तो जूतों से पिटवाऊँगा। मैं साहब ग़रीब और कमज़ोर आदमी हूँ। नाटक के पीछे किसी से बैर मोल नहीं लेना चाहता। यह नाटक के नाटक का ग्रांड क्लाइमेक्स था।

भगवान की इतनी ही कृपा थी कि नाटक रंगमंच पर बहुत अच्छा जा रहा था। जब हाल में नाटक देखने वाले लोग हँस रहे थे तब नाटक दिखाने वाले का दिल रो रहा था। बड़ी मुश्किल आई। हमने सोचा कि घबराने से काम न चलेगा। उस अभिनेता को अपने पास बिठला लिया और प्रबंधक को बुलवाकर कहा कि उस कलाकार को अलग ले जाकर समझाइए। अगर वह इस तरह से परेशान करेगा तो हम भी उसे दंड दिए बिना न छोड़ेंगे। हम उसके इस दुराचरण की पूरी रिपोर्ट अख़बार में छपवा देंगे। फिर किसी सरकारी-दरबारी नाटक में भी उसे न बुलाया जा सकेगा—ऐसी हालत कर देंगे। तब कहीं जाकर नाटक के अंदर का नाटक समाप्त हुआ और दूसरे एक्ट के तीसरे दृश्य में उस डमी के साथ अपनी आवाज़ निभा कर काफ़ी हद तक खूबी के साथ उस संकट को टाल दिया।

आकाशवाणी, जयपुर केंद्र से प्रसारित वार्ता, 1960

# गोदान : परिक्रामी सेट के कुछ अनुभव

मेरा नाटक का शौक नया नहीं पुराना है। मेरे स्वर्गीय पिता अपने समय में लखनऊ के शौकिया रंगमंच के एक श्रेष्ठ अभिनेता माने जाते थे। बचपन में स्वयं मैंने भी अपने मित्रों की टोली के साथ नाटक खेले हैं—एकाध बार स्कूल में और तीन-चार बार अपने मुहल्ले में फिर वो शौक मेरे अंदर कहीं खो गया। सात वर्ष फ़िल्म व्यवसाय में रोटी कमाते हुए अक्सर संवाद-निर्देशक का काम भी मैंने किया था। इस प्रकार वह पुराना शौक नए सिरे से जागा। सन् 1948 में लखनऊ वापस आ जाने पर नाटक खिलाने का शौक सामाजिक उपयोगिता के विचार से फिर मुझे गर्माने लगा। उन दिनों मेरी पत्नी को अपने दिन के खाली समय में निर्धन घरों के नन्हे-मुन्नों को पढ़ाने का शौक था। उनकी पाठशाला के बच्चों को अक्सर शनिवार के दिन छोटे-छोटे नाटक और कभी-कभी छाया नाटक खिलाने लगा। मैं कल्पना के अनेक खेल उनसे रचवाता। अभिनेता बनाने से पूर्व बच्चों की कल्पनाशीलता को विकसित करना नितांत आवश्यक है।

यह क्रम चल पड़ा, मैंने अपने नगर में जगह-जगह नवयुवकों में यह शौक जगाया। धीरे-धीरे कुछ अभिभावकों ने मेरे कहने से अपनी लड़कियों को भी नाटक में भाग लेने की अनुमति दे दी। छः-सात वर्षों निरंतर मेरी शामें प्रायः नाटक या रिहर्सल कराते ही बीतीं। विश्वविद्यालय, पत्रकार संघ, स्कूलों और मुहल्लों के उत्सवों में सभी नाटक कराने लगे, इस शौक ने मुझे दोहरा अनुभव दिया—एक तो यह कि अभिनेताओं द्वारा विभिन्न चरित्र-चित्रण कराते हुए स्वयं मेरी कल्पनाशीलता बढ़ी। दूसरे दर्शकों को समझने और बाँधने के गुर हाथ लगे। तब यह समझ में आया कि सिनेमा की तरह ही नाटकों के दर्शकों को भी बाँधे रखना एक कला है। लोग-बाग अक्सर अपनी कलात्मक कमजोरियों का दोष दर्शकों के सिर मढ़ते हैं। यह बहुत गलत बात है। नाटक प्रस्तुत करने वालों में यदि दर्शकों को बाँधे रखने की समझ होती है तो परम उदार जन-जनार्दन उसकी ग़लतियों को भी क्षमा कर देते हैं।

**'गोदान'** के प्रसंग में ही एक अनुभव सेवा में अर्पित करता हूँ—सन् 1955

में लखनऊ के नवयुग कन्या विद्यालय का कालेज भवन बनवाने के लिए नवयुग सेवा संघ के आयोजकों ने **'गोदान'** खेलकर चंदा वसूल करने का विचार किया। नाटक के टिकट चंदे की रसीदों के रूप में पहले ही बिक गए। ढाई-तीन हज़ार आदमियों की भीड़ जुटी। मंत्री, अफसर, सेठ, प्रतिष्ठितों, मध्यवर्गीय बाबुओं, दुकानदारों के अतिरिक्त उस पंडाल में लगभग हज़ार डेढ़ हज़ार मज़दूर पेशा यानी निःशुल्क जनता के लोग भी थे। इस नाटक को प्रस्तुत करने के लिए मैंने रिवाल्विंग स्टेज के अभाव में रिवाल्विंग सेट तैयार करवाए थे। एक तो प्रेमचंद का नाम दूसरे नए प्रकार के सेट और रेडियो के नामचीन्ह अभिनेताओं को देखने का आकर्षण आयोजकों द्वारा की गई पूर्व पब्लिसिटी के प्रताप से पंडाल में बैठे दर्शक एकदम गर्माए हुए थे। ग्रीन रूम में मेरे विश्वस्त जासूसों ने आकर खबर दी कि पब्लिक एकदम 'टन्न' है। यह स्थिति बहुत अच्छी भी होती है और बहुत बुरी भी। पूर्व पब्लिसिटी यदि अधिक हो जाती है तो जनता स्वाभाविक रूप से पूर्व प्रभावित भी हो जाती है। तमाशे के संबंध में उसकी एक प्रकार की धारणा भी बन जाती है। यदि दर्शक की कल्पना के अनुसार खेल तनिक भी नीचे गया तो वह एकदम से 'छीः फूः' कर देता है। नवयुग सेवा संघ के कार्यकर्ताओं की इस उत्साह भरी पब्लिसिटी से मैं सहम गया था इसलिए अपनी भरसक सारे कील काँटे दुरुस्त भी कर लिए थे। नाटक के खुलने के पाँच मिनट के अंदर जनता को अपने काबू में कर लेने वाले सिद्धांत के अनुसार सब बातें लैस कर लीं। रिवाल्विंग सेट मेरी बत्ती के इशारे पर जादू सा घूम जाय, इसके लिए कुलियों के बीसियों रिहर्सल कराए, गाय स्टेज पर आकर पब्लिक और प्रकाश से न भड़के इसके लिए गाय तक के पक्के रिहर्सल करा लिए थे। कलाकार ऊँची कोटि के थे। मेरी टीम मेरे इशारों पर काम कर रही थी। गरज़ कि अपनी तरफ से, अपनी समझ से पक्का था।

खैर, पर्दा खुला, होरी ने अपना रंग बाँधा। फिर होरी के घर से बाहर आते ही बिजली के स्विच के एक संकेत पर मंच पर अँधेरा हुआ, होरी का घर तीन टुकड़ों में बँटकर घूम गया, होरी के घर के बाहर गाँव का गलियारा और दूर पर खेत और गाँव की गलियाँ, मकानों के द्वार दिखलाई पड़ने लगे। पंडाल तालियों की गड़गड़ाहट से गूँज उठा। अपनी सफलता पर मुझे नशा-सा आ गया, लेकिन तभी एक जासूस ने मुझे आकर खबर की कि सेट घूमते वक्त बिजलियाँ कड़कने जैसी घनघोर आवाज़ होती है। आगे के कई बड़े-बड़े लोग कानों में उँगलियाँ डालने लगे थे। मेरा नशा हिरन हो गया। कारण तो पूरी तौर पर समझ में न आया पर मौके पर यह सूझ अवश्य आ गई कि अगली बार सेट घूमने पर लाइट के साथ ही लाउडस्पीकर भी 'ऑफ' करा दिए जाएँ। मैंने अपने स्वरतंत्री को बुलाकर समझाया। स्वरतांत्रिक महोदय 'ऐसा होना तो न चाहिए था, देखिए देखता हूँ' कहकर गए और मशीन का जाने कौन-सा तार सुधारने की नीयत से ऐसा बिगाड़ दिया कि लाउडस्पीकर फेल कर

गए। उस समय दृश्य में भोला अहीर गाय लेकर आया था। पीछे वाली जनता ने गाय को देखकर फिर ज़ोरदार तालियाँ बजाईं पर इसके एक-दो मिनट के बाद ही पीछे से बड़ी जोर का हुल्लड़ उठा। मेरी समझ में उसका कारण न आया। संवाद बहुत बढ़िया चल रहे थे उन पर तो हँसी का समां बँधना चाहिए था, पर ये तो उल्टा ही हो रहा है। कुछ लोगों ने कहा कि 'दुश्मन' खेल उखाड़ने की तरकीबें कर रहे हैं। शोर और बढ़ा। मैं अपने जासूसों में से किसी के आने की प्रतीक्षा में विकल हो उठा। बढ़ते हंगामे से रंगमंच पर मेरे अभिनेताओं की मनोदशा डाँवाडोल हो चली थी और मैं इस स्थिति से बेहद घबराता हूँ। कलाकार यदि घबरा जाता है तो फिर वह हारे जुआरी की तरह चूक पर चूक करता ही चला जाता है, सारा खेल बिगड़ जाता है।

तभी मेरे दो जासूसों ने प्रायः एक साथ ही आकर यह खबर दी कि माइक काम नहीं कर रहे, पीछे वाली जनता को सुनाई नहीं पड़ रहा। माइक ठीक कराने पर ध्यान दिया तो पता लगा कि पाँच-सात मिनट लग जाएँगे। मेरे हाथ-पैर फूल गए। लोग-बाग घबराहट में तरह-तरह के सुझाव और सलाहें देने लगे, परन्तु मैंने सोचा कि दो बार तालियों की गड़गड़ाहट से यह सिद्ध है कि जनता मेरे बस में हो चुकी है, इसलिए छलछंद किए बिना सीधी और सही स्थिति उसके सामने रख देना ही उचित होगा। मैंने चार समझदार वालंटियर पीछे की जनता में भेजे। उन्हें आदेश दिया कि नम्रतापूर्वक हर पंक्ति में यह कहते चलो कि भाई साहब खेल पसंद आ रहा हो तो कृपया शांत रहिए, मशीन की खराबी है अभी पाँच मिनट में ठीक होती है। खेल पसंद आ रहा था क्योंकि जनता शांत हो गई। पर्दा गिराकर हमने अपनी माइक की व्यवस्था को सुधारा और कलाकारों की घबराहट दूर करने के लिए कहा कि एकदम शुरू से खेलेंगे। पर्दा खोलने से पहले जनता से अपील की और खेल आरंभ कर दिया और तीन घंटे तक रंगमंच से लेकर पंडाल की धुर सीमा तक एक-सा रंग बँधा रहा। उस दिन मैंने और मेरे साथियों ने नई आस्था पाई। जनता के हंगामे को मैं कभी 'दुश्मन' की कार्यवाही नहीं मानता। जनता यदि रसवश होती है तो 'दुश्मनों की करतूतें' कुछ भी बुरा नहीं कर पातीं। हम दुःख का दृश्य प्रस्तुत कर रहे हों और जनता हँस पड़े तो उसका दोष दुश्मनों को देना ही अपने-आपको धोखा देना है। इसी तरह कोई यह कहे कि जनता आर्ट नहीं समझती तो मैं उसे भी न मानूँगा। कला में यदि दम है तो पढ़े-बेपढ़े दोनों को एक साथ एक समान ही प्रभावित भी करेगी, अंतर केवल इतना ही होगा कि समुन्नत चेतन व्यक्ति के पास कला का मर्म बखानने के लिए उचित शब्द होंगे। बेपढ़ा-लिखा कुछ का कुछ कर बखानेगा मगर बखानेगा अवश्य।

आकाशवाणी से प्रसारित वार्ता

# हिंदी रंगमंच : वर्तमान स्थिति और संभावनाएँ

यदि सूक्ष्मता से देखा जाए, तो हिंदी का रंगमंच आज भी व्यावसायिक की अपेक्षा अव्यावसायिक अधिक है। और वह 'एमेचर' रंगमंच की स्थिति से आगे नहीं बढ़ सका है। 'एमेचर' रंगमंच अब लाभप्रद के बजाय हानिकर हो चला है। प्रारंभ में व्यावसायिक रंगमंच की अनैतिक नीति के कारण भारतेंदु हरिश्चंद्र ने जो आंदोलन चलाया था, वह बहुत अच्छा था, किंतु वह संस्थागत रूप में, एक विस्तृत दायरे के बीच न फैल सका। एमेचर रंगमंच स्कूल-कालेजों के आकस्मिक रंगमंच के रूप में सीमित होकर रह गया। नाटक और रंगमंच की कोई स्वतंत्र सत्ता नहीं रही। अधिक से अधिक वह स्कूल-कालेजों का एक 'कल्चरल आइटम' ही बन कर रह गया। नाटक दूसरे की बारात में जब बैंड बाजा बजाएगा, तो रंगमंच आंदोलन का रूप कैसे ले सकता है। नाटक का, रंगमंच का इस दयनीय स्थिति से उद्धार आवश्यक है।

मैं यह मानता हूँ कि प्रयोग-स्वरूप नाटकों के अभिनय अधिक से अधिक होने चाहिए, किंतु ये प्रयोग ऐसे हों, जिनसे जनता उनके साथ तादात्म्य स्थापित कर उनकी ओर आकृष्ट हो सके और नाटक देखने की वृत्ति उसमें जागे। नाटक में टिकट न लगाइए, जनता टूट पड़ेगी। टिकट लगाने पर हिंदी के दर्शक चौकड़ी भरते नज़र आते हैं। डॉ. संपूर्णानंद के मुख्यमंत्रित्व काल से लेकर श्रीमती सुचेता कृपलानी के युग तक उत्तर प्रदेश सरकार के सूचना विभाग के गीत-नाटक अनुभाग द्वारा नाट्य महोत्सव चलते रहे किंतु संविद सरकार के आने पर वे बंद हो गए। महोत्सव के कार्यक्रमों में बड़ी भीड़ होती थी। एक बार टिकट लगा दी गई, नाममात्र की टिकट—एक रुपया और आठ आने की टिकटें। भीड़ हिरन हो गई, सिर्फ 50-60 दर्शक रह गए। हिंदी के नाटक में 50-60 दर्शक! मराठी नाटक में दर्शक सिर्फ दूने रहे यानी 100-125 बस। मैंने पहल की। टिकट हटा दी गई। सूचना विभाग के प्रांगण का पंडाल फिर भर उठा। ये हैं हिंदी के कला-प्रेमी और नाट्यानुरागी दर्शक, जो टिकट खरीदकर नाटक देखने का औचित्य अभी तक नहीं समझ सके हैं।

दर्शकों के अभाव में हिंदी रंगमंच अपनी स्वतंत्र सत्ता बनाए नहीं रख सकता।

रंग-कलाकारों, रंग-शिल्पियों, रंग-निर्देशकों आदि की कमी नहीं है, कमी है इनके सुचारु संगठन की। ये जंगल के गुलाब की तरह बिखरे हैं, आवश्यकता है एक ऐसे माली की, जो इनको गूँथ कर हार बना सके। हिंदी में प्रोड्यूसरों का अभाव है, जो इन सभी कलाकारों, शिल्पियों और निर्देशकों को एक लड़ी में पिरो सकते हैं और उनकी कला और शिल्प को मँजने और निखरने का अवसर प्रदान कर सकते हैं। इस कार्य को सरकार राज्य-स्तर पर एक नाट्य-शिक्षण संस्था खोल कर सहज ही कर सकती है। उत्तर प्रदेश संगीत नाट्य भारती (राज्य संगीत नाटक अकादमी का पूर्व नाम, वर्तमान नाम उत्तर प्रदेश संगीत नाटक अकादमी—संपादक) को इस कार्य को अब अपने हाथ में ले लेना चाहिए।

आज दिल्ली हिंदी रंगमंच का केंद्र बना हुआ है। इसका श्रेय भारत के कला-मर्मज्ञ एवं बहुज्ञ प्रधानमंत्री पं. जवाहरलाल नेहरू को है, जो पश्चिम के रंगमंच की गतिविधियों से पूर्णतः परिचित थे। वे चाहते थे कि भारत की राजधानी दिल्ली भी रंगमंच और सांस्कृतिक समारोहों का केंद्र बने। दिल्ली एक अंतर्राष्ट्रीय नगरी है, जहाँ रंगमंच को देश के अतिरिक्त विदेशों के भी दर्शक प्राप्त हैं, जो उन्हें रंगमंच की ओर सहज ही आकृष्ट कर लेते हैं। यही कारण है कि दिल्ली में हिंदी के अतिरिक्त अंग्रेजी, बांग्ला, गुजराती, मराठी, पंजाबी आदि विविध भाषाओं के नाटक, संगीतक और नृत्य-नाटक हुआ करते हैं।

इधर गत कुछ वर्षों में रंगमंच की गतिविधियाँ कुछ तीव्र हुई हैं। सन् 1962 या इसके अनंतर अनेक राज्यों की राजधानियों में रवीन्द्र शताब्दी के उपलक्ष्य में रवीन्द्र भवन, रवीन्द्र नाट्यगृह या रवीन्द्रालय बने हैं। लखनऊ में रवीन्द्रालय की स्थापना से एक लाभ यह हुआ कि अब उत्तरोत्तर ऐसे दर्शक पनपने लगे हैं जो बुकिंग ऑफिस जा-जाकर टिकट खरीदते हैं। नाटक के प्रति दर्शक की यह रुचि, यह उत्कंठा स्वागत-योग्य है, क्योंकि प्रत्येक नाटक की प्रस्तुति पर पैसा खर्च होता है, जिसकी पूर्ति स्वयं दर्शकों द्वारा ही संभव है। प्रेक्षागृह का एक दिन का किराया ही कई सौ रुपये हो जाता है। अन्य व्यय अलग हैं।

किंतु ये प्रस्तुतियाँ प्रायः तृतीय श्रेणी की होती हैं। सेट भड़कीला होता है, किंतु पात्रों में ऐक्शन नहीं होता, भाव और मुद्राएँ नहीं होतीं, रस नहीं होता, तो फिर दर्शक का नाटक या रंगमंच के साथ तादात्म्य कैसे हो!

प्रस्तुति उच्च स्तर की होनी चाहिए। इसलिए आवश्यक है कि कलाकार, शिल्पी और निर्देशक प्रशिक्षित हों, जो बिना नाट्य प्रशिक्षण संस्था की स्थापना हुए संभव नहीं है। तभी एक स्टैंडर्ड बन सकता है। प्रस्तुति एक कला है, जिसके परिज्ञान के अभाव में रंगमंच-जगत् में अराजकता व्याप्त है। किसी को समूहन का, गति एवं कार्य का, स्वर के उतार-चढ़ाव का पूरा ज्ञान नहीं। माइक के क्रियाशून्य होने पर कलाकार को इतना अभ्यास और ज्ञान होना चाहिए कि स्वर में कितनी अभिवृद्धि

करे कि प्रेक्षागार की अंतिम पंक्ति का दर्शक भी उसकी आवाज़ को सुन सके। व्यावसायिक मंच तभी पनप सकता है, जब हम प्रस्तुति के अंग-प्रत्यंग न केवल जानें और समझें, बल्कि निरंतर अभ्यास द्वारा उस पर पूरा नियंत्रण प्राप्त कर लें। एक बार गुजराती के प्रसिद्ध कलाकार एवं नाट्यकार उमाशंकर जोशी ने कहा था कि नाटक के बिना रंगमंच बिना दूल्हा की बारात है। मैंने कहा—दूल्हा तो स्वयं रंगमंच है। बारात के लिए नाटकों की कमी नहीं। हमें रंगमंच को सजाना, सँवारना और विकसित करना होगा। तभी हम प्रत्येक प्रकार के नाटक मंचस्थ कर सकेंगे।

व्यावसायिक मंच की सफलता के लिए यह आवश्यक है कि वह अच्छे नाटक लेकर छोटे नगरों, कस्बों या गाँवों में जाएँ, जहाँ इस प्रकार के प्रदर्शनों की भूख बनी रहती है। छोटे स्थानों पर काफी भीड़-भाड़ हो सकती है, क्योंकि वहाँ के सामान्य नागरिक या ग्रामीण का जीवन बड़े शहरों की भाँति अत्यंत व्यस्त नहीं है और चलचित्र वहाँ सरलता से नहीं पहुँच सकते। रंगमंच उनका अच्छा मनोरंजन और शिक्षण कर सकता है। गाँव-गाँव घूमने के लिए भारी-भरकम सेटों और दृश्यावलियों की आवश्यकता नहीं, बाँसों के ऊपर ताने जाने वाले पर्दों और हल्के किस्म के प्रतीक दृश्यों का उपयोग किया जा सकता है। प्रकाश के लिए कारबाइड आज भी बहुत पर्याप्त है। प्रत्येक मंडली आठ कारबाइड के कुप्पों, कुछ बाँस तथा कुछ प्रतीक दृश्यों के साथ भारत के हृदय—गाँवों का भ्रमण कर धन और यश अर्जन कर सकती है।

श्रमजीवी, कानपुर, अप्रैल, 1969

# नाट्य-लेखन के कुछ गुर*

नाटक की बात करने से पहले चलो हम पहले चारपाई की बात कर लें—चारपाई बनी होती है चार पाटियों और चार पायों की—और पाटियों को पायों से जोड़ने के लिए छेद यानी चूलें भी होनी चाहिए नहीं तो खटिया नहीं बनेगी। फिर उसको बुनने के लिए बाध (मूंज की डोरी) का ताना-बाना बनाना पड़ेगा—यही चारपाई समझ लो तुम्हारा नाटक है—तुम्हारी पाटियाँ हैं तुम्हारे पात्र। अब वो पाटियाँ पाए में बँधेंगी क्योंकि जब तक उनको धरातल नहीं मिलेगा पाटियाँ बेकार हैं। तो पाया है कथावस्तु—यानि नाटक का तत्त्व। जब तक चूल से चूल बराबर नहीं बैठेगी तो बात कैसे बनेगी? ऐसे ही पात्र भी पात्र के साथ जुड़ने चाहिए। सबसे पहले पात्रों का स्वरूप होने का आधार चाहिए यानि 'थीम' या कथावस्तु चाहिए ताकि पात्र एक दूसरे से वैसे ही जुड़ जाएँ जैसे चूल से चूल जुड़ती है—क्योंकि अगर चूलें आपस में सही ढंग से न जुड़ सकीं तब तो खटिया एक तरफ से ऊँची दूसरी तरफ से नीची रह जाएगी। इसलिए खटिया एक सी होनी चाहिए। ताकि जहाँ उसे बिछाओ वह सलोतर बैठे। ऊँची-नीची न हो। इसी तरह पात्रों को भी समतल दो ताकि नाटक जमे।

## चरित्र और उनके आपसी रिश्ते

पात्रों के आपसी रिश्ते आपस में बिल्कुल ठीक होने चाहिए—चाहे वह 'कैरेक्टर्स' विरोध में हों या पक्ष में, दोस्त हों या दुश्मन पर रिश्ता समतल हो यह ज़रूरी है। अगर दोस्ती है तो दोस्ती की सारी विशेषताएँ कैसी दोस्ती है, एक तो दोस्ती होती है स्वार्थ की, यानि कोई काम-धाम है तो थोड़ी देर लल्लो-चप्पो की दोस्ती बढ़ा ली और अपना मतलब साध कर खिसक लिये। दूसरी दोस्ती ऐसी होती है कि हम एक-

---

* 1986 में शारदीय नवरात्रि में बाल नाट्य अकादमी, लखनऊ द्वारा आयोजित बाल नाट्य-लेखन शिविर में नागरजी ने नाट्य-लेखन पर अत्यंत रोचक व्याख्यान दिए थे। इन व्याख्यानों का संपादन-संकलन शिविर की प्रतिभागी डॉ. ऋचा नागर ने किया था।

दूसरे के कुछ गुणों पर रीझ जाते हैं और फिर सुख-दुःख में कभी एक-दूसरे का साथ नहीं छोड़ते। दुश्मनी में एक तो होती है ईर्ष्या की दुश्मनी और एक दुश्मन ऐसा होता है कि तुम्हारी किसी बात पर दुश्मनी हुई किंतु तुम्हारे व्यक्ति से नहीं। तुम्हारे सुख-दुःख में हम शामिल होंगे लेकिन तुम्हारी जिस एक बात से हम नाराज़ हैं वहाँ डटे रहेंगे। दोनों किस्मों की दुश्मनी के रंग भिन्न होंगे।

एक गाँव में दो ठाकुर थे। बचपन के घनिष्ठ मित्र पर किसी बात पर आपस में ठन गई। और ठनी तो ऐसी ठनी कि एक-दूसरे की जान लेने पर आमादा हो गए। उनमें एक ठाकुर ज़रा अधिक जबरा था शरीर से भी और पैसे से भी। दूसरा ठाकुर इन दोनों ही विशेषताओं में कमज़ोर था। सो इसके बेटे की शादी की बरात उठी। तभी किसी ने आकर बेटे के पिता से कहा कि जबरा ठाकुर गाँव के मुहाने पर तलवार लिए बैठा है। कहता है कि बेटे की बरात उठने से पहले बाप की अर्थी उठेगी। निबले ठाकुर ने कुछ सोचा और कहा कि जब एक समधी पहले ही तैयार वैठा है तो मेरे जाने की क्या आवश्यकता है। जबरे ठाकुर को यह रुपयों की थैली सौंपो और कहो कि वही जाकर अपने भतीजे को ब्याह लाए। जबरे ने जब यह सुना तो थैली लौटा दी और अपने कारिंदों के कंधों पर थैलियाँ लदवा खुद दुश्मन का बेटा ब्याहने गया। जब डोला लेकर बरात लौटी तो जबरा ठाकुर दूर ही से लौट पड़ा पर निबला ठाकुर भी तैयार था। दौड़कर उसे पकड़ा और कहा कि दोस्ती तो निभा आए अब दुश्मनी भी निकाल लो, मेरी गर्दन हाजिर है। जबरे ने तलवार फेंक दी और दोनों आपस में गले मिलकर रोने लगे। यह एक उदाहरण हुआ।

ऐसे ही स्वार्थी दोस्त होते हैं। मैं समझता हूँ कुछ ऐसे दोस्त तुम्हारे भी होंगे। खैर इनके अलावा एक दोस्त ऐसा भी होता है जो चाहे तुम्हारे सुख में शामिल न हो सके पर दुःख में जरूर साथ देगा। चूँकि तुम्हारे सुख को भी वह अपना सुख मानता है इसलिए उसके अंदर भी वही सुखानुभूति है जो तुम्हारे भीतर है पर हो सकता है किसी मजबूरी की वजह से बाहरी रूप से वह तुम्हारे सुख में साथ न दे सके।

ऐसे ही बहुत सारे रिश्ते तुम अपने मन में सन्नाटे के खिलवाड़ में सोच जाओ क्योंकि भीतर गहराई में जाकर ही तुम पाओगे कि पात्रों में कितनी सारी विभिन्नताएँ हो सकती हैं।

जब यह सब बातें तुम अपने मन में साफ कर लेते हो तो तुम्हारे हाथ में नाटक का काठ-कबाड़ आ जाता है जिससे तुम पाटियाँ बनाओगे। जब तक यह मसाला नहीं आ जाता तब तक बात नहीं बनती। तुमने देखा कि—यह कमी है, वह कमी है, और सोचा, उँह आगे ठीक कर लेंगे—बस! यहीं काम से गए—मौका पड़ते ही सारी तैयारी कर लो क्योंकि यदि पात्र की टोपी भी लानी है तुम्हारे दिमाग़ को ही लानी है, दूकान खुलने का इंतजार नहीं करना है।

## परकाया प्रवेश

हममें कभी-कभी यह वृत्ति आ जाती है कि हम बच्चों की तरह बोलने लगते हैं—यह स्थिति अलग है, लेकिन हम बच्चे बन जाएँ और बच्चे बनकर 'एक्शन' करें यह स्थिति एकदम भिन्न है।

अभिनय तुमको नहीं करना है लेकिन दिमाग में जब तक तुम खुद अभिनय नहीं करोगे तो अभिनेता क्या करेगा। इसलिए नाटककार पहले अभिनय भी करता है।

एक बार एक योगी से किसी ने राजनीति के विषय में जानना चाहा—योगी ने एक माह का अवसर माँगा। अब योगीजी निकल पड़े और राह में देखा कि एक राजा का शव जा रहा है। योगी ने अपनी मंत्रविद्या से ऐसी आँधी बुलाई कि सब लोग भाग खड़े हुए। फिर योगी ने अपनी देह तो छिपा कर सुरक्षित रख दी और राजा के शव में अपने प्राण फूँक दिए—राजा पुनः जी उठा। अब राजा के रूप में योगी ने दरबार में बैठकर संपूर्ण राजनैतिक अनुभव प्राप्त कर लिए और उसके बाद राजा फिर मर गया और योगी अपनी देह में आ गया।

ठीक यही काम नाटककार को भी करना पड़ता है। तुम परकाया में ही नहीं पर-मन में भी प्रवेश करते हो। जिस तरह साधु अपनी देह को सुरक्षित रख कर राजा की देह में पूर्णतः प्रवेश कर गया—अब वह अपनी नहीं राजा की ज़बान बोल रहा है—वह जैसे वातावरण में पहुँच गया है उस वातावरण को पूरी तरह से निभाएगा। जब तुम अपने 'कैरेक्टर' की खूबियाँ-खामियाँ अपने मन में इकट्ठी कर लोगे तो 'कैरेक्टर' तुम्हारे सामने ज़िंदा हो जाएगा—अब जब 'कैरेक्टर' तुम्हारे सामने ज़िंदा हो जाएगा तो तुम हमारे सामने भी उसे ज़िंदा कर सकते हो।

अगर तुम पात्र में डूबे नहीं तो तुमको क्या मिला? यदि तुम पात्र के अनुरूप न बोले तो पात्र स्वाभाविक नहीं लगेगा। जब तुम उसके अनुरूप बोलोगे तो पाओगे कि 'डायलॉग्स' तुम्हारे दिमाग के नहीं रह जाएँगे बल्कि खुद-ब-खुद पात्र के दिमाग के हो जाएँगे।

किंतु पराए मन में प्रवेश तुम तभी कर सकोगे जब तुम अपना 'आब्ज़रवेशन' बढ़ाओगे। तुम अपनी राह चलते हो और यों ही निकल जाते हो—एकाध दोस्त को देखा तो देखा या कहीं बंदर का तमाशा है तो एक नजर लपक लिए बाकी तुम किसी को देखते नहीं हो। बचपन से लगी मेरी एक आदत आज 71 बरस की उम्र तक नहीं छूटी 'आब्ज़रवेशन'। हर एक की चाल-ढाल, बोलने का लहजा, हाथ घुमाने का तरीक़ा, आँखों के भाव आदि ये सब चीज़ें तुम जितनी ज़्यादा देखोगे उतना ही बड़ा 'कैरेक्टर्स' का खज़ाना—कुबेर कोष हो जाएगा तुम्हारे पास।

किंतु यदि तुम ही अपने 'कैरेक्टर्स' को ज़िंदा न कर सकोगे तो तुम अधूरा

देखोगे और हमें उस अधूरे का भी एक हिस्सा काटकर दिखाओगे ये नहीं करना चाहिए। किसी भी सृजनशील आदमी की एक महानता अलग होती है। 'क्रियेटिव माइंड' का नाम ही है 'क्रियेटिव ईगो'। पर अगर तुम ही परफेक्ट न हुए तो तुम्हारी 'क्रियेटिव ईगो' कैसे परफेक्ट होगी और 'क्रियेटिव ईगो' जितनी मजबूत होगी उतना ही अच्छा तुम्हारा लेखन होगा।

हमको अपने उपन्यास, नाटक या कहानी में एक ख़ास वक्त पर किसी ख़ास पात्र की ज़रूरत होती है लेकिन हम उसके बाप-दादा तक की आदतें देख जाते हैं क्योंकि कुछ पैतृक संस्कार भी हर चरित्र में आते हैं। मतलब यह कि अगर तुम्हें अपने पात्र को जीवंत और शक्तिशाली रखना है तो तुम अपने पात्र की जन्मपत्री पूरी की पूरी जान लो। यह ज़रूरी नहीं कि तुम हमको भी वह पूरी जन्मपत्री खोल कर दिखाओ—लेकिन तुम ज़रूर जान लो।

## कल्पना की उड़ान

कल्पना अपने आप में कुछ नहीं होती—यह मैं अपने पूरे अनुभव से कह रहा हूँ। बस हम एक रूप ले लेते हैं उससे तार आगे बढ़ने लगता है। कल्पना एक विराट रूप में भी आ सकती है पर अपने आप में वह और कुछ नहीं, ख़ाली तुम्हारे मनोभावों की ऊर्जा होती है। उसकी तेज़ी और गर्मी से उसमें कुछ बिंब फूट पड़ते है। तभी कल्पना बनती है। मनोभावों के बिना कल्पना खोखली है क्योंकि तुम इधर हाथ मारोगे, उधर हाथ मारोगे—पाओगे कुछ नहीं। कल्पना 'ऑफ हैंड' नहीं होती—वह तो एक ऐसी चीज है जिसको जब क्रम-बद्ध रूप में आगे बढ़ाया जाता है तो जैसे-जैसे कमल खिलता है वैसे-वैसे उसकी कलियाँ खिलती हैं—वैसे-वैसे उसका आधार बनता है नहीं तो कल्पना खाली बचाव का साधन बनती है। ऐसी कल्पना जो बचाव का साधन बने उसे लिखते समय नकारो चाहे निजी ज़िंदगी में तुम कल्पना का कोई भी प्रयोग करो लेकिन जब रचनाकार की हैसियत से रचने बैठो तब कल्पना तुम्हारी 'सिचुएशंस' को तुम्हारे 'कैरेक्टराइजेशन' को मनोवैज्ञानिक रूप से आगे बढ़ाने के लिए रस्सी का काम करती है जिसके सहारे तुम चढ़ते चले जाओगे। कल्पना विधिवत् आती है आमतौर पर तुम कह दोगे कि सूझ और कल्पना एक ही चीज़ है क्योंकि अगर सूझ आई तो सूझ में भी कल्पना ही तो आई। लेकिन सूझ में खाली कल्पना नहीं रहती। सूझ में, तुम्हारे मन में भाव से तर्क या विचार से एक तथ्य आ जाता है जिसको तुम्हारा 'क्रियेटिव माइंड' 'परसोनिफाई' कर लेता है—वहाँ से कल्पना का धरातल आरंभ होता है—लेकिन वह कल्पना मात्र नहीं है, आधार भर है।

कल्पना एक ऐसी चीज़ है जो तुम्हारे देखे हुए या भोगे हुए यथार्थ को पगडंडी देकर आगे बढ़ाती है—अपने आप में कल्पना का कोई स्वतंत्र अस्तित्व है ही नहीं। मान लो मैंने अकबर पर एक ऐतिहासिक नाटक लिखा तो उसकी जानकारी तो मुझे

इधर-उधर से मिल गई और उस जानकारी में है कि अकबर को बेटा नहीं हो रहा था तो बेटे के लिए वह मन्नत माँगता है लेकिन मन्नत माँगने के लिए उसकी मनोधारा में, उसके मस्तिष्क में जो विचार आते हैं वो इतिहास में तो लिखे नहीं हैं इसलिए उन मनोभावों को हम सही ढंग से कल्पित कर लेते हैं। किंतु कल्पित करते हैं यथार्थ के धरातल पर—क्योंकि जिस कल्पना में सत्य शामिल नहीं होगा वह कल्पना बिना रीढ़ की हड्डी के आदमी की तरह होगी—वो उठ ही नहीं सकती।

ऐसे ही जब हम सपने देखते हैं तो तस्वीरें अक्सर बड़ी साफ आ जाती हैं—सपने में जो चरित्र आए, वो आए तो तुम्हारी रोज़मर्राह ज़िंदगी के धरातल से ही। बहुत कम ही ऐसा होता है कि हमें सपने में कोई ऐसी चीज दिखाई दे जो हमने धरती पर होते हुए नहीं देखी। मान लो हम सपना देख रहे हैं कि हम बैठे हुए कुछ खा रहे हैं और एक बहुत बड़ा पक्षी उड़ता हुआ आया और हमको चोंच या पंजे में दबाकर उड़ा ले गया। और हम भयभीत हैं—ऐसा पक्षी हमारे जीवन में कभी नहीं आया। तो जो यथार्थ में हमारे भोगने में नहीं आया वह सुख, दुःख या अनुभूति एक नया आकार ले लेती है जिससे हम अपरिचित हैं, लेकिन वह जो भी नया आकार लेती है उसके साथ जितनी भी कड़ियाँ आएँगी वो यथार्थ से ही आएँगी—जो भय होगा, संत्रास होगा या आनंद होगा वह स्वाभाविक होगा। तो जब कल्पना यथार्थ के साथ उसी तरह मिल जाती है जिस तरह पानी से रंग—तभी वह काम की होती है अन्यथा नहीं। क्योंकि कल्पना यथार्थ को गति या लोच देकर तुम्हारी बात को प्रगाढ़ करती है और उसे अधिक खूबसूरत बना कर पेश करती है।

## कल्पना और थीम

एक और दृष्टांत दे रहा हूँ। एक नाटक है **'द ब्लू बर्ड'** (दुर्भाग्य से लेखक का नाम भूल रहा हूँ) जिसमें **'ब्लू बर्ड'** एक काल्पनिक चिड़िया है जो आसमान से उतरकर एक गरीब परिवार के बच्चे की कल्पना में आती है। वह चिड़िया काल्पनिक अवश्य है पर वो वस्तुतः है 'थीम'। वह 'ब्लू बर्ड' वैचारिक और काल्पनिक दृष्टि से नसीब या किस्मत है जो उस बच्चे की सूझ को हर बार नया बनाने के लिए आती है। तो लेखक ने अपनी थीम का नाम दे दिया ब्लू बर्ड। ऐसे ही तुम्हारी कल्पना भी अगर किसी कथावस्तु के साथ जुड़कर प्रतीक रूप में आई है तो वह सटीक होगी। लेकिन यदि तुम्हारी कल्पना 'ऑफ़ दि हैंड' आ गई है तो उसे तुरन्त किसी 'थीम' के साथ जोड़ो—नहीं तो वह कटी-कटी घूमेगी।

## नाट्य-लेखन का खास गुर

जीवन तो बहुत बड़ा होता है लेकिन पूरी ज़िंदगी को तो नाटक में उतारना असंभव है। तो तुम जीवन के प्रमुख प्रसंग छाँट कर ही लिखोगे—अब छँटाई का क्या रूप

होगा? यहीं पर आता है नाटक।

अगर तुम्हें अकबर और जहाँगीर के रिश्ते पर नाटक बनाना है तो तुम उनके जन्म से लेकर बुढ़ापे तक की जन्मपत्री थोड़े ही खोलोगे। अकबर बहुत बड़ा सम्राट है—लोग उसके आगे थर-थर काँपते हैं और उसका इकलौता बेटा है जहाँगीर जो थोड़ा बेअदब भी है और बादशाह उसको सज़ा नहीं दे पाता—कहाँ हारा है सम्मान! मान लो जहाँगीर कोई ऐसा काम कर दे कि बादशाह को सज़ा देनी ही चाहिए क्योंकि बादशाह का धर्म है न्याय करना अगर वो उसका पक्ष लेकर चुप हो जाएगा तो उसकी बादशाहत से लोगों का विश्वास डिगेगा—और दूसरी तरफ वह उस बेटे का बाप भी है जिसे शेख सलीम चिश्ती की दरगाह पर कितनी ही मन्नतें माँग कर पाया है। तो बाप की कमजोरी बेटे के साथ और बादशाह का न्याय अपराधी के साथ वह अपराधी जो उसका इकलौता बेटा भी है—अब क्या होगा?

यह एक नाटकीय क्षण आया। अब थोड़ी देर तो तुम दर्शक को 'सस्पेंस' में रखोगे कि यह क्या करेगा, न्याय या लाड़? अब तुमने हमारा कौतूहल बढ़ा दिया, इतनी मिर्च नहीं डाली कि हम 'सी-सी' करें पर जरा चटपटापन आ गया।

पहले तुमने स्वाद चखाया। फिर अपनी बात कही बहुत ही साधारण और सीधे ढंग से या तो हमें 'रिलीफ' होगी या हम 'धत्-धत्' कहेंगे। तो यह हुआ नाटककार का नाटकीय क्षण, यानि एक तरफ़ घटना की नाटकीयता और दूसरी तरफ़ लेखक का परकाया में प्रवेश।

## सर्जक मन का खिलंदड़पन

यदि तुम किसी भी तरह के रचनाकार हो, चाहे नाटककार, उपन्यासकार, कहानीकार या पेंटर, तो तुम्हें अपने मन का खिलंदड़पन नहीं खोना होगा। रवीन्द्रनाथ टैगोर ने बच्चों के बड़े अच्छे नाटक लिखे—क्यों लिख सके वो? इतने बड़े-बूढ़े, नोबेल प्राइज विजेता लेकिन उनके बाल-नाटक पढ़ो तो लगता है मानो बच्चा बोल रहा हो तो ऐसी ही दीवानगी होनी चाहिए। एक जोगी हुआ करते थे वो कहते थे कि "रामजी को पाने के लिए उनके पीछे-पीछे पाकेटमार की तरह लगे रहो कि जहाँ मौका मिले झट चरण छू लो।" कितनी अच्छी उपमा दी है पाकेटमार की। तो ठीक यही होता है। तुम्हारे भीतर जो खिलाड़ी बच्चा है, जो 'क्रियेटिव ईगो' है वह हमेशा इतनी जगाए रखो कि तुम्हारा दीवानापन बरकरार रहे—तभी तुम लेखक बनोगे—दीवानापन नहीं रहेगा तो लेखक नहीं बन सकते।

सबसे पहले तुम अपना काठ कबाड़ इकट्ठा कर लो, मोटे तौर पर देख लो कि चूल कैसे बैठानी है। शुरू-शुरू में कम पात्र लो ताकि तुम सब पर पूरी तरह से 'कांसंट्रेट' कर सको। विरोधाभास दिखाना जरूरी है क्योंकि सब कुछ एक रंग होगा तो मज़ा नहीं आएगा। विभिन्नता में ही चटपटेपन का मज़ा है।

हमारे पुराने लोग लड्डू खाने के लिए मशहूर थे। तो जब ज्योनार हो तो दिन में ही खूब बड़े से कढ़ाव में पानी के साथ छिलके सहित आलू पकाने को चढ़ा देते थे। आलू पकते रहते, पानी कम होता तो और डाल देते और जब छिलका आलू सब एक रस हो जाते तो उसमें नमक और ढेर सारी मिर्चें डाल दी जातीं इसको कहते थे 'झन्नाटा'। अब पंडितजी ने गपागप तीन-चार लड्डू खाए तो मुँह बँध गया, फिर कुल्हड़ में से एक चुस्की ली 'झन्नाटे' की और फिर चार-पाँच लड्डू मुँह में भर लिए। सो यही दृष्टांत है तुम्हारे नाटक खेलने का। सिर्फ मीठा ही मीठा या नमकीन ही नमकीन रखोगे तो खेल बिगड़ जाएगा। मीठा भी चाहिए, नमकीन भी, खट्टा भी, चटपटा भी—सब स्वाद होंगे तभी तो हम उँगली चाटते हुए उठेंगे यानि तुम्हारा खेल देखकर हम कहेंगे 'वाह'।

## नाटककार और मनोविज्ञान

जब तक तुम्हारी दृष्टि मनोवैज्ञानिक नहीं होगी तुम अपने चरित्रों को न पा सकते हो, न पहचान सकते हो—मनोविज्ञान मन की गति को पहचानने की विद्या का नाम है। हर इंसान में एक 'मेल माइंड' होता है जो तर्क से चलता है और एक 'फीमेल माइंड' होता है जो संवेदना यानि 'इमोशन' से चलता है लेकिन यह ज़रूरी नहीं है कि हर पुरुष का दिमाग पुरुष के ढंग से ही चले या हर नारी का दिमाग़ नारी के ढंग से ही चले।

'क्रियेटिव माइंड' में दोनों बातें होती हैं तुम्हारे लेखक का विकसित मस्तिष्क और सर्जक का कल्पित चरित्र जब तक इन दोनों का सामंजस्य तुम सही ढंग से नहीं करोगे तब तक तुम अच्छे नाटककार नहीं बनोगे। तुम्हारे लेखक का बौद्धिक मानस जिस बात या 'थीम' को उतारना चाहता है उसको जब तक सही ढंग से 'कैरेक्टर' में नहीं पिरोएगा तब तक वह बात सच्ची नहीं लगेगी। जब तक तुम सारी स्थितियों को मनोवैज्ञानिक दृष्टि से रख कर सम्यक् रूप से नहीं विचारोगे तब तक तुम गलती करते रहोगे। यानि तुम यदि अपने चरित्र के मनोविज्ञान और लेखक की मनोवृत्ति अर्थात् बौद्धिक वृत्ति को एक दूसरे में दूध और शक्कर की तरह नहीं मिलाओगे तुम्हारी बात खोखली रहेगी। दानेदार चीनी दूध में ऊपर से डाल दी, चीनी नीचे बैठ गई और दूध फीका का फीका। जब तक दोनों को एक-दूसरे में गड्ड-मड्ड नहीं करोगे दूध में मिठास कैसे आएगी? तो तुमको भी शक्कर के दाने घुलाने पड़ेंगे। जो तुम्हारे लेखक का बौद्धिक मानस है वह है दानेदार शक्कर और जो तुम्हारा सर्जक मानस यानि तुम्हारे पात्र हैं वह दूध और जब तक तुम अपने सर्जक और बौद्धिक मानस को एक रस नहीं करोगे दूध फीका रहेगा।

लिखने के पहले एक और बात का ध्यान रखो कि मान लो तुम बच्चों के लिए लिख रहे हो तो कहीं कुछ हो रहा हो, कोई तमाशा ही चल रहा हो जहाँ एक

भी बच्चा है तो तुम्हारे आँख और कान दोनों चौंकन्ने हो जाने चाहिए क्योंकि असली मनोविज्ञान तो बोलने में, मुख की भंगिमाओं में ही है।

तुम्हारे लेखक का विकसित बौद्धिक मानस उसे पहचानेगा और सर्जक उसे लेखन में ढालेगा। जब इन दोनों को तुम एक ढंग से सम्यक् कर लोगे तब तुम्हें निश्चित सफलता प्राप्त होगी इसमें तनिक भी संदेह नहीं।

किसानोत्थान, फरवरी, मार्च, 1987

# नाटक : लोकप्रियता बनाम व्यावसायिकता

लोकप्रियता और व्यावसायिकता दोनों ही ऐसे शब्द हैं जिन्हें सहसा अनैतिक या असामाजिक तो नहीं कहा जा सकता किंतु किसी भी कलाकर्मी को इसके लिए सतर्कता ज़रूर बरतनी चाहिए। यह शब्द मृग जल के छलावे-से भी साबित हो सकते हैं। लोक, यानी समाज के खास-व-आम के लिए जो कलाकृति प्रियकर, प्रेरणादायक, हितकारी, स्वस्थ सौंदर्यबोध और चेतना वाहक हो वह आमतौर से लोकप्रिय हो जाती है और उलकी लोकप्रियता को दोष नहीं कहा जा सकता है। गाँधी, नेहरू, सुभाष आदि लोकप्रिय राजनैतिक नेता थे; तुलसीकृत रामायण लोकप्रिय महाकाव्य है; प्रेमंचद, शरच्चंद्र, बंकिमचंद्र लोकप्रिय उपन्यास लेखक थे; **अभिज्ञान शाकुंतलम्** या **मृच्छकटिक** लोकप्रिय नाटक थे। इनमें से आप किसकी निंदा करेंगे? इस प्रकार हम देखते हैं कि लोकप्रिय होना कोई बुरी बात नहीं है। किसी चीज की लोकप्रियता व्यावसायिक लाभ के लिए भी अक्सर ललचा देती है। और किसी काम की सफलता से यदि हमें व्यावसायिक लाभ होता है तो आखिर बुरा क्यों है। नाट्य कर्मी यदि अपने कार्य से इतना लाभ कमाता है कि अपनी जीविका तथा रंगकर्म से संबंधित आवश्यकताओं की पूर्ति कर ले तो वह कोई अपराध नहीं करता। इस सीमा तक व्यावसायिकता भी खतरनाक वस्तु नहीं है, बल्कि सच तो यह है कि आवश्यक है।

अब लोकप्रियता का एक दूसरा पहलू भी लें—हिंदी में **'चंद्रकांता संतति'** अपने समय में बड़ा ही लोकप्रिय उपन्यास था उसकी लोकप्रियता ही बौद्धिक और सुधारवादी समाज के लिए निंदा का कारण बन गई—**चंद्रकांता** समय नष्ट करती है, वह किसी नई चेतना का विकास नहीं करती। उधर होता यह था कि कोरी 'उपदेशों की पुटलिया' से उपन्यास बिकते ही न थे। यही हाल साहित्यिक नाटकों का भी था। बेताब का नाटक **महाभारत** और माधव शुक्ल का नाटक **महाभारत पूर्वार्द्ध,** इन दोनों में बेताब का नाटक बहुत प्रचलित और प्रशंसित हुआ और माधव शुक्ल का केवल साहित्यिकों के द्वारा ही सराहा गया। इनमें किसकी लोकप्रियता को आप सही या गलत मानेंगे? दोनों ही नाटक अपने ढंग से अनूठे हैं। एक नाटक व्यावसायिक रंगमंच का सहारा

पाकर प्रचार द्वारा लोकप्रियता की ऊँची मीनार पर चढ़कर चमकने लगा और दूसरा अव्यावसायिक रंगमंच पर दर्शकों में अन्याय के प्रति विद्रोह को स्फूर्तिवंत करके नई राजनीतिक चेतना को गति दे सका। **महाभारत पूर्वार्द्ध** नाटक को तत्कालीन अंग्रेज सरकार ने जब्त कर लिया था। उसकी लोकप्रियता इतिहास की वस्तु बन कर रह गई परन्तु बेताब जी का **महाभारत** पारसी थियेटर का एक 'गेट क्रैशिंग' ड्रामा सिद्ध हुआ। व्यावसायिक रंगमंच पर बेताब न्याय-अन्याय, सत्यासत्य, देशप्रेम, सब पर कलापूर्ण ढंग से विचार करते हैं केवल अंग्रेज शासन से झगड़ा मोल लेने वाली कोई बात वे न कह सके। आजीविका ने बेताब की इतनी सीमा अवश्य बाँध दी थी।

यहीं एक सवाल और पैदा हो जाता है और अक्सर उठाया भी जाता है कि हम कला को आजीविका से स्वतंत्र रखें। उनके लिए कला स्वान्तः सुखाय है उसे किसी से—जनता-वनता-से मतलब नहीं। वह अपने लिए करते हैं, जो अन्य शहरी समानधर्मा उसे देख सकें वही काफ़ी है। अगर उनका नाट्य प्रदर्शन सौ दर्शकों की उपस्थिति में हो गया तो समझ लीजिए कि अति लोकप्रियता की सूची में शामिल हो गया। हममें से कुछ लोग इस लोकप्रियता के सामने हजार दो हजार लोगों का मन बाँधने वाली नाट्यकलाकृति की लोकप्रियता को बाज़ारू मानकर नहीं करना चाहते हैं।

मेरे विनम्र विचार से यह दृष्टिकोण जनवादी नहीं। एक स्वस्थ नाटक अगर अल्पजन सुखाय से बहुजन सुखाय साबित हो तो उसकी लोकप्रियता सस्ती क्यों कर मानी जाएगी। मैं किसी भी प्रकार की थियेटर विधा की अच्छाई या बुराई की विवेचना में इस समय नहीं जाना चाहता, इस समय वह बहस का मुद्दा भी नहीं, किंतु यह अवश्य ज़ोर देकर कहना चाहता हूँ कि इस प्रकार की संकीर्ण बौद्धिक 'स्नॉबरी' का डटकर विरोध किया जाना चाहिए।

लोकप्रियता के लिए नाटक में मनोरंजन तत्त्व आवश्यक है। न जाने कुछ जोशीले विचारक यह क्यों सोच बैठते हैं कि मनोरंजन केवल सामंतशाही हरमज़दगी है और जनवादी नाटक को इससे दूर रहना चाहिए। मेरे विचार से यह उचित नहीं है। मनोरंजन हर व्यक्ति, साधारण से साधारण जन भी चाहता है। हाँ, मनोरंजन करते हुए हम यह हरगिज़ न भूलें कि इस बहाने हम दर्शक के भीतर सोई हुई कुरुचियों को उभारकर नाटक को हरग़िज लोकप्रिय नहीं बनाएँगे। ऐसी लोकप्रियता सस्ती और सस्ती व्यावसायिकता से जुड़ती है। आज नाटक में प्रगतिशीलता के नाम पर सेक्स को अक्सर और खूब भुनाया जाता है।

मेरा निवेदन है कि टके शर्तिया कमाइए मगर अपनी नाट्य कला को घरवाली के आसन से उतार कोठेवाली न बनाइए। कला जीवन है उसमें ज़हर मिलाना ठीक नहीं।

—1983

# नौटंकी

*ज़माना नाजुक है मीर*
*दोनों हाथों से थामिए दस्तार।।*

नौटंकी पर बातें छेड़ते ही मैं अपनी बात से अधिक आप सबके मूडों का ध्यान कर रहा हूँ—नौटंकी आमतौर से आधुनिक भद्र वर्ग के लिए बहुत पिछड़ी हुई सस्ते, भद्दे मनोरंजन की चीज़ हो गई है। इस नाम के साथ कुछ एक ऐसी ओछी किंवदंतियाँ हमारे आपके मनों में बस गई हैं। हमारी आपकी कही-सुनी हुई सभ्य शिकायत नौटंकियों के प्रदर्शन के संबंध में गिरावट देखकर चाहे कुछ भी हों, मगर उस माध्यम की शक्ति को भी हम एकाएक नज़रंदाज़ नहीं कर सकते जो कि अनजाने काल से अटूट परंपरा में अपने रूप विकसित करती हुई भी आज तक हमें प्राप्त है। नौटंकी शोमैनशिप अर्थात् प्रदर्शन कला की कठिन से कठिन कसौटी पर कसी हुई एक महान् सांस्कृतिक शक्ति भी है।

सन्-संवत् को लेकर पंडितों में थोड़ी बहुत खींचतान भले हो फिर भी यह सर्वमान्य बात है, कि भरतमुनि का नाट्यशास्त्र हरसूरत से कुछ हज़ार बरस पुराना है। नाट्यशास्त्र में रंगमंच बाँधने और विघ्न बाधा निवारण के लिए इंद्र का जर्जर ध्वज स्थापित करने के पहले खुले रंगमंच का भी पता लगता है। जैसे आज नौटंकी या उसकी किस्में होती हैं, रामलीला होती हैं, रासलीला होती हैं।

यह होते हुए भी मुझे बारहवीं-तेरहवीं शती वाले तांत्रिक युग की छाप लिए पुरानी कहानियाँ मिलती हैं—वह भी दुबारा लिखी हुई। हिंगलाज की देवी ललाटाक्षी, कामाक्षी, मीनाक्षी, ज्वालाजी आदि सभी मातृतीर्थों की वंदना पूरे विस्तार के साथ गणेशवंदना के बाद आरंभ होती है।

पंद्रह-सोलह वर्ष पहले आगरा के किनारी बाज़ार में अकस्मात् एक छोटी-सी किताबों की दूकान में पहुँच गया। बहुत सी व्रत-कथा की पोथियों के अतिरिक्त बड़े कौतूहल और चाव से मैंने कई नौटंकियाँ भी खरीदीं। दूकानदार चौंक कर मुझे देखने लगा। न रहा गया तो पूछा, "क्यों साहब आपकी क्या किताबों की दूकान है?"

मैंने कहा, "जी नहीं।"

बोले—"तो आप इतनी सारी नौटंकियाँ क्यों खरीद रहे हैं?"

मैंने कहा, "पढ़ने के लिए"—वह न जाने क्या समझता रहा होगा।

लेकिन मैं आपसे सच कहता हूँ शब्द का जादू बाँधना—रंगमंच होते हुए भी कान को ही अधिकतर आँख बनाना—नौटंकी की खास कला है। अब तो नए ज़माने की छाप लिए पुराने पारसी 'ठेठर' के पर्दे, बैट्री से परिचालित छोटे बल्बों से सजी एक या कई परियों का नाच इत्यादि बहुत कुछ और ही नज़र आता है। परन्तु मूलरूप से बिना किसी सैटिंग विशेष के एक साधारण रंगमंच पर नौटंकी लगभग साढ़े छः घंटे तक तो जमती ही है। फ़िल्मी कहानी की तरह नौटंकी कहानी में भी अनंत वातावरण या सैटिंग हो सकते हैं—कहानी पहाड़ों पर चढ़ती है, गंगा किनारे आती है। कहानी आकाश-पाताल कहाँ नहीं पहुँच सकती। इस दृष्टि से नौटंकी दिखाने वाला नए और पुराने किस्म के नाटक दिखाने वालों से हर हालत में हीन होकर भी मीर है। कम से कम साजोसामान के साथ वह हर संभव दृश्य की कल्पना को सामूहिक रूप से साधे रहने की सामर्थ्य रखता है। इस जगह पर नौटंकी फ़िल्म से भी मीर है, कुल सवा दो-ढाई घंटों के मनोरंजन के लिए कम से कम छः महीने और अधिक से अधिक चौदह बरसों में फ़िल्में बना करती हैं लेकिन नौटंकी लगातार छः या सात घंटे तक आठ-आठ, दस-दस हज़ार की भीड़ को थामे रहती है—जी हाँ, मैं आज की कहता हूँ—सन् 1962 की—नौटंकी में बैठने की जगह पाने के लिए आज भी लठ्ठ चलते हैं। नौटंकियों में हज़ारों तरह के हड़बोंग होते हैं और तरह-तरह के अच्छे-बुरे तमाशे हो जाते हैं। इस समय तो सच यह है कि अकेले सिनेमा ही नहीं वरन् नौटंकी प्रदर्शनकारियों के लिए भी सेंसर बोर्डनुमा कोई ज़िम्मेदार क़दम उठाना चाहिए। नौटंकी कलाकारों का प्रशंसक दल आज भी हजारों की संख्या का होता है।

खैर! बातों के बहाव में अधिक न बहकर कुछ नौटंकियों के सहारे इस महान् परंपरा के पीछे निहित शक्ति का जो रूप मैंने समझा है प्रस्तुत करता हूँ। इतिहास के चक्कर में ज़रा देर के लिए न पड़ें, देखिए मंगलाचरण आरंभ हो रहा है।

पंडित नथाराम शर्मा गौड़ रचित **'सांगीत स्याहपोश'** उर्फ़ **पाक मुहब्बत** का एक अंश प्रस्तुत है :

## मंगलाचरण

दोहा : *सिफ़्त खुदा के बाद में, हो सबको मालूम।*
*सिम्त मग़रबी एशिया, मुल्क खुशनुमां रूम।*

चौबोला : *मुल्क खुशनुमा रूम तख़्त वारिस महमूद तहाँ का।*
*बयाँ सिफ़त कर सकूँ न इतना रुतबा मेरी ज़बाँका।।*

*था फ़य्याज़ हुस्न यूसुफ इन्साफ़ी शाहजहाँ का।*
*रय्यत रहे अमन में कुल अज़हद शौक़ीन कुरां का।।*
कड़। : *प्यारे जी रखै नबी की याद ख़ुदा हाफ़िज़ पहिचाने।*
*नेक बशर को शाह फिसर से ज़्यादा माने।।*

मंगलाचरण के आगे-पीछे आपसे एक-एक बात अर्ज़ करता चलूँ तो मेरे विचार से कुछ अनुचित न होगा। आज़ादी पाने के बाद रेडियो से सुनते रहने के कारण नौटंकी का नगाड़ा अब आपके कानों के लिए अपरिचित तो न रहा होगा—उसकी कल्पना कर लीजिए। सच तो यह है कि नौटंकी का मज़ा ही कल्पना करने में है। साथ में बातों का जादू भी है—बातों का जादू यानी कानों का जादू है थोड़ा-बहुत तो आँखों को भी सुख प्राप्त हो रहा है—यह सोने में सुहागा सा है। अस्तु इस तथ्य के साथ-साथ हम एक बार फिर दुहरा कर नौटंकी में नगाड़े या दुन्दुभी का महत्त्व पहचान लें। आज लाउडस्पीकरों के समय में आवाज पहुँचाने की वे कठिनाइयाँ लोगों के सामने से हट गई हैं जिनसे सदियों तक मनुष्य को जूझना पड़ा है।

नाटक का प्रदर्शन आरंभ करते हुए भरतमुनि चौरासी या छियासी मृदंगों का नाद गुंजरित करवाते हैं। नाटक या नौटंकी आरंभ होने से पहले जनता में ठसाठस भीड़ के मेले में—जो गड़बड़ी हो सकती है उसकी कल्पना आप सब कर सकते हैं। देखने-बैठने की जगह पाना, ऊँचे-नीचे भीड़ का सरकना—खेल आरंभ होने के पहले की हुड़दंग भरी जन क्रियायें हैं। जो बेचारे दूर बैठते या खड़े होते हैं उन्हें देखने के नाम पर कलाकारों की सूरतों की झलक भर ही मिलती है, वे कानों का मज़ा लेकर ही झूमते हैं। नौटंकी कलाकारों को वहाँ तक अपनी आवाज़ पहुँचानी है। इसलिए सामूहिक जनरव से टक्कर लेने वाला कोई संगठित बड़ा नाद होना चाहिए। इससे सबके ध्यान खिंच आते हैं, दिमाग़ शांत होने लगते हैं, अपने-अपने पचड़े थमने लगते हैं। मंगलाचरण होते न होते तक भीड़ का मन जैसे ही तनिक सावधान होता है वैसे ही हजारों के मज़मे को साधता हुआ नौटंकी का सिनेरियो शास्त्री, प्रदर्शक या रचयिता एक क्षण भी गँवाए बिना कहानी के तार बिछाने लगता है तनिक सोचिए तो सही कि रात के लगभग ग्यारह बजे से लेकर सुबह के सात-आठ कभी, नौ-दस बजे तक भी तरह-तरह की कहानी के नाटकीय क्रम को साधते हुए सुनने वालों की कल्पनाशीलता को नौटंकी अपने से बाँधे रखती है। मैं यह निःसंकोच कह सकता हूँ कि कहानी की नाटकीय शक्ति को हमारे परंपरागत नौटंकीकार ने जिस प्रकार से पहचाना है उस प्रकार से, स्वार्थ की बात होते हुए भी फ़िल्म सिनेरियो शास्त्री आजकल नहीं पहचान पा रहे।

मंगलाचरण के बाद एक सूत्रधार आता है जिसे रंगा कहते हैं। रंगा कहानी के सूत्र छोड़ता है। सांगीत **यशवंतसिंह** नामक नौटंकी का एक अंश प्रस्तुत है :

दोहा : *चाची को सती करा, सुभट रामसिंह ज्वान।*
*ले प्रदक्षिणा चिता की कर जमुना स्नान।।*

चौबोला : *कर जमुना स्नान शोक शशपंज रंज में छाया।*
*नर शहबाज़ पठान करबले में जा दफ़न कराया।*
*मातम करने जगा कुँवर जल आँखों में भर आया।*
*नबी रसूल रामसिंह को समझा नौ महले आया।*

नौटंकी **स्याह पोश** में रूम की शहज़ादी से छिपकर प्रेम करने वाला एक गबरू पकड़ा जाता है। उसे हथकड़ी-बेड़ी, तौक़, हर तरह से कसा जाता है गबरू पूछता है :

दोहा : *कैद किया क्यों आपने, परदेशी को आय।*
*ऐ साहिब तुम कौन हो, दी जै जरा बताय।।*

लावनी : *हो कौन आप क्यों कर मुझको पकड़ा है।*
*यह नरम बदन किसलिए सख़्त जकड़ा है।।*
*महाराज क्यों किया मुझको मुफ़्त असीर।*
*क्या क़सूर मेरा जो भरी हैं दस्त पाँव जंजीर।।*

**बादशाह का**

लावनी : *क्यों मकर करे मक्कार न मुझको जाने।*
*इकबाल रौब मेरा कुछ रय्यत माने।।*
*सुन शोदे शहर सारे का हूँ कुतवाल।*
*रहूँ नेक पर खुश मिज़ाज, बदमाशों का हूँ काल।।*

इस तरह गरमा-गरमी शुरू हुई, जवाब-सवाल लड़ने लगे, जनता का दिल उछलने लगा। जवाब-सवाल में मूड के हिसाब से तर्ज़ें बदलने लगीं। कुछ गायकी पर निहाल किया, कुछ और बहुत कुछ सवाल-जवाब की तेज़ी और पैनेपन पर इस तरह साधा कि जनता वाह-वाह कह उठे, तड़प-तड़प उठे। कहानी का जोश देखने वालों पर अजब जादू बन कर छाता है। हर देखने वाला कहानी के दिल की धड़कनों में जुड़ जाए यही दिखाने वाले की जीत होती है। जनता हर पात्र और पात्री के संबंध में पूरी जानकारी चाहती है, हर चरित्र को क्रम से कहानी में लय होना चाहिए, नाटकीय रस का परिपाक होना चाहिए, इंसान के दिल से सहज जुड़े हुए हँसी-खुशी, मिलन-विरह, लड़ाई-नफ़रत, वीरता-वफादारी का नतीजा, बेईमानी का नतीजा, अत्याचारियों का नतीजा, हँसी-गुदगुदी, प्रेम, शृंगार, भक्ति, देश-प्रेम कहने का मतलब है कि हर भाव का लगाव जनता आप से माँगती है। हर भाव को एक मानव कथा के घटना-क्रम द्वारा साधकर सही अंदाज़ से, दाल में नमक मिर्च मसालों की तरह नौटंकी लेखन

कला को भी अलिखित शास्त्रीय नियमबद्ध किया गया है। नौटंकीकारों में गुरु-शिष्य परंपरा का ख़रा महत्त्व आज तक माना जाता है—यही इनकी जीत है।

नौटंकी में कहानी की तीव्रगति उसकी सराहनीय विशेषता है—यह बात और है कि प्रचलित नौटंकियों में जनता कहानी के साथ-साथ अभिनय करने वाले किसी ख़ास स्त्री या पुरुष कलाकार के गायन, भाव प्रदर्शन या सौंदर्य पर भी मुग्ध हो जाती है। ऐसी हालत में कहानी की गति रोक कर भी जनता अपने प्रिय कलाकार के अधिक गायन की माँग करती है। कौतूहल बराबर जाग्रत रक्खा जाता है—कहानी के घटनासूत्रों को लेकर एक क्रम पूरा होते ही दूसरे क्रम का आरंभ होने में देर नहीं लगती।

दोहा : *छूटा यार को ले गया, महलन कमरुद्दीन।*
*तब दिल अंदर सोचते शाहंशाह प्रवीन।*

लीजिए एक दोहे में सीन बदल गया। सैटिंग बदलने या पर्दा उठाने गिराने की झंझट का पुराने नौटंकीकार से आमतौर से ख़ास कुछ मतलब न था। उसी तख़्त पर हज़ारों सिपाहियों की सेना आपकी कल्पना की दृष्टि से गुज़र जाती थी, उसी पर महल, पहाड़, झरने, जंगल, उद्यान कहानी के क्रम के हिसाब से बनते-बिगड़ते थे। अपने कल्पना चित्र से आपकी आँखों और मन को बाँधकर नौटंकीकार और कुछ देखने सोचने की फुर्सत नहीं देता।

एक और रंग देखिए, रहमान नामक एक गुंडा शहज़ादी के महलों में छिपकर आता है। शहजादी की सहेली से उसका सामना होता है। नौटंकीकार तीव्र गति का ध्यान नहीं छोड़ता। सहेली और रहमान की बात-चीत में गरमा-गरमी उठती चलती है। सरासर बात हल्की छेड़छाड़ से गहरी बनती जाती है :

सहेली : *बेशक दीखे तू हैवान। जो आया गुलशन दरम्यान।*
*क्यों रहा अपनी-अपनी तान। कहना मान मान मान।।*

रहमान : *गर इस गुलशन में गए आन। तो क्या है इसमें नुकसान।*
*हैंगे परदेशी इंसान। हो जा चुप चुप चुप।।*

सहेली : *हो कोई कैसा भी इंसान। आवे नहीं बाग दरम्यान।।*
*इसको चमन जनाना जान। कहना मान मान मान।।*

रहमान : *ठानै मत ये मुझसे ठान। हैगा नाम मेरा रहमान।*
*हंटर मारूँ तुझे मैं तान। हो जा चुप चुप चुप।।*

सहेली : *लूँ मैं बुला अभी रजपूत। मारे तान तान के जूत।।*
*तेरा उतर जाय सब भूत। वरना भाग भाग भाग।।*

रहमान : *जबरन पकड़ तुझे मक्कार। मारूँगा कोड़ों की मार।।*
*कहे मत कड़े सखुन बदकार। कहना मान मान मान।।*

सहेली : *जो छू लेवे मेरा हाथ। क्या रखता है तू औक़ात।।*
*उल्लू बदतमीज़ बदज़ात। यहाँ से भाग भाग भाग।।*

नौटंकी के संबंध में कई किंवदंतियाँ प्रचलित हैं। छैल-छबीले, चटक-मटक लड़के या लड़की को भी नौटंकी की उपाधि दी जाती है। नौटंकी किसी राजकुमारी का भी नाम बतलाया जाता है, जिसकी प्रेम कथा की सफल तर्ज़ पर बाँधी जाने वाली अन्य सांगीत कथाएँ भी तर्ज़ नौटंकी पर कही जाने लगीं और होते-होते एक विधा का नाम ही नौटंकी पड़ गया। एक दलील मैंने यह भी कहीं पढ़ी-सुनी है कि नौटंकी प्रदर्शन स्थान के अंदर प्रवेश पाने की फ़ीस पुराने समय में नौटंक यानी नौ टके होने के कारण इसका नाम नौटंकी पड़ा। लखनऊ में इससे मिलते-जुलते संगीत नाटक हुआ करते थे जो **भरथरी** कहलाते थे। इससे लगता है उस क्षेत्र में भर्तृहरि की कथा पर बाँधी हुई कोई नाट्य कथा कभी बहुत सफल हो चुकी होगी। इसीलिए उस शैली को **भरथरी** नाम से ही बुलाने लगे। यहाँ वाजिदअली शाह के काल में **इंदरसभा** भी खूब चमकी। इटावा, आगरा, हाथरस, मैनपुरी, अलीगढ़, आदि में भगत के नाम से ही यह संगीत-नाट्य शैली प्रचलित है। इसमें बड़ी सजावट होती है, मंडप बनते हैं, बड़े आडंबर के साथ होती है। अवध का **सपेड़ा** और सहारनपुर का **स्वाँग** भी प्रायः इसी गोत्र की नाट्य शैलियाँ हैं।

अवध के **'भंड़ौआ'** और ब्रज के **'भड़ई'** नामधारी हास्य-विद्रूप नाटक अवश्य ही अपना अलग स्थान रखते हैं। **रामलीला** और **रासलीला** के बाद नौटंकी या उसकी शैली से मिलती-जुलती नाट्य कथाएँ हमारे लोक मन-रंजन का प्रबल साधन रही हैं और अब भी उनकी शक्ति घटती नहीं मालूम पड़ती।

नौटंकी की प्रदर्शन कला की शक्ति पहचान कर यदि उसे नई संगीत गायन शैली में ढाला जाए तो भद्र-वर्ग के लिए भी संगीत-नाटकों की एक अत्यंत स्वस्थ एवं रोचक परंपरा स्थापित की जा सकती है।

आकाशवाणी, लखनऊ से प्रसारित वार्ता : 1962

# लोकनाट्य के पुरोधा कक्कूजी से एक मुलाकात*

उत्तर भारत में प्रचलित लोकनाट्यों की जब भी बात चलती है, लखनऊ का नाम नौटंकी के साथ जोड़ दिया जाता है। यह सही है कि लखनऊ की नौटंकी की अपनी एक विशिष्ट परंपरा रही है। कितने ही कलाकार नौटंकी को लखनऊ ने दिए। पर सिर्फ नौटंकी ही नहीं, लखनऊ में नौटंकी के विकसित होने से पूर्व चार सशक्त लोकनाट्य विधाएँ *'धोबिया राग', 'भर्तृहरि, 'दिलदार नगीना' और 'इंदरसभा'* प्रचलित थीं जिनका जिक्र कहीं और किसी शहर के साथ जुड़ा हुआ नहीं मिलता। इस कारण उन्हें बिना हिचकिचाहट लखनऊ के मौलिक लोकनाट्य रूप कहा जा सकता है। 'इंदरसभा' के विषय में तो हमें पूर्ण जानकारी मिल जाती है, लेकिन बाकी तीनों विधाएँ करीब-करीब लुप्त हो चुकी हैं। पुराने लोगों से सिर्फ इनके नाम का जिक्र भर सुनने को मिलता है।

लुप्तप्राय लोकनाट्य के उन्नयनकर्ता के रूप में श्री अमृतलाल नागर का योगदान अविस्मरणीय है। आज लगभग 70 वर्ष की अवस्था में भी इन विधाओं के विषय में जानकारी के संकलन कार्य में वे समर्पित भाव से लगे हैं। इसी सिलसिले में एक दिन लोकनाट्य के वयोवृद्ध कलाकार पं. मुनींद्रनाथ गोस्वामी उर्फ कक्कूजी से मुलाकात करने का निर्णय लिया गया। चूँकि पं. कक्कूजी नागरजी से लगभग 15 वर्ष बड़े हैं, अतः नागरजी ने स्वयं कक्कूजी के घर जाकर उनसे मिलने का निश्चय किया और एक रोज़ दोपहर के वक्त कक्कूजी के घर पहुँचे तथा लगभग दो घंटे तक बातचीत की। इन दोनों विभूतियों के मध्य हुई बातचीत का विवरण यहाँ प्रस्तुत है :

नागरजी : **'भरथरी'** आपने किस उम्र में देखी थी और कौन-कौन सी मंडलियाँ यहाँ थीं?

कक्कूजी : उस वक्त हमारी उम्र कोई दस बरस की रही होगी। हमने डहले कुएँ पर 'भरथरी' देखी थी। वैसे दो मंडलियाँ थीं यहाँ—एक घसीटे

---

* लुप्तप्राय लोकनाट्य रूपों के संबंध में लोकनाट्य के वयोवृद्ध कलाकार पं. मुनींद्रनाथ गोस्वामी उर्फ कक्कूजी तथा अमृतलाल नागरजी के बीच 1985 में हुई बातचीत का राकेश कुमार 'मंजुल' द्वारा प्रस्तुत विवरण।

की, एक जगन्नाथ की। कभी दोनों एक साथ भरथरी खेलते थे, कभी अलग-अलग हो जाते थे। जगन्नाथ खुद राजा भर्तृहरि का पार्ट किया करते थे। एक अहमद हुसैन नाम का लड़का था। वो नौटंकी में भी नाचता था, रानी का पार्ट करता था। कोई एक गुरु गोरखनाथ का पार्ट करते थे। उस वक्त इतना ज्ञान हमें भी नहीं था।

नागरजी : भरथरी में कथा कौन-सी होती थी और उसका ढंग क्या था?

कक्कूजी : कथा राजा भर्तृहरि की होती थी। वह अपना खेल शुरू करने से पहले गणेश वंदना करते थे। ज्यादातर उनका उच्चारण अशुद्ध होता था। वह गाते थे :

*सदा भवानी दाहिने सिद्ध करे गन्नेस*
*पाँच देव रिच्छा करे बिरमा बिस्नु महेस*
*बिरमा बिस्नु महेस अरे ता थेई थेई...*

और फिर नाचने लगते थे। एक मोरछल हाथ में लिए रहते थे, जिसको इधर-उधर नचाते रहते थे। जगन्नाथ घुँघरू बहुत ऊँचे बाँधते थे। वो मोरछल लेकर गाते थे :

*पीर मुरशद ने दिया पीर मुरशद ने दिया*
*पीर मुरशद ने दिया ये मेरा काला कंबल*

बस, भरथरी की इतनी ही लाइनें मुझे याद हैं, जो मैंने आपको सुनाईं। इसके आगे कहाँ तक याद रहेगा। करीब सत्तर साल से ऊपर की बात हो गई।

नागरजी : जगन्नाथ और घसीटे ये दोनों भरथरी के कलाकार रहते कहाँ थे?

कक्कूजी : चोपड़ी टोले में जो छोटा सा हनुमान मंदिर है, वहीं आगे चलकर एक फाटक था, अब भी है, उसी के अंदर घसीटे सुनार रहा करते थे। तगड़ा बदन, चेचक मुँहदाग और खिचड़ी मूँछें। अब शायद ही उनके घर का कोई बचा हो। जगन्नाथ के घर के बारे में मुझे नहीं मालूम।

नागरजी : उस समय लखनऊ में सिर्फ भरथरी होती थी, या नौटंकी भी होती थी?

कक्कूजी : नौटंकी भी होती थी--उस वक्त यहाँ पर उमराव और पिम्मन की सिर्फ दो नौटंकी मंडलियाँ थीं। आराफरीद के मकान के नीचे, जहाँ उनका प्रेस था, हमने पहले पहल नौटंकी देखी थी। अहियागंज में और कालीजी की बाजार में यह सब होता था। हाँ, दर्जी की बगिया में उस वक्त यहाँ एक और खेल होता था--**'दिलदार नगीना'**।

सआदत के अखाड़े के ऊपर वह लोग रहते थे, जो दिलदार नगीना खेलते थे। पहले पहल हमने उनका खेल शाहमीना में देखा था।

नागरजी : दिलदार नगीना में कौन-सा ढंग था? भरथरी का? या नौटंकी का?

कक्कूजी : वह दोनों से अलग थी। अपने खेल का नाम उन्होंने दिलदार नगीना ही रखा था। उनकी तर्जें भी अलग थीं—जैसे **'ज़हरे-इश्क'** गाया जाता था। वह केवल मसनवी में सुनाया जाता था। मोहना रानी का ख्याल केवल ख्याल की ही तरह से गाया जाता था :

*अजब हुस्न से भरी*
*परी थी इक मोहना रानी*
*देखा ख्वाब आशिक ने*
*शक्ल सूरत सब लासानी*

नागरजी : भरथरी और दिलदार नगीना में साज कौन-कौन से बजते थे?

कक्कूजी : भरथरी में तबला, सारंगी, चिकारा और मंजीरा। कभी दो चिकारे बजते थे, कभी एक। वैसे चिकारे ज्यादा बजते थे। नाईबाड़े में एक बिहारी उस्ताद रहते थे। उनका भतीजा तबला बजाता था। एक बैजू नाई था, वह मंजीरा बजाता था। दिलदार नगीना में गज़लें, शेर और दादरे ज्यादा चलते थे। मैंने सआदत के अखाड़े में जब दिलदार नगीना देखा था, तब उन्होंने उसमें तबला, चिकारा, सारंगी और मंजीरे का इस्तेमाल किया था। बाद में जब उन्होंने शाहमीना में अपना खेल दिखाया, तब पहली बार उन्होंने उसमें नक्कारे का प्रयोग किया था।

नागरजी : दिलदार नगीना में साज कौन लोग बजाते थे?

कक्कूजी : नाईबाड़े में एक बिहारी उस्ताद रहा करते थे। वह तबला बजाते थे। वहीं एक नाई ज्वाला रहता था। वह चिकारा बजाता था—पट्ठे सबके थे। बिहारी उस्ताद प्यारेलाल कथावाचक की कथा में तबला बजाते थे। मैं भी उन्हीं के साथ तबला बजाता था।

नागरजी : नौटंकी, भरथरी, और दिलदार नगीना के अलावा और कौन-कौन से खेल यहाँ होते थे?

कक्कूजी : **'इंदरसभा'** होती थी। इंदरसभा में भी दो रूप प्रचलित थे : **'इंदर सभा मदारीलाल'** और **'इंदर सभा अमानत'**। इंदर सभा अमानत में लड़कियाँ भी काम करती थीं। वही मेलों में भी होती थीं।

नागरजी : **'भगत'** भी होती थी?

कक्कूजी : भगत का यहाँ कोई प्रश्न ही नहीं उठता था। हाँ, **'स्वाँग'** जरूर होता था। यहाँ भगत कोई समझता ही नहीं था। पश्चिम की तरफ

भगत अधिक होती थी। वहाँ हर स्वाँग को लोग भगत कहते हैं।

नागरजी : पहले लखनऊ में **'धोबिया राग'** भी होता था। कौन लोग करते थे उसे?

कक्कूजी : हमने कभी देखा नहीं, वैसे होता ज़रूर था। 'सियो राम सियो राम' ऐसा कुछ था उसमें। शिवसहाय की कंपनी थी जो धोबिया राग करती थी, बाद में सरकार ने उसके ऊपर पाबंदी लगा दी थी। शिवसहाय के यहाँ नक्कारा, हारमोनियम और ढोलक बजती थी। उसमें कादर भाट थे। वो उसमें हारमोनियम बजाते थे। अनंतू शहनाई वाले के साहबजादे शमशाद नक्कारची थे, वो नक्कारा बजाते थे। बब्बन स्टेजवाले (बब्बन मियाँ) पहले शिवसहाय के यहाँ काम करते थे। दरअसल एक भागूलाल हलवाई थे, जो पिंगल जानते थे। वे हमारे पिताजी के पास राग-रागिनियों की तस्वीरें बनवाने आते थे। फिर शिवसहाय और बब्बन दोनों अलग-अलग हो गए। शिवसहाय के यहाँ पहले नक्कारा बजता था। उन्होंने पहला खेल **'इमरत फल'** खेला था। वह भी भरथरी की तरह था। उसके बाद उन्होंने **'चार ताज'** खेलना शुरू किया।

नागरजी : आप नौटंकी में कैसे आए? पहले तो इसे गिरी नज़र से देखा जाता था और आप एक संभ्रांत प्रतिष्ठित परिवार से थे?

कक्कूजी : पहले मन्ना सोंधी के घर के पास मंदिर में नौटंकी होती थी। हम वहीं देखने जाते थे। इस वजह से हमें दिल्ली भेज दिया गया। हमने वहीं अपनी पढ़ाई शुरू की। नौ बरस की उम्र में मुझे वापस लखनऊ बुला लिया गया। यहाँ हमारा यज्ञोपवीत हुआ। गिपालपुर, जो अब पाकिस्तान में है, वहाँ हमारे यहाँ चोटियाँ उतरती थीं। जनेऊ के बाद मुझे मेरे चाचा के यहाँ अकबरपुर भेज दिया गया। अकबरपुर में उनका स्कूल था, नाच-गाने की सोहबतें छुड़ाने के लिए ही ऐसा सब कुछ किया गया। हमें यह मालूम नहीं था कि लखनऊ में भी नौटंकी वाले रहते हैं। हम तो यह समझते थे कि मंदिरों में साँझियों के समय ये लोग आते हैं और चले जाते हैं। जब यहाँ लौटकर आए तो हमें फिर वही सोहबत मिल गयी। हम पिम्मन के यहाँ राजा बाजार जाने लगे। तेरह-चौदह बरस की उम्र में हमारी शादी कर दी गई। फिर हमको बर्दवान भेज दिया गया। पश्चिम बंगाल के पास एक रियासत थी बर्दवान। यह खत्रियों की रियासत थी। हमारे ससुर वहाँ रंगमहल में चंडिका के मंदिर में पुरोहित थे पाँच रुपये महीने पर। हजार रुपये की आमदनी थी उनकी। हमको दामाद

के नाते पंद्रह रुपये का वसीका मिलता था। फिर हमें छोटे राजकुमार के लिए बाडीगार्ड नियुक्त कर दिया गया। वो उस वक्त विलायत जा रहे थे और उस वक्त विलायत जाना भी अच्छा नहीं माना जाता था। बस, हमें नौकरी छोड़ देनी पड़ी। वहीं मैंने बंगला पढ़ी और वहीं विधिवत मैंने लय-सुर का ज्ञान प्राप्त किया। बर्दवान के महंत थे इंद्रदत्त डोगरा। वह मेरे प्रथम गुरु थे। बर्दवान दरबार में बड़े प्रसिद्ध जात्रा दल आते थे। मैंने जब जात्रा देखी तो मैं उससे बहुत प्रभावित हुआ। ढाका से मोतीराम धर्मदास का दल आता था। वह उस समय का सबसे अच्छा दल था। आठ-आठ घंटे उनके तमाशे होते थे खुले मंच पर। चारों ओर जनता देखती थी। उनके यहाँ भी औरतें नहीं थीं। कई खेल दिखाते थे। वे लोग **'कृष्ण-द्वारिकापुरी गमन'**, **'महिषासुर-वध'** खेलते थे। **'महिषासुर-वध'** में वे इतनी सफाई से खुले मंच पर गर्दन उड़ाते थे कि बस देखते ही बनता था। वह थियेटर से प्रभावित थे, उनका अभिनय और पोशाकें, मेकअप सब बहुत उच्चकोटि का होता था।

नागरजी : क्या जात्रा से आपको प्रेरणा मिली?

कक्कूजी : हाँ जात्रा से हमें बहुत प्रेरणा मिली। हमने यहाँ लखनऊ आकर पिम्मन के यहाँ उसी तरह से काम करना शुरू किया। जो मुसलमान थे, उनके हिंदी के उच्चारण सही नहीं थे। पहले उन्हें सही किया, फिर मेकअप और पोशाकों की ओर ध्यान दिया। श्रीकिशन (श्रीकृष्ण पहलवान) इतनी बड़ी कंपनी चलाते थे, मगर उनको पाउडर लगाना भी नहीं आता था। मुर्दा शंख लगाते थे। एक बार इलाहाबाद के कुम्भ मेले में इनकी कंपनी गई हुई थी। वहाँ इनके छोटे भाई श्रीराम मुझे मिल गए। पुरोहितजी कहकर बुलाते थे। वो हमसे कहने लगे कि भाई मेकअप वगैरह तो कर दो। उस वक्त हमारे पास सामान नहीं था। दूसरे दिन जाकर हमने मेकअप किया। आज आप जो पोशाकें, मेकअप नौटंकी में देख रहे हैं, यह सब हमारी ही देन है, जो पहले लखनऊ, फिर कानपुर और फिर चारों ओर पहुँची।

नागरजी : आपके समय में तो नौटंकी खुले मंच पर ही होती थी। यह पारसी रंगमंच की तरह एक तरफ खुला स्टेज इसमें कैसे आया?

कक्कूजी : शुरू में स्टेज चारों ओर से खुला रहता था। चारों ओर पब्लिक बैठती थी। हंडे लगा दिए जाते थे। पारसी प्रभाव के कारण जब से टिकट लगा के खेल-तमाशे शुरू हुए, तब से पर्देवाला स्टेज आया।

नागरजी : पहले नौटंकी मंडलियाँ और भर्तृहरि मंडलियाँ खेल दिखाने के क्या

पैसे लेते थीं?

कक्कूजी : पहले भरथरी और 'सपेरे वाले' (**स्वाँग सपेरा** वाले) पैसे नहीं लेते थे। अपने यहाँ जोत जगाते थे। कोई डेढ़-डेढ़ रुपया और शराब लेते थे अपने साजिंदों के लिए, और नौटंकी करीब बीस रुपये में निपट जाती थी।

नागरजी : टिकट लगाकर नौटंकी सबसे पहले किसने शुरू की और कहाँ से शुरू हुई?

कक्कूजी : इटावे में एक उल्फत मियाँ थे। जात के मनिहार थे। आगरे में अपनी कंपनी बनाकर रहते थे। उन्होंने सबसे पहले टिकट लगाकर नौटंकी करना शुरू किया था। अब तो शायद उन्हें कोई जानता भी नहीं, वरना वो नौटंकी के बड़े अच्छे कलाकार थे। बाथम और मुरलीधर के अखाड़े के लोग, छिद्दन, टुनमुन, ये लोग पहले उन्हीं के यहाँ काम करते थे। उल्फत के मर जाने के बाद उनके बहुत से आदमी श्रीकिशन के यहाँ चले गए थे। श्रीकिशन जो पहले कंपनी बनाकर लखनऊ लाए थे, उसमें उल्फत के अधिकतर लोग थे।

नागरजी : श्रीकृष्ण पहलवान ने अपनी कंपनी किस सन् में बनाई थी?

कक्कूजी : यह तो मुझे नहीं मालूम। हाँ, चौक में भैंसेवाली गली में सबसे पहले विश्वंभरनाथ की कोठी में इनकी कंपनी आई थी। पहली लड़ाई (प्रथम विश्वमहायुद्ध—संपा.) के आसपास इन्होंने खेल खेला था। उस वक्त हमारी उम्र कोई सत्रह-अट्ठारह बरस की रही होगी। किसी बारात में इनकी कंपनी आई थी। आंदोलन के समय इनकी कंपनी इनके भाई कराची में चलाते थे। श्रीकिशन के ऊपर कानून लागू था। ये छिपे-छिपे घूमते थे। श्रीकिशन पहलवान की कानपुर में रंजीत पुरवा में रेडीमेड कपड़ों की दूकान थी। ये जात के खत्री थे। मेले-ठेलों में कपड़े बेचते थे। दूकान के ऊपर नौटंकी कंपनी के तमाम कलाकार रहते थे। पं. लक्ष्मी नारायण खलीफ़ा इनके दोस्तों में थे। वो ख्याल बहुत अच्छा गाते थे। उन्होंने इनकी बहुत मदद की। सनेहीजी से भी इन्होंने पहले कुछ लिखवाया है। कोई चंचल भी थे। उनके नाम की भी किताब मिलती है। कानपुर के शायरों में डेगबाजार में नंबरदार के यहाँ एक मिश्रीलाल थे। उनकी शायरी बहुत शुद्ध थी। **वीर अभिमन्यु** और दो-एक नौटंकी उन्होंने भी लिखी है। वैसे भी नौटंकी की शायरी तुकबंदी है। कहीं संस्कृत है तो कहीं फारसी। किसी तरह शब्दों को मिलाकर उनकी तुकबंदी की जाती है।

नागरजी : लखनऊ में सबसे पहले नौटंकी किसने बनाई थी?

कक्कूजी : उमराव और पिम्मन की नौटंकी मंडलियाँ यहाँ सबसे पुरानी थीं। मुरलीधर की कंपनी जब लखनऊ आयी थी तो उसी को देखकर इन लोगों ने अपनी मंडली बनाई थी। करीब सत्तर साल हो गए इस बात को। आज जहाँ भोलानाथ धर्मशाला है, वहाँ पर पहले मछलीवाली बारादरी थी। उसी के पास उमराव गंगाराम की नौटंकी कंपनी थी। उमराव, गंगाराम के बाप का नाम था। आगरे की बहुत मशहूर मिठाई की दूकान थी उनकी। उन्होंने दो-एक आदमी इधर-उधर से रोक लिए। दो-एक तनख्वाह पर बाहर से ले आए और अपनी नौटंकी कंपनी बना ली। इन्हीं की देखादेखी पिम्मन ने भी अपनी नौटंकी मंडली बनाई थी। जब मुरलीधर की नौटंकी कंपनी लखनऊ आई थी, तब पिम्मन ने कुछ कलाकार रोक लिए थे। दरअसल मुरलीधर, पं. बाथम के चेले थे और बहुत बड़े शराबी थे, इसलिए उनकी कंपनी टूट गई। मुरलीधर के दो चेले और थे—मुरली और भोला। दोनों भाट थे। उन्होंने भी अपनी कंपनी बनाई थी। पिम्मन के यहाँ जो कलाकार रुके थे उनमें दो शोहदे थे—एक फिक्कू और एक घिस्सू। दोनों हुसैनाबाद के थे। घिस्सू जाति का कबड़िया था। अनवर नाम का एक लड़का था, जो गाता बहुत अच्छा था। गंगाराम की नौटंकी में सिकंदर नाम का एक लड़का रुक गया था। इंदरचंद सेन उसको रखे हुए थे। उसका खर्चा उठाते थे। गंगाराम की नौटंकी में सेठ इंदरचंद ने बहुत सहयोग दिया था। भगत नाम की एक और शख्सियत थी। बाद में वो लखीमपुर में डमरूवाले बाबा ने नाम से मशहूर हो गए थे, शायद अब भी हों। वो खुद रंगा का पार्ट करते थे और सबको याद कराते थे। ऐसे ही कितने कलाकार मुरलीधर की कंपनी से रुक गए थे, जिन्हें लेकर उमराव और पिम्मन ने अपनी कंपनियाँ बनाई थीं।

नागरजी : आपने अपनी कंपनी किस सन् में खोली थी?

कक्कूजी : पहले हम पिम्मन के यहाँ काम करते थे, फिर श्रीकिशन ने जब तीसरी कंपनी खोली तो वह हमारे मैनेजमेंट में चलने लगी। एक तरह से नौकरी कर ली थी हमने उनके यहाँ। लेकिन हम सिर्फ दो महीने श्रीकिशन के यहाँ रह पाए। हरदा साइड में बंबई की तरफ एक सेठ अपनी कंपनी बनाते थे। एक बार हम अपनी कंपनी कराची ले गए थे। वहाँ कुछ लोगों ने हमें देखा और हमारी सिफारिश सेठ से की। उन्होंने हमें अपने यहाँ बुला लिया। इसलिए हम श्रीकिशन के साथ ज्यादा दिन काम नहीं कर सके। पहले उन सेठ के यहाँ

सब मथुरा के रासधारी ही थे, जब उन्होंने हमें बुला लिया तो हम कानपुरी पारसी ढंग से काम करने लगे। फिर हम उनके यहाँ छः बरस मुतवातिर रहे। फिर जब यहाँ लौटकर आए तो जोड़-बटोरकर हमने अपनी कंपनी बना ली। यह सन् 30 के अंदर की बात है। शुरू में किसी को नौकर नहीं रखा गया, नाइट के हिसाब से कलाकार ले जाते थे और कपड़े किराए पर ले लेते थे।

नागरजी : पहले नौटंकी में स्त्री-भूमिका भी पुरुष किया करते थे। औरतें नौटंकी में कब से आना शुरू हुईं?

कक्कूजी : तारीख सहित तो बता पाना मुश्किल है। हाँ, एक बार बब्बन की कंपनी गोंडे (गोंडा) गई हुई थी। उस कंपनी में पिम्मन के यहाँ जो अनवर लड़का गाता था वह भी गया हुआ था। तवायफ का लड़का था इसलिए गाता बहुत अच्छा था। वहाँ गोंडे में एक अनवरी तवायफ थी, उससे अनवर का ताल्लुक हो गया। वह अनवरी को बब्बन के यहाँ ले आया। सबसे पहले लखनऊ में अनवरी ने काम किया है। उसके बाद एक यहाँ मुतहरी गली कहलाती थी। उसमें एक दुलारी कहारिन रहती थी। छोटी-सी लड़की थी। वह हमारे यहाँ आती थी। दो पैसे रोज हम उसको देते थे। वह गाना सीखती थी। फिर हमने उसको तैयार किया। उसके बाद उसको पाँच रु., दस रु., फिर पचास रु. रोज तक मिलने लगे। काफी दिन तक उसने हमारे साथ काम किया। हमारी नौटंकी **'बलिया-बलिदान'**, जिसके रिकार्ड बने हुए हैं, उसने उसमें भी काम किया है। बहुत अच्छा गाती थी। फिर जब बिहार में कंपनियाँ बनने लगीं तो वह उसमें नौकरी करने चली गई।

नागरजी : आपकी कौन-कौन-सी नौटंकियाँ रिकार्ड की गई हैं?

कक्कूजी : **'बलिया बलिदान'**, **'ऊदल का ब्याह'**, **'सुल्ताना डाकू'**, **'वीर अभिमन्यु'**, **'लैला-मजनूं'**, **'हीरा-रांझा'**। इसमें हमारा लिखा हुआ **'बलिया बलिदान'** और **'लैला-मजनूं'** है। ये सब एच. एम. वी. में हैं।

नागरजी : शुरू में नौटंकी में हारमोनियम का चलन नहीं था—केवल सारंगी, चिकारा, नक्कारा और ढोलक बजती थी। हारमोनियम का चलन कब से आया?

कक्कूजी : नौटंकी में हारमोनियम काफी बाद में आया। हमने अपनी ही मंडली में बहुत बाद में हारमोनियम का इस्तेमाल शुरू किया था। पहले हाथ का हारमोनियम बजता था। श्रीकिशन के यहाँ एक रामसेवक अवस्थी थे मिर्जापुर के रहनेवाले, वो पैर का हारमोनियम बजाते थे।

नागरजी : जब से आप नौटंकी के क्षेत्र में आए, कौन-कौन से नक्कारची सबसे अच्छे हुए हैं?

कक्कूजी : उस वक्त कादर, अहमद और जाफर—ये तीन बहुत मशहूर नक्कारची हुए हैं। ये तीनों भाई थे। इन सबसे अच्छे नक्कारची फुन्नन मियाँ थे, लेकिन वह नौटंकी में नहीं बजाते थे। वह बिंदादीन महराज और मुस्तफा हुसैन के साथ तबला बजाते थे, पर नक्कारची बहुत बड़े थे, फिर अचानक गायब हो गए। ये सारे लखनऊ के नक्कारची उन्हीं के शिष्य हैं। त्रिमोहन भी अच्छे नक्कारची थे। पहले कानपुर की सड़कों पर **भानमती का खेल** दिखाते थे, बाद में कानपुर से पिम्मन के यहाँ दो रुपये रोज पर नक्कारा बजाने आने लगे। उनके साथ एक लड़का रामचरन आता था। वह भी नक्कारा बजाता था। हाथरस के बड़े महम्मद, छोटे महम्मद, ये दो बड़े मशहूर नक्कारची हुए हैं। शुरुआत इन्हीं से हुई थी।

नागरजी : कहा जाता है कि एक बत्तीस चोप का नक्कारा हुआ करता था—क्या यह सच है?

कक्कूजी : ऐसा कुछ नहीं था। यह सब कोरी अफवाह है।

नागरजी : आगरे और हाथरस में नौटंकीवालों के संगठन हुआ करते थे। वो खलीफ़ा चुनते थे, उस्ताद चुनते थे। लखनऊ में ऐसी परंपरा थी?

कक्कूजी : नहीं, इधर वाले तो बस नौटंकी मंडली बना लेते थे। वह (आगरे और हाथरस में) भगत कहलाती थी। भगत में बड़े कायदे और नियम से हर काम होता था। पहले मुहूर्त देखकर पूजन किया जाता था, फिर मुहूर्त देखकर किताब लिखी जाती थी और हर अखाड़े के खलीफ़ा और गुरु बाकायदे बुलाए जाते थे। उनके यहाँ जोत जगती थी। लखनऊ में कुछ दिन पिम्मन के यहाँ और उमराव के यहाँ जोत जगी है। यहाँ शागिर्द किसने कितने किए, ये हमें नहीं मालूम। हमारे यहाँ जोत जगती थी। हमारे बहुत सारे शागिर्द हुए। हमने उन्हें सिखाया कि किस तरह जोत जगती है। पहले कानपुर में भी शृंगारघर में रात भर जोत जगती थी। कहीं-कहीं जोत पर शराब भी चढ़ायी जाती थी और कपूर पर लौंग का जोड़ा चढ़ता था। सब कलाकार वहीं पर खड़े होकर पथवारी गाते थे। हर अखाड़े की अलग-अलग पथवारियाँ होती थीं, जैसे मुरलीधर के अखाड़े की पथवारी :

*अम्बा अहम् भजाम्*
*जगदम्बा अहम् भजाम्*
*कलहुत अम्बा अहम् भजाम्*

उसी में चौबोला भी गा देते थे। त्रिमोहन के अखाड़े में पथवारी अलग थी—

*जै पथवारी अम्बिका*
*जै शिवप्यारी अम्बिका*
*मात हमारी अम्बिका*

वृंदावन वालों की पथवारी अलग थी :

*तेरो पार न पायो री*
*पर्वत पर बसती ज्वाला रानी*
*दाइ ने सीस चढ़ाया*
*औरंगजेब हार भगाया री महारानी*

नागरजी : अक्सर यह प्रश्न उठाया जाता रहा है कि पहले की नौटंकी-गायकी में आज बहुत फर्क आ गया है। ऐसा क्यों है?

कक्कूजी : हाँ, बहुत कुछ ऐसा है। पहले यहाँ हाथरस की तर्ज़ें होती थीं। अब जब से कानपुर की नौटंकी शुरू हुई, उसमें गज़लों की पुरानी तर्ज़ें थीं—जैसे मस्तकदाग, मुखफ्फा, कौव्वाली, शेरखानी। बहरतबील नथाराम के **पूरनमल** में पहले-पहल आई थी। नथाराम के पुराने खेलों में बहरतबील, कहीं नहीं थी। मुरलीधर बाथम के भी खेलों में कहीं नहीं थी।

नागरजी : बाथम की नौटंकी में कौन-कौन-सी चीजें होती थीं।

कक्कूजी : झूलना, सोरठा, मारवाड़ी, टेक, टेर ऐसी तर्ज़ें थीं।

नागरजी : नथाराम की नौटंकी में भी यही थे?

कक्कूजी : झूलना और छंद नथाराम में भी थे। उन्होंने नौटंकीवालों की पुरानी तर्जों को नए नाम दे दिए थे—जैसे छंद, छप्पय, शिखरणी छंद। ही सब लौट-लौटकर फिर आ जाते हैं। अब लावनी को ही ले लीजिए। पहले लावनी चली थी अल्फ्रेड थियेटर में, जब बंबईवाली गौहर आयी थी :

*दुख हरो द्वारिकानाथ शरण मैं तेरी*

कुछ लोगों ने उसमें उतार-चढ़ाव भी दिए

*दुख हरो द्वारिकानाथ शरण मैं तेरीऽऽऽ*

अब तीन-चार किस्म की लावनी हो गई हैं। ख्यालबाजों की लावनी अलग हो गई है, नौटंकीबाजों की लावनी अलग हो गई; जैसे नथाराम के खेल में ख्यालबाजों की लावनी :

*घट भरा हुआ जल के भीतर ले जाओ*
*मत रोओ चंद्रमुखी तुम, नैन बहाओ*

नागरजी : यहाँ पर भरथरी और नौटंकी के सीजन होते थे। उस वक्त वे कहाँ-कहाँ होती थीं?

कक्कूजी : साँझियों में नौटंकी सआदतगंज में पाँच-छः जगह होती थी। इन्हीं दिनों मन्ना सोंधी के यहाँ होती थी और पंद्रह दिन तक चलती थी। फिर कुंदनलाल ठेकेदार के यहाँ पर होने लगी, कुंडरी रकाबगंज में होने लगी। उसके बाद साँझी नहीं होती थी, खाली नौटंकी पंद्रह दिन तक कर लेते थे। साँझी के मायने ही कुछ दूसरे होते थे। साँझी बालू की बनती थी। बालू बहुत भुसभुसी चीज है। उसको बनाना बहुत मुश्किल काम था। पहले उसका प्लेटफार्म बनाया जाता था। उसके ऊपर साँचे बनते थे। पहले मैदे की, फिर सिंजरात की घुटाई होती थी। कालीजी की बाजार में एक टीला है, जहाँ भैंसें बँधती थीं, वहाँ मुंदर और लक्ष्मण मैमारी करते थे। ये साँझी बहुत अच्छी बनाते थे। सआदतगंज में मथुरा की नकल की जाती थी, राँगे की साँझी बनती थी। हमारे पिता भी साँझी बनाते थे पानी के ऊपर, अभ्रक के ऊपर बंगाल प्रेस की तस्वीरें सामने लगाकर हूबहू उनकी नकल उतार दी जाती थी। कुछ लोग चुटकी से साँझी बनाते थे।

नागरजी : उत्तर भारत का एक सशक्त लोकनाट्य होते हुए भी क्या कारण है कि नौटंकी एक सुदृढ़ परंपरा के रूप में विकसित नहीं हो सकी?

कक्कूजी : कुछ तो समाज के कारण। लोग इसे बुरी नजर से देखते थे, लेकिन फिर भी देखने ज़रूर आते थे। मनोरंजन जो था। सबसे बड़ा कारण नौटंकीवाले खुद ही रहे हैं। इसमें जितने कलाकार हुए हैं, दाढ़ी, मिरासिये सबके सब अपढ़ ही हुए हैं। उनके मालिक चाहे वो कानपुर के हों या लखनऊ के, ज्यादातर अपढ़ ही रहे हैं। इसलिए उनको सिखानेवाले भी ज्यादातर अपढ़ ही थे। अब जो अच्छा कलाकार हो गया, पब्लिक में तारीफ हो गई, वही उस्ताद हो गया। फितरती आदमी हुआ तो डायरेक्टर बना दिया गया।

नागरजी : प्रारंभिक दशकों में जब समाज का एक वर्ग नौटंकी को बुरी नज़र से देखता था और सरकार भी इसके खिलाफ ही थी, नौटंकी करने वालों को तो काफी परेशानी उठानी पड़ती होगी?

कक्कूजी : हाँ, अक्सर ऐसे हादसे हो ही जाते थे। गयाजी में हर साल दशहरे पर बहुत-सी कंपनियाँ जाती थीं। एक बार काँग्रेसवालों ने कहा कि नौटंकी में अश्लीलता होती है, अभद्रता होती है। इस पर इतना ज्यादा पैसा खर्च किया जाता है, इसे बंद कर देना चाहिए। उस समय वहाँ पर गुलाब जान, श्रीकिशन, नंबरदार और हमारी कंपनी

थी। हमने सबकी मीटिंग बुलाई। जिनके यहाँ हम लोग खेलने गए थे, पुरुषोत्तम एडवोकेट, वो बहुत पहुँचवाले आदमी थे, लेकिन मीटिंग में कोई नौटंकीवाला आया ही नहीं। हमने वकील साहब से कहा कि आज हम एक नया तमाशा खेलेंगे, आप सभी कांग्रेसवालों को बुलवाइए। वहाँ हमने **'बलिया बलिदान'** खेला। सब साजिंदों समेत कलाकार खद्दर के कपड़े पहने हुए थे। फिर शुरू में हमने भारतमाता की प्रार्थना की। यकीन जानिए, कांग्रेस वाले, जो नौटंकी बंद करते थे, हमको सर्टिफिकेट दे गए कि नौटंकी ऐसी हो तो कोई जरूरत नहीं इसे बंद करने की।

नागरजी : आज नौटंकी को समर्पित अपने जीवन के इस मोड़ पर आकर आप कैसा महसूस करते हैं?

कक्कूजी : बस आप लोगों की कृपा से हमारा भ्रम बहुत बना हुआ है, वरना हम हैं कुछ नहीं। जो कुछ हैं वो सभी के सामने हैं। इस लंबी ज़िंदगी में बहुत कुछ देखा। दरबार में रहे, उसके तौर-तरीके, तहजीब, सभी कुछ सीखी, लेकिन आज अगर हम कुछ बोलते हैं तो नाटक वाले कहते हैं—'अमाँ ये नौटंकीवाले क्या जानें नाटक, क्या जानें दरबार?'

छायानट, अंक 34, वर्ष 1985

# नौटंकी के नए तेवर : आला अफ़सर

बचपन में जिन चीजों को देखने की मनाही थी और जिन्हें देखने के लिए कभी बहाने बनाकर चोरी से जाता था, उन्हीं पात्रों को आज सांस्कृतिक और लोक-परंपरा का सशक्त अंग माना जाता है। समय का स्वर इतना बदल गया है कि कभी-कभी तो पहचाना ही नहीं जाता। पचास वर्ष पहले मैंने एक बार **इंदरसभा** और एक बार **स्वाँग सपेड़ा** जिसे उन दिनों **नागर सभा** कहा जाता था, बाजाब्ता घर में बड़ों की जानकारी में देखा, लेकिन नौटंकी दो बार चोरी से देखी थी। मुझे नौटंकी के मामले में सन् 28-29 तक के कड़े प्रतिबंधों की याद है। लखनऊ में चैत और कुँवार के महीनों में प्रायः नौटंकी के प्रदर्शन हुआ करते थे। इन नौटंकियों में अक्सर बड़े कामुक लटके भी सम्मिलित कर लिए जाते थे और इसीलिए भले घर के लड़कों को नौटंकी देखने की मनाही थी।

जहाँ तक मेरा खयाल है सन् उनतीस या तीस में कानपुर में स्व. श्रीकृष्ण पहलवान की राष्ट्रीय नौटंकियों की बड़ी धूम मची थी। 'राष्ट्रीय' शब्द की भद्रता ने नौटंकी शब्द से जुड़ी अभद्रता पर मखमली चादर ओढ़ा कर मेरे मन को विद्रोही बना दिया। घर में किसी मित्र के यहाँ रात भर पढ़ाई करने का बहाना कर मैंने एक मित्र के साथ पहली बार सआदतगंज मुहल्ले में नौटंकी देखी थी। **आल्हा ऊदल** के किसी प्रसंग को लेकर वह नौटंकी खेली जा रही थी, बीच में तख़्तोंवाला रंगमंच और चारों ओर दर्शक, अभिनेता भीड़ में ही राह बनाकर मंच पर आते थे। मुझे कई अभिनेताओं के अभिनय ने प्रभावित किया था। नौटंकी के गाने का ढंग भी मुझे **इंदरसभा** से अच्छा और **नागर सभा** से काफी मिलता-जुलता लगा था। अभिनेताओं के अभिनय में भी अश्लीलता के दर्शन प्रायः बहुत कम मिले। तीस के बाद मुझे दो या तीन बार जब भी नौटंकियाँ देखने का अवसर मिला, मैंने उन्हें अश्लीलतामंडित नहीं पाया। समय की पुकार ने रस और सौंदर्य चेतना के विकास में बहुत बड़ा हिस्सा लिया था। नौटंकियों में राष्ट्रीय आंदोलन के कथानक भी आने लगे थे। ऐसी राष्ट्रीय नौटंकी मैंने सन् 1931 तथा 32 के ज़माने में देखी थी।

सन् 31 में कोल्हापुर में पहली बार मैंने जब मराठी तमाशा देखा, तो मुझे लगा कि उसमें नौटंकी से कई गुना अधिक कामुक प्रतीक भरे प्रदर्शन होते हैं। उनका भोंडापन ही उनकी बाक्स ऑफिस की सफलता है।

सन् 1945 या 44 में जननाट्य संघ का प्रगतिशील आंदोलन फैला; बंबई में उन दिनों जननाट्य संघ का सिक्का जमा हुआ था। कई भाषा के प्रगतिशील तमाशे देखे। मराठी तमाशों को अपनी राष्ट्रीय नौटंकी की ही तरह नए ढब-ढाँचे में प्रगतिशील बनते देखा, तो मन उमग उठा। एक उत्प्रेरक तेलुगु यक्ष-गान भी देखा।

दूसरे प्रांतों के लोकनाट्यों का ऐसा कायाकल्प देखकर मेरा मन अपने यहाँ की नौटंकी और स्वाँग सपेड़े, इंदरसभा आदि को नए रूप में देखने के लिए मचलने लगा। फ़िल्मी दुनिया छोड़कर सन् 48 में मैं जब फिर अपने घर लखनऊ आ गया, तो अपने लेखन-कार्य से बचने वाले फालतू समय में लोकनाट्य विधाओं का अथक प्रचारक बन गया। आगरा में भगत नौटंकी की परंपरा अधिक सजीव थी। एक बार छः-सात महीने लगातार आगरा में रहते समय मैंने इन विधाओं के संबंध में कुछ जानकारी बटोरी थी। सन् 1957 में लखनऊ के रेजीडेंसी के मैदान में मेरे कानपुर के प्रतिभाशाली कलाकार अनुज श्री सिद्धेश्वर अवस्थी ने बाँसों के सहारे बड़ी सफेद चाँदनी तानकर और उस पर गदर के अनेक दृश्यों को अंकित करके उस पृष्ठभूमि के साथ एक छोटा-सा नौटंकी प्रदर्शन किया था। लोगों ने उसे देखा और सराहा भी, मगर मैंने जब अपने कतिपय कवि-मित्रों से नौटंकी विधा में कोई नया कथानक लिखने को कहा, तो प्रायः सभी हाँ-ना कर-कर के रह गए, कोई उस दिशा में आगे न बढ़ा। सुकवि सुरेंद्र तिवारी ने एक बार मेरे आग्रह पर एक नौटंकी, रेडियो के लिए लिखी थी।

इधर उदीयमान प्रतिभाशाली रंगशिल्पी बंसी कौल ने मुद्राराक्षस से **आला अफसर** नौटंकी लिखवायी, जिसे देखकर तबीयत खुश हो गयी। **आला अफसर** देखकर मुझे लगा कि गोगोल के **इंस्पेक्टर जनरल** नाटक का हिंदी रूपांतर शायद नौटंकी शैली में ही अत्यधिक सफल हो सकता था।

बंसी कौल की इस **आला अफसर** वाली टोली में सही अर्थों में गायक कलाकार एक-आध को छोड़कर शायद कोई नहीं था। नौटंकी का आरंभ परंपरागत ढंग से ही होता है—

*गाइए गणपति जगबंदन*
*जिनके कान न सुनते क्रंदन*
*हर सवाल का सदा एक हल*
*नारे घिसो लगाओ चंदन*
*घुटता देश गंधाता शासन,*
*बहुत हुआ अब जागो जनमन।*

इस नई गणेश वंदना से नौटंकी का श्रीगणेश ही आनंददायक लगा। मुद्राराक्षस

और हरिकृष्ण अरोड़ा चोखे और अनोखे के रूप में नाटक के कथानक के सूत्र इस तरह सँभालते हैं कि मानो भुस में आग लगाकर भी जमालो दूर खड़ी हो जाए। चोखे और अनोखे का संबंध नाटक से जल-कमलवत रहता है। जगह-जगह वे नाटक के आवश्यक अंग बन जाते हैं और इससे अलग भी रहते हैं। चोखे और अनोखे मुद्राराक्षस की इस नौटंकी के अनोखे पात्र हैं।

नौटंकी की कहानी गोगोल के रूसी नाटक के ढंग पर ही चलती है। एक पढ़ा-लिखा बेकार अपने नौकर के साथ किसी दूर-दराज के कस्बे में एक होटल में ठहरता है। पास में एक पैसा भी नहीं है, फकत रोब-ही-रोब है। एक दिन उस बेकार युवक (स्वदेश बंधु) का रोब भी खोटा सिक्का साबित होता है। होटलवाला उसे चाय तक देने से इनकार कर देता है, तभी बिल्ली के भागों छींका टूटता है, कस्बे के सरकारी हल्कों में यह अफवाह फैल जाती है कि राजधानी में कोई आला अफसर आया है और छिप कर वहाँ के प्रधान और बड़े-छोटे हाकिमों के अनाचारों और रिश्वतखोरियों की जाँच-पड़ताल कर रहा है। कस्बे के चेयरमैन, हाकिम, पुलिस अफसर और हेडमास्टरों आदि में आतंक फैल जाता है। सभी आला अफसर की खोज में दीवाने होकर डोलने लगते हैं।

अंत में, बेकार युवक के भाग्य से चेयरमैन साहब आला अफसर को ढूँढ़ते हुए अचानक होटल में उससे टकरा जाते हैं। वह बेकार युवक छद्मवेशी आला अफसर समझ लिया जाता है और फिर उसकी पूजा आरंभ होती है। बाद में जब वह युवक खूब खा-पी कर मालमत्ता लूट कर कस्बे से चला जाता है, तब पता चलता है कि जिसे सब लोग आला अफसर समझे थे, वह न जाने कौन था, असली आला अफसर तो अब आने वाला है।

नाटक कस्बे के चेयरमैन और अफसरों की निराशाभरी मुद्रा के साथ समाप्त होता है। आला अफसर के रूप में स्वदेश बंधु, कस्बे के अफसर के रूप में विजय वास्तवा, पुलिस अफसर के रूप में डॉ. अनिल रस्तोगी और चेयरमैन के रोल में प्रयागदीन वर्मा ने कमाल का अभिनय किया। चेयरमैन की बीवी और बेटी के रूप में क्रमशः सबा जैदी और शोभना अग्रवाल ने भी मोहक अदाकारी दिखलाई। **आला अफसर** मंडली में सर्वाधिक वयोवृद्ध कलाकार हरिकृष्ण अरोड़ा उर्फ दाढ़ीवाला हल्लो भैया का 53-54 वर्ष की आयु में ठुमुक-ठुमुक कर नाचना बेहद मजा देता है। चेयरमैन की बीवी, जो अपने आपको बूढ़ी मानने से इनकार करती है और उनकी जवान बेटी, जिसे अपनी माँ की नकली जवानी से अधिक अपनी उभरती जवानी को ऊँचा उठाने का चाव है, आला अफसर के आगे-पीछे ऐसे चोंचले दिखलाती है कि भद्रवर्गीय समाज के नकली मुखौटे उतर-उतर जाते हैं। बंसी कौल के प्रतिभाशाली निर्देशन में यह नाटक खूब निखरा है। मुझे विश्वास है कि बंसी कौल तथा मुद्राराक्षस के इस प्रयोग से प्रेरणा लेकर कुछ अन्य युवा निर्देशक व कवि नौटंकी विधा को आगे बढ़ाएँगे।

धर्मयुग, 14 मई, 1978

# स्वाँग सपेड़ा* : शिवचरणलाल 'प्रेम' से बातचीत

नागरजी : आपका जन्म कब हुआ?

प्रेमजी : 1901 (ईस्वी सन्) का जन्म है मेरा।

नागरजी : इसके माने ये हैं कि 78 की आयु है आपकी।

प्रेमजी : हाँ 78 की। हाँ संवत् वो 58 (विक्रम संवत् 1958) शायद या शायद 57 का होगा।

नागरजी : 56 का होगा।

प्रेमजी : नहीं 56 नहीं 57 ही।

नागरजी : तो 56-57 ऐसे ही होगा–

प्रेमजी : हाँ ऽऽ...

नागरजी : ये बताइए कि सबसे पहले आपने ये स्वाँग सपेड़ा कहाँ देखा–लखनऊ में या गाँव में?

प्रेमजी : नहीं, हम जब बिल्कुल छोटे ही थे तभी से हमारे नागर** (स्वाँग सपेड़ा खेलने वाले कलाकार) जो हैं खेलते थे।

नागरजी : गाँव में।

प्रेमजी : और इससे हम समझते हैं कि हमारे जन्म से पहले से भी खेलते थे।

नागरजी : बिल्कुल ठीक है। तो ये यहाँ, हमारे यहाँ अवध में कहाँ-कहाँ होता था? कुछ आपको अंदाज़ है?

---

* लुप्तप्राय लोकनाट्य स्वाँग सपेड़ा के संबंध में श्री अमृतलाल नागर की श्री शिवचरणलाल 'प्रेम' (श्री मुद्राराक्षस के पिता) से 23 सितंबर 1978 को उत्तर प्रदेश संगीत नाटक अकादमी के स्टूडियो में ध्वन्यांकित की गई बातचीत। बातचीत का प्रतिलेखन शब्दशः अविकल करने का प्रयास किया गया है जिससे नागरजी की साक्षात्कार करने की शैली का आभास हो सके।–संपादक

** स्वाँग सपेड़ा खेल के नायक (मुख्यपात्र) का नाम नागर है संभवतः इसी के आधार पर स्वाँग सपेड़ा खेलने वाले कलाकार नागर कहे जाने लगे तथा इस विधा का दूसरा नाम नागर सभा पड़ा।–संपादक

प्रेमजी : ये हम नहीं बता सकते।

नागरजी : अच्छा, आपके गाँव में होता था?

प्रेमजी : हमारे गाँव में होता था—अच्छा—क्योंकि हम छोटे थे—10-12 साल के—कहीं और हमने सपेड़ा सुना भी नहीं दूसरी जगह कि कहाँ होता है।

नागरजी : आपके गाँव का नाम?

प्रेमजी : बेहटा है—अनवारी बेहटा।

नागरजी : तो बेहटा में आपने सपेरे देखे।

प्रेमजी : सपेरे से मतलब स्वाँग सपेड़ा।

नागरजी : अच्छा, शिवचरणलालजी इसके दो नाम आते हैं। सांग-सपेड़ा और स्वाँग-सपेड़ा।

प्रेमजी : सांग नहीं—स्वाँग है—

नागरजी : यहाँ तो हमने भी लखनऊ में बराबर स्वाँग ही सुना, बचपन से लेकर आज तक स्वाँग ही सुना।

प्रेमजी : स्वाँग के माने हम तमाशा के समझते हैं—क्या स्वाँग बनाए हो!

नागरजी : जी हाँ! जी हाँ! लखनऊ में पहले भरथरी भी होती थी।

प्रेमजी : हाँ भरथरी भी होती थी! ऐसा सुना है—

नागरजी : और इंदरसभा भी होती थी—

प्रेमजी : इंदरसभा होती थी।

नागरजी : और ये स्वाँग सपेड़ा भी होता था।

प्रेमजी : लखनऊ में?

नागरजी : हाँ! ये डालीगंज में होता था।

प्रेमजी : अच्छा! हमने नहीं देखा—

नागरजी : हमने डालीगंज में देखा है! एक ही बार देखा था।

प्रेमजी : एक मिनट—किस्सा ये है कि फ़ादर की डैथ सन् उन्नीस में हुई उसके बाद फिर मुझे उसका (स्वाँग सपेड़ा का) उस्ताद बना दिया था। पगड़ी बाँधी गई...

नागरजी : समझ गया।

प्रेमजी : अच्छा उसके बाद हम उसे खलेने लगे—फिर कहीं देखने का...

नागरजी : (वाक्य पूरा करते हुए) मौका नहीं मिला। ठीक बात है! ठीक बात है!! तो क्या जिस तरह से नौटंकियों में—नौटंकी वालों की टोलियों में ये चौधराहट होती है, ख़लीफा होता है उनका—तो ये सपेड़ा वालों में भी होता था—

प्रेमजी : हाँ, हाँ उस्ताद होते थे, खलीफ़ा...

नागरजी : उस्ताद होते थे।

प्रेमजी : ...खलीफ़ा, अगर ज्यादा अच्छा काम करने वाला हुआ–

नागरजी : तो खलीफ़ा कह दिया, कोई पुराना हुआ–

प्रेमजी : हाँ, हाँ।

नागरजी : यानि उस्तादों के बाद जो अब हो गया तो अब खलीफ़ा कहलाने लगा।

प्रेमजी : हमारे फादर के वक़्त में जो था वो हँसनू खलीफ़ा करके!

नागरजी : हँसनू खलीफ़ा!

प्रेमजी : हाँ, वो दर्जी का काम करते थे।

नागरजी : अच्छा।

प्रेमजी : उनको खलीफ़ा कहा करते थे लेकिन उनको मैंने इसमें न तो कुछ गाते सुना, न कोई काम करते सुना अब पता नहीं वो–अब मेरे खयाल में खलीफ़ा यों बना दिए गए थे चूँकि उसकी पेशवाज़ें साज-सामान की वो सिलाई करते थे।

नागरजी : अच्छा।

प्रेमजी : शायद, इस गरज़ से सब खलीफ़ा-खलीफ़ा कहने लगे हों।

नागरजी : अच्छा।

प्रेमजी : वरना खलीफ़ा तो उस्ताद के बाद वो होता है कि जो कुछ काम भी करता है।

नागरजी : अच्छा, तो ये (स्वाँग सपेड़ा) क्या नाम है–साल में किसी खास मौसम या..?

प्रेमजी : हाँ, ये दो मर्तबे होता था, एक तो हमारे दरवाजे पर होली में खेला जाता था।

नागरजी : अच्छा।

प्रेमजी : हमारे दरवाजे पर होता था हालाँकि अब घटते-घटते खतम हुआ फिर भी अभी बहुत है।

नागरजी : हाँ।

प्रेमजी : तो वहाँ होता था और सिंगापुनिया एक करीब आधा मील से भी कम–दो फर्लांग पर (गाँव) है तो चैत की पूर्णमासी को वहाँ भी होता था।

नागरजी : वहाँ होता था–खेला जाता था।

प्रेमजी : हालाँकि अबकी मैं गया था इतना ख्याल रखता हूँ अब भी कि अब रामे रामे तो तमाशे खत्म हो गए हैं मगर फिर भी कुछ गाने बजाने वाले कुछ ठुमरी भजन वाले लोग आ ही जाते हैं।

नागरजी : अच्छा। मेला अब भी लगता है?

प्रेमजी : हाँ, अब भी लगता है।

नागरजी : अच्छा—एक, मैंने देखा तो नहीं, लेकिन बचपन में हम सुना करते थे कि बाराबंकी के इलाके में कोई गाँव है जहाँ कि चैत्र में ही सपेरे बहुत आते थे और नागों को खिलाया करते थे।

प्रेमजी : ऐसा नहीं!

नागरजी : (दोहराते हैं) ऐसा नहीं है। नागों की पूजा के साथ में ये सपेड़ा आपका नहीं चलता था—

प्रेमजी : अहाँऽऽ (नकारते हुए)—नागों की पूजा से इसका कोई संबंध नहीं।

नागरजी : (दोहराते हैं) कोई संबंध नहीं है। खाली वो तो एक कहानी है।

प्रेमजी : वो तो बंगाली की कहानी है, बस।

नागरजी : अच्छा, जो कि—जो कि सपेरा था।

प्रेमजी : सपेरा असल में शब्द ही है साँपवाला।

नागरजी : (दोहराते हैं) साँपवाला! अच्छा, अब एक कृपा करके हमें बतलाइए कि यहाँ आपने भरथरी भी सुनी होगी—नौटंकी—

प्रेमजी : हाँ, सुना है होती थी—मगर हम तो देख नहीं पाए—

नागरजी : मौका नहीं मिला?

प्रेमजी : क्योंकि जब तक बाप थे सन् उन्नीस (1919) तक तब तक हम छोटे ही थे।

नागरजी : समझ गया।

प्रेमजी : अकेले तो जा ही नहीं सकते थे—वो जाते नहीं थे और फिर उस्ताद होने के नाते—अच्छा अब उसके बाद फिर हमारे ऊपर इतना बोझ पड़ गया दो भाई, विद्या भिक्षु और इंद्र कुमार और तीन लड़कियाँ, और माँ—तो अब उसी परेशानियों में ही हम पड़े रहे फिर कहीं जाने-आने का देखने का वक्त कम मिला।

नागरजी : अच्छा जैसे कभी आपने किसी बहाने से, किसी प्रसंग में भरथरी की गायकी सुनी हो—ऐसा कुछ याद आता है?

प्रेमजी : (कुछ सोचते हुए...)

नागरजी : यानि जो आज जो नौटंकी है—

प्रेमजी : हाँ, वह नौटंकी की तर्ज़ तो नहीं थी—

नागरजी : (उछाह से) नहीं थी...

प्रेमजी : वह दोहा, चौबोला में था।

नागरजी : हाँ! हाँ!

प्रेमजी : वो देखिए धोबी का हम को अब तक कुछ याद है कि *मरे उठैया ले करे ना उचित विचारा* ये उसमें भरथरी का ही है तो वह दोहे चौबोलों में थे नौटंकी में इसमें नहीं था—नगाड़ा नहीं बजता था।

नागरजी : समझ गया।

प्रेमजी : उसमें भी तबला और ढोल—अऽऽ ढोल नहीं तबला और चिकारा या सारंगी।

नागरजी : अच्छा—ये सपेड़े की कोई एक ख़ास कथा है या कई कथाएँ हैं सपेड़े की शैली में—

प्रेमजी : और कथाएँ हमने कोई नहीं सुनीं।

नागरजी : एक नागर मोती की कथा है। सपेड़ा में—

प्रेमजी : (कुछ याद करते हुए) एक किताब नागर सभा भले ही छपती थी मगर—

नागरजी : हाँ!

प्रेमजी : इसका किस्सा भी ऐसा ही चलता था, भिन्न नहीं था जैसा इसमें है—

नागरजी : तो आपके—आपके सपेड़े में कथा क्या है—

प्रेमजी : कथा ये है कि उसने (नागर ने) कहीं सुना, अब उसका किस्सा यह है कि उसकी (नागर की) औरत का नाम सुंदर था।

नागरजी : अच्छा, हाँ।

प्रेमजी : तो, उसने (नागर ने) सुना कि कामरू बंगाले की रहने वाली मोती एक बड़ी खूबसूरत औरत है और कामरू देश में है।

नागरजी : हाँ।

प्रेमजी : तो, ये (नागर) आए हैं और इनका विचार हुआ कि हम उसके संग शादी करें।

नागरजी : अच्छा।

प्रेमजी : किस्सा उसका ये है। कोई लंबा नहीं है।

नागरजी : हाँ।

प्रेमजी : तो ये अपनी औरत के पास आए हैं और उनसे कहा है कि भई हम कामरू देश में जाएँगे मोती को लेने।

नागरजी : हाँ।

प्रेमजी : तो उसने समझाया है कि वो बड़ा जादुओं का देश है और आदमी को भैंसा बना कर, बाँधें, बोझा लादें भारी, वो बतलाया है कि वो वेश बदल लेते हैं आदमी से जानवर बना देते हैं तो वहाँ

न जाओ, वहाँ जाओगे तो जिंदा वापस नहीं आओगे।

नागरजी : हाँ।

प्रेमजी : तो उसने भी कहा है कि हमारे जादू को कोई नहीं जानता है न मैं जानूँ जादू-वादू, जंतर-मंतर टोना, आग लगा दूँ, जल में वगैरा ऐसी बातें कि हम भी उससे कम नहीं हैं।

नागरजी : हाँ।

प्रेमजी : बहरकर, उस जगह कुछ बातचीत होने के बाद वही उसमें है, स्वाँग में।

नागरजी : अच्छा।

प्रेमजी : वही गाने पर बाँधी गई है।

नागरजी : अच्छा।

प्रेमजी : अच्छा, उसके बाद वो नहीं मानता है वो चला जाता है।

नागरजी : अच्छा।

प्रेमजी : जब जाने लगता है, तो वो जो है तो देवराज, और देवों को स्मरण करके कहती है भई इसकी रक्षा करना, यह जाते हैं, इनकी रक्षा करना। वो जाता है, सुबह के वक़्त वहाँ पहुँचता है वो (मोती) सोई रहती है, सोती हुई ही इसने आवाज दिया है तो वो आई है निकल के, तो उसने कहा क्या बात है? तो इन्होंने साफ-साफ कह दिया है, भई हम बंगाले से आए हैं आपका नाम सुन के। और हम चाहते हैं कि आप से संपर्क हो यानी शादी हो।

नागरजी : ठीक।

प्रेमजी : तो उसने कहा है—*भला कौन ऐसा था दुश्मन तेरा कि जिसने दिखाया है ठिकाना मेरा* वगैरा उसी में जो उसमें हैं, ऐसी बातचीत हुई है, तो उसने कहा कि नहीं हमने सुना है, तो उसने कहा कि भई बात ये है कि हम नहीं जा सकते हैं, क्योंकि तुम हमारे टक्कर का जादू नहीं जानते, नहीं, नहीं हम तुम से ज्यादा उच्च कोटि का जादू जानते हैं। तो उसने भी कहा है कि *आग लगा दूँ जल में और जल थल का...*वगैरा

तो इसने भी कहा है, तो आखिर में कुछ बहस-मुबाहसे के बाद उसने कहा अच्छा आओ अब कुछ मुकाबला हो जाए। मुकाबला में उसने एक साँप छोड़ा।

नागरजी : मोती ने?

प्रेमजी : मोती ने।

नागरजी : हाँ।

प्रेमजी : और कहा कि तू इसे उठा ले, तो हम समझें, कि तुम जीत जाओगे।

नागरजी : हाँ।

प्रेमजी : खैर, उन्होंने उसको उठा लिया है और उसके बाद इसमें है उसने (मोती ने) कहा है *ऐसे-ऐसे हैं पड़े जग में काले नाग। देख के डर जाएगा छूटेगा वैराग।* फिर उसने दूसरा छोड़ा और उसके बाद देवों से भी आग्रह की है कि *खड़ा मर्द है सामने नीचे* इसकी जान फिर वो साँप उसको डस लेता है।

नागरजी : नागर को...

प्रेमजी : नागर को।

नागरजी : अच्छा।

प्रेमजी : ये मर जाता है। जब मर जाता है तो वो लाश पड़ी है तब उसने कहा है कि *कोई ऐसा भला और क्या नाहक को मिट्टी पड़ी होय खराब और दे बालू में दाग ले जाए फेंक...इसको ले जाए बालू में*...बता दिया रेतीला। जैसा स्थान हो।

नागरजी : हाँ।

प्रेमजी : तब ये देव जो उसके साथ उन्होंने किया था सुंदर ने, वो उनको रात को सपने में बतलाया कि वो मार डाला गया है, और वहाँ है।

नागरजी : हाँ।

प्रेमजी : बंगाल में।

नागरजी : हाँ।

प्रेमजी : तब यहाँ से जाती है, सुंदर।

नागरजी : सुंदर?

प्रेमजी : सुंदर, मगर जाती यूँ नहीं है, जोगन बनकर जाती है, वेश बदल चुकी है।

नागरजी : अच्छा।

प्रेमजी : फिर वहाँ गई।

नागरजी : हाँ।

प्रेमजी : फिर उससे बातचीत हुई है फिर इनसे-उनसे बातों में मुकाबला हुआ है वो कहती है, हमसे नहीं जीतोगी, ये कहती है हमसे नहीं जीतोगी। फिर उस दिन उस वक्त जादू चला है आखीर में वो मोती मर गई।

नागरजी : अच्छा।

प्रेमजी : वो मर गई।

नागरजी : अच्छा।

प्रेमजी : यानि उसने मार डाला। जादू से। जब मार डाला है तो वो मरी पड़ी रही, अब इसको अपने हस्बैंड की तलाश हुई, तो ये पूछते-पूछते और वहाँ लाश पर गई है फिर उसको जिंदा किया।

नागरजी : अच्छा।

प्रेमजी : जिंदा करने के बाद कहा है कि अब सीधे चलो चलें अपने देश को।

नागरजी : हाँ।

प्रेमजी : अपने देश को। हमने बदला लिया और अब यहाँ ठहरने की कोई जरूरत नहीं। तो उसने ज़िद की है कि जब तक मोती नहीं जी जाएगी–

नागरजी : (वाक्य पूरा करते हुए)...तब तक नहीं जाऊँगा।

प्रेमजी : उसका यकीन नहीं ले लूँगा, तब तक नहीं जाऊँगा। तब फिर उसको जिलाया है और उसको जिला के ले के आए हैं। इतना किस्सा है बस...

नागरजी : यह कथा। अच्छा-अच्छा, ये स्वाँग जो आपने सुनाया हमको, ये किसका लिखा हुआ है?

प्रेमजी : ये हमारे यहाँ जीवन सिंह यानि हमारे पिता के वक़्त से जीवन सिंह का स्वाँग सपेड़ा मशहूर है...

नागरजी : अच्छा।

प्रेमजी : अच्छा, उसके बाद हुआ ये कि कुछ आपस में खेलने वालों में खटपट हो गई।

नागरजी : हाँ।

प्रेमजी : तो ये राती-राता, फिर एक मियाँ थे...उनका नाम तो हमको नहीं याद रहा उन्होंने भी पूछा था जो हमसे किताब लेने आए थे।

नागरजी : अच्छा, हाँ, रामनारायण अग्रवाल।

प्रेमजी : हाँ। तो उन्होंने फिर उसको थोड़ा-बहुत और जरा अच्छे शब्दों में फिर से लिखा। और नाम जीवन सिंह की जगह गोविंद सिंह कर दिया था और वो खेला जाता रहा, लेकिन शायद गोविंद सिंह के नाम से मुझे देखने को तो नहीं मिला। जब–यानि पिताजी जब खेलते थे तो जीवनसिंह का ही कहके।

नागरजी : जीवनसिंह ठाकुर।

प्रेमजी : हाँ, ठाकुर ही होंगे, सिंह लगा है।

नागरजी : हाँ-हाँ। अच्छा।

प्रेमजी : तो...

नागरजी : और सिर्फ यही स्वाँग आपने खेला जीवनसिंह का? और किसी का नहीं?

प्रेमजी : और किसी का नहीं।

नागरजी : अच्छा आपको याद है, आपके स्मरण में आता है, और भी किसी के स्वाँग सपेड़े थे?

प्रेमजी : और किसी का स्वाँग...

नागरजी : किसी का याद आता है?

प्रेमजी : हाँ, एक कोई और था इस तरह का। मगर वो सुनते हैं अच्छा नहीं था।

नागरजी : अच्छा।

प्रेमजी : नागर सभा वो भी कहा जाता था। किसी दूसरे का था। मगर उससे ये उच्च कोटि का आमतौर से होता था।

नागरजी : अच्छा! एक बात बताइए आपसे थोड़ी-सी स्वाँग-सपेड़े के प्रसंग से थोड़ा बाहर छूँटूँ—यहाँ एक धोबिया राग बहुत प्रचलित था।

प्रेमजी : हाँ, धोबिया राग सुनते हैं।

नागरजी : सुनते हैं प्रचलित था। मुझे तो सुनने को नहीं मिला। सच्ची बात।

प्रेमजी : धोबिया राग हमने भी नहीं सुना?

नागरजी : लेकिन सुना है कि होता था।

प्रेमजी : हाँ नगाड़े पर होता था।

नागरजी : अच्छा। हमने सुना नहीं। लेकिन हमने ये सुना जरूर बड़ों के मुँह से कि ये धोबिया राग यहाँ बड़ा प्रचलित था।

प्रेमजी : हाँ, बड़ा अच्छा माना जाता था।

नागरजी : अच्छा। तो क्या उसकी कोई धुन वगैरा आपको याद है, वो किस प्रकार से होता था, कुछ अनुमान है आपको?

प्रेमजी : बिल्कुल नहीं अनुमान है।

नागरजी : अच्छा।

प्रेमजी : मगर ये था कि धोबिया राग अच्छा माना जाता था।

नागरजी : अच्छा माना जाता था, बहुत प्रचलित था। माने...

प्रेमजी : और उसकी धुन क्या थी। दोहा, चौबोला में थी, या शायरी में थी, शैरों में थी ये नहीं मालूम! मगर ये था कि धोबिया राग अच्छा माना जाता था।

नागरजी : भरथरी में तो दोहा चलता था।

प्रेमजी : भरथरी में दोहा...भरथरी बिल्कुल ऐसे ही थी जैसे हमारे में है इसमें...

नागरजी : स्वाँग में...

प्रेमजी : सपेड़े में है ऐसा ही बिल्कुल चलता था।

नागरजी : अच्छा, तो स्वाँग जो है स्वाँग सपेड़ा, ये भरथरी की गायन शैली से अधिक मिलता-जुलता आपको लगता है।

प्रेमजी : यानि, बिल्कुल एक-सा था। जहाँ तक ख़याल है कि एक-सा था।

नागरजी : अच्छा, जो नौटंकी की गायन शैली है।

प्रेमजी : इसमें चौबोला इसी धुन का है। बिल्कुल वही चीज है उतने अक्षरों से है।

नागरजी : जैसे, आपको हम कष्ट देंगे।

प्रेमजी : हाँ-हाँ।

नागरजी : उदाहरण के लिए, हमको थोड़ी सी तो गायकी आप जैसे भी हो खाली उदाहरण के लिए, जैसी भी हो, सुनाइए स्वाँग की—

प्रेमजी : सपेरे की?

नागरजी : हाँ, सपेरे की।

प्रेमजी : अच्छा।

नागरजी : और थोड़ी सी सुनाइए इसकी नौटंकी की। तो अंतर उसका क्या होगा ये देखें।

प्रेमजी : (खाँसकर) मुझे यह मालूम है कि अगर नौटंकी का चौबोला हो—तो हम इसी धुन में भी कह सकते हैं और ये नौटंकी में कहा जा सकता है, इसमें बात ये है कि इसमें हम शायरी और कुछ कविता करते ही हैं तो।

नागरजी : हाँ।

प्रेमजी : तो मात्राओं में कोई जरा-सा अंतर नहीं है उसके बाद हाँ फर्क क्या है कि उसमें चौबोला में अऽऽ इसके नौटंकी के बाद में चौबोला के दौड़ होती है। दौड़ लिखा जाता है दो लाइनें। वो उसमें नहीं होती वो वहीं चौबोला पर ही खतम हो जाता है। हमारे यहाँ।

नागरजी : स्वाँग सपेड़े में।

प्रेमजी : हाँ, और कोई फर्क नहीं, मात्रा के लिहाज से भी उतना ही, वही 12 ही मात्रा से है आगे चौबोला चलता है उसमें कोई अंतर नहीं है।

नागरजी : लखनऊ में या आपके आस-पास एक आपकी मंडली तो थी ही।

प्रेमजी : जी हाँ।

नागरजी : क्या कोई और भी मंडलियाँ थीं स्वाँग सपेड़े की?

प्रेमजी : अहाँ, कहीं मैंने सुनी नहीं स्वाँग सपेड़े की। अब हमारे होश से पहले होती हों ये अलग बात है।

नागरजी : नहीं, जैसे स्वाँग सपेड़ा है–

प्रेमजी : ये जैसे किताब उन्होंने अभी...लिखा है मथुरा वालों ने उसमें लिखा है ये पहले...

नागरजी : अमरोहे में। या दूसरी जगह जहाँ होता हो। शाहजहाँपुर में, जौनपुर में भी किसी हद तक।

प्रेमजी : हाँ, ये भी ज़िक्र (उस किताब में) किया है।

नागरजी : आपको उनका अंदाज नहीं है।

प्रेमजी : हाँ, हमको और अंदाज हो कैसे उस वक्त हम ज्यादा से ज्यादा होंगे तो यानि ये सन् 1901 से शुरू होते होंगे वो तभी का जिक्र है न होगा सन् 12-15 का होगा तो भी कहाँ अमरोहा कहाँ...

नागरजी : नहीं, ये स्वाँग सपेड़ा तो 28-29 तक होता रहा यहाँ डालीगंज में। मुझको एक बार अपने बचपन में देखने का मौका मिला।

प्रेमजी : स्वाँग सपेड़ा?

नागरजी : जी हाँ।

प्रेमजी : अच्छा।

नागरजी : नागर सभा के नाम से–

प्रेमजी : नागर सभा। नागर सभा इसमें थोड़ा कुछ अंतर था नागर सभा में हम सुनते हैं, नगाड़ा भी बजता था।

नागरजी : नागर सभा में नगाड़ा, हाँ बजता था।

प्रेमजी : हाँ।

नागरजी : हाँ, बजता था।

प्रेमजी : तो अब इससे और उसमें बहुत फर्क हो जाता है, मगर नागर सभा हमें देखने का इत्तफ़ाक नहीं हुआ।

नागरजी : अच्छा नागर सभा में भी होते यही कैरेक्टर्स थे जो आपके हैं, और–और उसमें मोती और नागर...

प्रेमजी : देखिए, उसमें ऐसा भी हमने सुना है कि दो देव, अच्छा इसमें भी हम लोग जब ज्यादा शो करते थे तो दो देव खड़े कर लेते थे।

नागरजी : अच्छा।

प्रेमजी : लेकिन उसमें परियाँ भी होती थीं।

नागरजी : वो तो इंदरसभा की नकल करते थे।

प्रेमजी : नहीं, इंदरसभा नहीं, यानी खूबसूरती और शो के लिए रख लेते थे।

नागरजी : समझ गए।

प्रेमजी : ऐसा सुना है।

नागरजी : अच्छा!

प्रेमजी : और बाकी उन परियों का उसमें कोई...

नागरजी : रोल नहीं होता था।

प्रेमजी : पार्ट तो है ही नहीं।

नागरजी : अच्छा।

प्रेमजी : न देव दानों का पार्ट है।

नागरजी : समझ गया। उसमें कोई देवदानों का पार्ट...

प्रेमजी : अच्छा हमारे में सिर्फ इत्ता है कि एक वो देव आता है शपथ देता है...

नागरजी : असल में क्या है कि ये परियाँ और देव जो आए, मेरा अपना ख़याल यही है—

प्रेमजी : हाँ।

नागरजी : कि हमने राम नारायन को भी बताया था।

प्रेमजी : जी।

नागरजी : कि ये परियाँ और देव जो आए इंदरसभा की नकल में।

प्रेमजी : इंदरसभा से लिया है और अपने में शो बढ़ाने के लिए।

नागरजी : अपने में शो बढ़ाने के लिए। और कुछ नहीं।

प्रेमजी : उनका कोई खास वर्क इसमें नागर सभा में है नहीं।

नागरजी : यही मेरा ख़याल है।...अच्छा शिवचरणलाल जी एक बात बताइए कि नागरसभा या स्वाँग सपेड़ा जो है आपका, ये एक समय में बहुत पापुलर होकर के भी बिल्कुल गायब हो गया और नौटंकी आज तक चल रही है करीब-करीब गायकी में अंतर नहीं।

प्रेमजी : हाँ, वो बात ये है कि उत्तर मैं उसी का दे रहा हूँ, चूँकि बाप के मरने के बाद—मैंने खेला, अच्छा, मैंने एकदम क्यूँ छोड़ा क्योंकि मैं देखता था इसमें चरित्र लोगों का गिरता जाता था—हमारे यहाँ उसकी प्रैक्टिस होती थी। रिहर्सल में सयानी-सयानी लड़कियाँ, औरतें, आदमी सब आते थे रात में बैठ के सुनते थे। अच्छा,

और उसके बाद रात के बारह-एक बजे जब खतम हुआ तो अपने-अपने घर गए तो उसमें करप्शन बढ़ने लगा था! मैंने देखा कि ये चीज ही ऐसी है; बस उस बेसिस पर मैंने एकदम बंद कर दिया।

नागरजी : अच्छा, और नौटंकी में भी यही दुनिया भर की खुराफात होती है—

प्रेमजी : हाँ खुराफात तो है ही।

नागरजी : यानि, काफी—हमको तो बचपन में नौटंकी देखने की आज्ञा ही नहीं मिलती थी अकेले में।

प्रेमजी : हाँ, हाँ।

नागरजी : लेकिन सवाल यह आता है नौटंकी जीती रही अब तक, और स्वाँग सपेड़ा, नागरसभा गायब हुआ, इसका कारण क्या है?

प्रेमजी : बात यह है, उसमें सिर्फ एक कथा थी।

नागरजी : हाँ।

प्रेमजी : अच्छा, इसमें नित नई **अमरसिंह, हरिश्चंद्र,** फलाना, ढमाका, और ये सब बनाते ही रहे।

नागरजी : जी हाँ, जी हाँ। यही कारण है। अच्छा आपकी बड़ी इनायत होगी, अगर...

प्रेमजी : आज्ञा दें।

नागरजी : एक थोड़ा-सा इसका रूप, जैसा कुछ भी है—

प्रेमजी : हाँ, हाँ।

नागरजी : वैसा आप कुछ थोड़ा-सा अगली पीढ़ियों के लिए थोड़ा रिकार्ड करा दें, तो अच्छा होगा।

प्रेमजी : रिकार्ड कराने के लिए क्या, हम तो कहते हैं, हमारे योग्य जो सेवा हो।

नागरजी : हाँ।

प्रेमजी : अब हम तो, आखिरी मुलज़िम हैं ही तो अगर यह रह जाए...

नागरजी : हाँ।

प्रेमजी : और होता रहे, तो हम समझेंगे हमारे पुरखों का नाम है उसमें हमारे...

नागरजी : हाँ, ये तो है ही, सही बात है, और आपका यश भी स्थायी रहेगा।

प्रेमजी : अरे यश क्या...

नागरजी : नहीं सीधी बात है, दोनों ही बातें हैं। यश स्थायी रहेगा क्योंकि इतिहास की जानकारी जो है वो जिसके पास है...

प्रेमजी : बहुत आवश्यक होती है।

नागरजी : बहुत आवश्यक होती है। जिसके पास रहती है उसकी विद्या, गुण गाया ही जाता है।...तो हमको कृपा करके इसका, ये शुरू कैसे होता है, जैसे नौटंकी में है—वंदना की—

प्रेमजी : हाँ, उसमें भी पहले जोत भरी जाती है।

नागरजी : जोत भरी जाती है।

प्रेमजी : हाँ।

नागरजी : तो ये तो भगत की तरह-से हो गया। भगत आपने देखी है।

प्रेमजी : हाँ, सुनिए—ए...कि

*शारद माई तुम बड़ी, घट के परदे खोल,*
*सभी संत सेवा करैं, आन कंठ पर बोल।*

और उसके बाद एक चौबोला है कि—

*हरियर पीपल डारि कला तेरी जगमें जानी*

और इसी तरह से दूसरी प्रार्थना के...
वही गाने चौबोले कह के ये अलग यानि इसका विधान ये शुरू यों होता था, जब शुरू करना होता था, तो एक जगह पर चौका दे के, अगियार यानि आग जलाई जाती थी।

नागरजी : हाँ।

प्रेमजी : उसमें वो डाल के सब हवन सामग्री आमंत्रित...

नागरजी : यानि हवन सामग्री कि...

प्रेमजी : हाँ-हाँ, हवन सामग्री क्या, हवन सामग्री के मंत्र तो नहीं पढ़े जाते थे, कपूर और लौंग, ये डाल के प्रज्वलित किया उसके बाद दो-तीन छंद कहे । अच्छा, हालाँकि इसमें एक है और एकाध नहीं है जो कि हमें कुछ याद है और वो हमारा...

नागरजी : सुनाइए।

प्रेमजी : उसे हम पूरा भी कर लेंगे, सीख लेंगे।

नागरजी : कोई बात नहीं। जितना याद है, उतना सुनाइए।

प्रेमजी : हाँ, पहला यही है :—

(गायन अंश अस्पष्ट)

प्रेमजी : सारंगी बजाने वाले कथिक इसमें दिलचस्पी नहीं लेते थे लिहाजा चिकारा ही बजाते थे।

नागरजी : अच्छा।

प्रेमजी : और, फुल्लू एक हमारे यहाँ गाँव से एक दो मील पर **टिकरिया** है उसमें रहने वाले थे, चिकारा वो बढ़िया बजाते थे यहाँ लखनऊ

में रहते थे हालाँकि अब हमें भी नहीं मालूम किस मुहल्ले में रहते थे।

नागरजी : हाँ।

प्रेमजी : वो जानते थे, वो चिकारा अच्छा बजाते थे, तो एक वो थे।

नागरजी : क्या नाम था उनका?

प्रेमजी : फुल्लू।

नागरजी : फुल्लू।

प्रेमजी : फुल्लू-फुल्लू। फुल्लू कहते थे फूलचंद नाम था।

नागरजी : समझ गया।

प्रेमजी : अच्छा और उसी जगह से और आते थे सैहारे के आगे से उनका नाम अकबर था। वो भाट थे।

नागरजी : अच्छा।

प्रेमजी : ये दो आदमी चिकारा बजाते थे हमारे पिताजी भी, जब वो अकबर नहीं आते थे, तो ये बजाते थे।

नागरजी : अच्छा।

प्रेमजी : यानि दो चिकारा, दो मंजीरे वाले, और एक चंग।

नागरजी : अच्छा।

प्रेमजी : ये साज था।

नागरजी : अच्छा और नागर सभा में? नगाड़ा होता था शायद।

प्रेमजी : नागर सभा में सुना नगाड़ा होता था।

नागरजी : हाँ, नगाड़ा होता था।

प्रेमजी : तो अब नागर सभा...नगाड़ा होने के माने हैं उनकी तर्ज भी बदली होगी।

नागरजी : बदली होगी।

प्रेमजी : क्योंकि नगाड़े में ये चीज जो है इस खूबी से उसमें नहीं अदा हो सकती।

नागरजी : तो अच्छा, पहले तो उन्होंने पहले जैसे पूजा की, पूजा में कुछ छंद पढ़े, वो छंद एकाध...

प्रेमजी : वो कहने में छूट गया।

नागरजी : हाँ।

प्रेमजी : कि...छंद पढ़ के, दो तीन, यानि और वही गाना गाते हुए गा के ही कहते थे, अच्छा उसके बाद वो खतम हो गई। फिर आयी स्टेज।

नागरजी : अच्छा।

प्रेमजी : स्टेज पर आने से पहले एक हल्की चद्दर तान दी गई, जैसे ये पूरा स्टेज है इधर तान दी गई।

नागरजी : समझ गया। हाँ।

प्रेमजी : अच्छा इसमें दोनों एक्टर और साजिंदा बस सिर्फ ये रहते थे और उधर से लोग देख रहे छाया में...तो वो होता था।

नागरजी : अच्छा।

प्रेमजी : थोड़ी देर तक तो उसमें तो ये है कि थोड़ी गाने, कोई स्वाँग की बात सुनाई दी और एक आधा छंद भी कह देते थे। भरताल एक ताल थी।

नागरजी : हाँ।

प्रेमजी : असल में वो नाची जाती थी।

नागरजी : अच्छा।

प्रेमजी : तबले में भरताल ताल होती है।

नागरजी : जी।

प्रेमजी : तबला हो तो मैं अब भी बता दूँ कि ये है।

नागरजी : हाँ।

प्रेमजी : अच्छा और महताब जलाई जाती थी बाहर से लोग देखते थे उसके बाद वो बुझ जाती थी लोग आते-जाते थे फिर एक आके उसी में बतलाता था कि भई ये सुंदर है और ये ये—ये है—और खेल शुरू होता था, नागर आता था।

नागरजी : अच्छा एक कृपा करके पहले तो पूजा वाला छंद गा करके सुना सकें तो बड़ी कृपा होगी।

प्रेमजी : (गा कर सुनाते हैं)

*हाथ जोड़ परमेश्वरी,*
*हाथ जोड़ परमेश्वरी, नींद लागि आँखि।*
*दाया हम पर कीजिए, तुम्हें नवाऊँ माथ।*
*तुम्हें नवाऊँ माथ...*

इतना जब तक होता था तब साज नहीं बजता था अब साज यहाँ से चलता था

*तुझे नवाऊँ माथ भवानी, हिंगलाज की करो कृपा कल्यान करो...*
*काली कलकत्ते वाली, हम पर हो—सहाय,*
*और जीवनसिंह लज्जा राखौ सुनिए ज्वाला माई।*

तो ये चौबोला खतम हुआ। खतम यों करते थे—

*अब ता थेई-थेई ता थेई, ताऽऽऽ*

*थेई ताऽ थेई।*

अब कोई अंतरे पर भी खतम कर देता था।

*ता तत ताता थेई*

नागरजी : अच्छा इसके भरताल के बोल क्या थे।

प्रेमजी : भरताल के बोल कोई नहीं थे उसमें कुछ गाया ही नहीं जाता था बस तबला बजता था।

नागरजी : हाँ।

प्रेमजी : और वो पैर से यूँ करके नाचते थे। पर उसमें सब सन्नाटा छा जाता था इतना जम जाता था।

नागरजी : अच्छा।

प्रेमजी : असल में इसके लिए होता था। और...

नागरजी : भरताल में क्या, नाच जो होता था बायाँ पैर दाएँ दिशा में।

प्रेमजी : हाँ, वो एक पैंतरे की तरह से।

नागरजी : अच्छा।

प्रेमजी : (पद संचालन करके दिखाते हुए) ये है, बस इतना ही पैर तीन मर्तबे इधर मुड़ते थे, तीन मर्तबे इधर मुड़ते थे।

नागरजी : हाँ।

प्रेमजी : ये था, और तबला बजता था। अब जब तबला होता तो हम अभी बता देते। कि ये बोल है, इस तरह से बजता था।

नागरजी : अच्छा।

प्रेमजी : और कोई उसमें तबले में ताल बदला नहीं जाता, शुरू से वही चला करता था।

नागरजी : समझा। और पूरे स्वाँग में वही भरताल ही बजता रहता था।

प्रेमजी : नहीं-नहीं। वो तो फिर जब दोहा कहा जाता था, चौबोला होता था, शेरें होती थीं तो उस हिसाब से बजता था—सारंगी बजती थी।

नागरजी : समझ गया।

प्रेमजी : यही नहीं था बल्कि यह मशहूर इसलिए था कि जैसे अब वो (खेल) हो रहा है चलते-चलते विहाग का टाइम आ गया तो ये चौबोले जो हैं विहाग के सुरों में कहे जाते थे आखिर में होते-होते सवेरा हो जाता था, होने लगता था, 4 बज गए...

नागरजी : हाँ।

प्रेमजी : तो अब ये हुआ कि यही छंद, भैरवी में शुरू में कहे जाते थे, शेरे भैरवी के सुरों में कही जाती थीं।

नागरजी : अच्छा।

प्रेमजी : और मैं उम्मीद करता हूँ कि हारमोनियम में मैं 15-20 दिन या महीने भर में उन्हीं स्वरों में, मैं तैयार कर लूँ ये स्वाँग सपेड़ा...।

नागरजी : बड़ी कृपा होगी आपकी आप तैयार कर लेंगे तो भविष्य के लिए ये सुरक्षित हो जाएगा।

प्रेमजी : नहीं, ये, वो, उसमें एक बात ये भी है कि जब तक उन्हीं सुरों में यानि एक्टर तैयार न होंगे, जब तक उन्हीं सुरों में नहीं आ जाएँगे तब तक हम स्वयं नहीं कहेंगे कि खेल कीजिए!

नागरजी : हाँ, सही बात है।

प्रेमजी : या तबला बजाने वाला भी जब तक...अच्छा तबले में ये है—कि तबला तब्बाल जो है—तबला दो किस्म का बजता है—

नागरजी : जी।

प्रेमजी : एक कत्थक बोल होते हैं, एक ढाढ़ी बोल होते हैं।

नागरजी : हाँ, ढाढ़ी बोल होते हैं।

प्रेमजी : अच्छा, ढाढ़ी बोल का तबला जो है कत्थक से अलग है कोई मुखड़े-उखड़े कहे नहीं जाते ज्यादा उसमें। अच्छा और इनका कत्थक बोल जो है ये यानि होते तो बड़ी कारीगरी के हैं—बड़े-बड़े इसमें बोल होते हैं मगर रहा ये कि हाथ जो है उनका उस खूबी का तड़ाक-फड़ाक नहीं पड़ता।

नागरजी : समझ गया।

प्रेमजी : और मैं हमेशा इस चीज का आदी रहा कि अब भी मैं दादरा बजाऊँ तो शायद है कि सिवा मेरे ये जितने बजाने वाले अमूमन हैं इनके सुर से तबले की आवाज से मेरे तबले की आवाज खूबसूरत बैठेगी।

नागरजी : समझ गया।

प्रेमजी : तो हम कत्थक के बजाय ढाढ़ी बोल...

नागरजी : ढाढ़ी बोल बजाते हैं।

प्रेमजी : अच्छा एक चीज और बता दें हमने वहाँ से आने के बाद यहाँ (याद करते हुए) वो वाजिद अलीशाह के ज़माने में कौन थे गाने वाले नाचने वाले थे कोई?

नागरजी : बिंदादीन!

प्रेमजी : (दोहराते हुए) बिंदादीन! बिंदादीन के पोते का नाम रघुनाथ प्रसाद था। वो कहा करते थे हमारे बाबा से। उनसे कुछ दिन यहाँ तबला मैंने सीखा। उनके लड़के का नाम सुन्नू था। सुन्नू तबला

इसमें भी—सुनते हैं बजाते थे क्या नाम है (याद करते हुए) म्यूजिक कॉलेज में भी।

नागरजी : अच्छा।

प्रेमजी : लेकिन वो...

नागरजी : बिंदादीनजी की औलाद थी नहीं?

प्रेमजी : नहीं, शागिर्दों में रहे होंगे।

नागरजी : हाँ शागिर्दों में रहे होंगे। अच्छा अब आप कृपा करके थोड़ा सा हमको यह सपेरा कैसे आरंभ होता है वो गा करके सुना दीजिए।

प्रेमजी : यही, बिल्कुल चीज यही, दोहा इसी ढंग से होता है।

नागरजी : आप सुना दीजिए, जरा कृपा करके।

प्रेमजी : (प्रेमजी द्वारा गाकर प्रदर्शन)

नागरजी : बहुत-बहुत धन्यवाद।

# खयालबाजी : जनसंस्कृति का एक महत्त्वपूर्ण अंग

आज से लगभग दो-ढाई हज़ार वर्ष पहले की बात है। उस समय संस्कृत साहित्य और संस्कारों का बोलबाला था। संस्कृत रानी के सामने दूसरी सब भाषाएँ बाँदियाँ थीं। जो संस्कृत नहीं बोल सकते थे वे गँवार कहलाते थे। उनके रीति-रिवाज, रहन-सहन, बोली-बानी, विचार और कल्पनाएँ—सब कुछ संस्कृत का चंदन लगाने वाले विद्वानों की नज़रों में 'तुच्छातितुच्छ' था। उन्हीं दिनों किन्हीं महाराजाधिराज के कवि दरबार में एक सीधा-सादा देहाती भी बगल में पोथियाँ दबाए हुए आया। राजा कवियों का सिरमौर होकर सिंहासन पर बैठा था। कविगण अपनी-अपनी प्रतिभा के चमत्कार दिखाकर दिमागी दंगल लड़ा रहे थे। सभी 'हमचुनी दीगरे नेस्त' थे। अपने बीच में एक देहाती को देखकर उनके अहंकार से दमकते हुए चेहरों पर सिकुड़नें पड़ गईं। सभ्य राजा ने व्यंग्य करते हुए उस सरल देहाती से पूछा : "कहो कविकुल कमल दिवाकर, कैसी रचना करके लाए हो?"

दरबारी कवि ठहाका मार कर हँस पड़े। परन्तु वह सरल ग्रामीण कवि अप्रतिभ न हुआ, विनीत भाव से बोला : "महाराज, मैं अपनी मातृभाषा में कुछ कथाएँ लिखकर लाया हूँ।"

उस सरल कवि की मातृभाषा पैशाची थी, जिसका नाम सुन कर ही कवि दरबार ठहाकों की गूँज से भर उठा। राजा ने कहा : "हे साहित्यरत्न, अपनी पोथी को लपेट लो और चले जाओ। यह संस्कृत का सभामंदिर है, यहाँ तुच्छ भाषाओं और उनके कवियों के लिए कोई स्थान नहीं।" बेचारा गुणाढ्य—यही उस सरल कवि का नाम था—अपमान के घूँट पीकर लौट आया।

इसके कुछ दिनों बाद राजा को यह शिकायत हुई कि उनके महलों का कुशल रसोइया मांस-भोजन प्रस्तुत करने की कला भूल गया है। प्रायः नित्य ही भोजन के समय राजा का मिजाज बिगड़ जाता था। अपनी गर्दन बचाने के लिए रसोइया हाथ जोड़कर बोला : "मेरा कुछ भी अपराध नहीं महाराज। इधर कुछ दिनों से शिकारी जिन पशु-पक्षियों को मार कर लाते हैं वे पहले जैसे हृष्ट-पुष्ट नहीं होते।"

राजा ने शिकारियों को बुलाया। उन्होंने निवेदन किया कि समस्त वन राशि पशु-पक्षियों से खाली हो गई है। बस केवल एक ही वृक्ष के नीचे वे एक साथ बैठे रहते हैं। सामने एक अग्निकुंड धधकता है, और एक मनुष्य बड़ी रसमयी भाषा में सुंदर कथाएँ अपनी मधुर वाणी में गाकर उन्हें सुनाता है। पशु-पक्षी उन कथाओं को सुनते-सुनते इतने तल्लीन हो जाते हैं कि उन्हें अपने खाने-पीने की भी सुधि नहीं रहती। और वह मनुष्य अपनी पोथी का एक-एक पृष्ठ सुना कर सामने वाले अग्निकुंड को समर्पित करता जाता है।

पशु-पक्षियों के तन क्षीण होने का यह अनोखा कारण सुनकर राजा को बड़ा आश्चर्य हुआ। वह स्वयं जंगल में गया। देखा कि उसके द्वारा तिरस्कृत कवि गुणाढ्य अपनी मधुर वाणी और सुंदर कथाओं से उन जंगली पशु-पक्षियों को मुग्ध कर रहा है। राजा स्वयं भी मुग्ध हो गया। वह अपने को भूल गया। परन्तु गुणाढ्य जब पृष्ठ पूरा करने के बाद उसे अग्नि को समर्पित करने लगा तब उससे न रहा गया। तुरंत आगे बढ़ कर उसने गुणाढ्य का हाथ पकड़ लिया, उसे गले से लगाकर बोला : "गुणाढ्य, मुझे क्षमा करो। अपनी रचना के रहे-सहे पृष्ठ मुझे दे दो। तुम जो माँगोगे मैं दूँगा।"

खयालबाजों की चर्चा करते हुए गुणाढ्य की यह कथा सहसा मेरे ध्यान में आ गई। इन जनकवियों का आज के सभ्य समाज में कोई स्थान नहीं। इन्हें पास बैठाने में भी 'शरीफ' विद्वानों, उनके प्रशंसकों और सरपरस्तों को संकोच होगा। मगर ये जनकवि पशु-पक्षियों के समान निरीह, निरक्षर जनसमूह को अपनी वाणी से मुग्ध कर उनके गले का हार बने हुए हैं, इस सत्य को प्रत्यक्ष देखकर ही पहचाना जा सकता है। बंबई के एक उपनगर जोगेश्वरी में एक बार मिर्ज़ापुर जिले के एक बिरहा रचने वाले कवि बल्ली खलीफ़ा के बिरहे सुनने के लिए आठ-दस हज़ार की भीड़ जमा हो गई थी। दूध का व्यापार करने वाले यू. पी. के अक्खड़ बाम्हन, ठाकुर—भैयावर्ग—को प्लावित करने की शक्ति उनमें है। इसी तरह महाराष्ट्र में लावनीबाजों का बोलबाला है। महाराष्ट्र के अमर लावनी गायक रामजोशी की जीवनी को श्री शांताराम (फ़िल्म निर्माता व्ही. शांताराम) **'मतवाला शायर'** के नाम से रुपहले पर्दे पर ला चुके हैं, यद्यपि यह चित्र असफल रहा—केवल नरेन्द्र जी (कविवर पं. नरेन्द्र शर्मा) के सुंदर गीतों को छोड़कर। रामजोशी ने महाकवि मोरोपंत तक को अपनी लावनियों से मुग्ध कर यह सिद्ध कर दिया कि लावनियों में भी ऊँचे से ऊँचे भाव बाँधे जा सकते हैं। बंगाल में भी इन लोक कवियों की बड़ी महिमा है। श्री ताराशंकर वंद्योपाध्याय ने एक डोम कवि को नायक बनाकर **'कवि'** नामक उपन्यास लिखा है। हिंदी में स्व. पंडित शिवनाथजी शर्मा ने **'मरहठी घिसिघिस'** शीर्षक एक व्यंग्यात्मक स्केच लिख कर यू. पी. के खयालबाजों का परिचय दिया है। हमारे प्रांत में खयालबाजी को 'मरहठी दंगल' भी कहते हैं। महाराष्ट्र से प्रेरणा लेकर उत्तर भारत में खयालबाजी का चलन

चला है। उत्तर प्रदेश के प्रायः सभी छोटे-बड़े नगरों में खयालबाजी का शौक परंपरा से चला आया है। दिन भर इन जनकवियों में से कोई खोमचा लगाकर, कोई पान-सिगरेट की दुकान रखकर, कोई कंदला-तारकशी का काम कर अपनी रोजी कमाते हैं और शाम को यह सब कहीं चंग लेकर बैठ जाते हैं, खयालों की महफिल जुड़ जाती है। दो घड़ी के लिए रोग और मुसीबतों से भरी हुई दुनिया इनके रंगीन खयालों की खुशबू से मस्त होकर जवान बन जाती है। मेरे मकान के नीचे क़ादिरबख्श तंबाकू वाले की दुकान पर अक्सर इन खयालबाजों की मजलिस जम जाती है। चंग की आवाज़ कानों में आई नहीं कि मैं मार्क्सवाद और गाँधीवाद को पोटली में बाँध कर अलग रख देता हूँ, अपने छज्जे पर खड़े होकर, इनके खयाल और सुनने-सुनाने वालों के हावभाव देखकर मुग्ध हो जाता हूँ।

लखनऊ खयालबाजों का पुराना गढ़ है। यहाँ के 'कलगीवालों' का घराना दूर-दूर तक मशहूर है। आज़कल इनकी परंपरा में मैकू लाल उस्ताद सरनाम हैं। बड़े-बड़े 'आल इंडिया' दंगलों में यह अपने झंडे गाड़ आए हैं। बड़े-बड़े मेडिल और सर्टिफिकेट इन्होंने पाए हैं। इनकी दमदार आवाज़, शुद्ध उच्चारण और खयालों की बारीकी हजारों के मजमे पर जादू की तरह अपना असर डालती है।

मैं मैकू उस्ताद को बचपन से ही जानता हूँ। कुंजबिहारी की बगिया के बाहर एक कोठरी में यह रहते हैं। इनके पिता वहीं काम करते थे। आज अपना पक्का मकान बन जाने पर भी मैकू उस्ताद ने वह कोठरी नहीं छोड़ी। मेरे पितामह बगिया के तत्कालीन स्वामी श्री जयनारायणजी के साथ शाम के वक्त वहीं बैठते थे। उनके साथ अक्सर मैं भी बगिया चला जाता था। तब से ही मैकू उस्ताद को देखता चला आया हूँ। इसके बाद अक्सर गली-मुहल्लों में जुड़ने वाली खयाल की महफिलों में मैंने मैकू उस्ताद को गाते हुए भी देखा है। उडुगण में चंद्र के समान वे सुशोभित होते हैं।

अभी हाल में ही एक दिन मैकू उस्ताद मुझे मिल गए। मैंने उनके साहित्य की कुशल क्षेम पूछी और उनके 'घराने' के संबंध में जानने की उत्सुकता प्रकट की। इसके बाद ही एक दिन समय निश्चित कर ये अपने रजिस्टरों का गट्ठा और चंग लिए हुए मेरे घर आ गए। उस दिन तीन-चार घंटे तक अच्छी बैठक रही।

मैकू उस्ताद का जन्म सन् 1900 ई. में हुआ था। लखनऊ के दिग्विजयी कलगीवाले श्री शंभू शायर खत्री के घराने से इनकी खयालबाजी का संबंध है।

रानी कटरे में, बड़े शिवाले के पास नन्हू की दुकान के सामने वाले कमरे में शंभू शायर रहते थे। वे आशुकवि थे। उसी समय में बनारसी बाबा नाम के एक बड़े प्रसिद्ध खयालबाज थे। वे निर्गुण के उपासक थे। जब लखनऊ आते तो रानी कटरे में नन्हू की दुकान के ऊपर वाले कमरे में ठहरते थे। शंभू शायर और बनारसी बाबा आपस में बड़े मित्र थे। दोनों जोड़ के थे, और बड़ी अच्छी लड़ती थी।

एक बार बनारसी बाबा ने तीन दिन में एक खयाल बनाया। जब खयाल पूरा हुआ तो कमरे से निकल कर शंभू शायर को आवाज दी "शायर।"

शायर भी अपने कमरे से निकलकर सामने आ गए। बाबा ने सुनाया :

*"जिधर मैं देखूँ उधर रौशनी आफ़ताब की तमाम है।*
*पियूँ न मय तो जियूँ क्योंकर यही मेरा बस कलाम है॥"*

आशुकवि शंभू शायर ने तरुंत ही जवाब फेंका :

*"आफताब को छिपा दिया मैखाना भर सब गुलाम है॥*
*मैं वह नहीं पीने का मय मस्ताना मेरा यह कलाम है॥"*

बनारसी बाबा और शंभू शायर में जीवन भर यों ही लड़ती रही। अपने दादा गुरु का हाल सुनाते हुए मैकू उस्ताद आज भी मगन हो जाते हैं।

शंभू शायर के शागिर्द यों तो अनेक थे, पर दो ने अच्छा नाम कमाया। एक थे बाबा मयाराम, और दूसरे हाफिज अहमदअली। बाबा मयाराम नानक शाही संत और कवि थे। बाबा हजारा के पास आज भी इनकी गद्दी और समाधि मौजूद है। मैकू उस्ताद इन्हीं के शागिर्द हैं।

मैंने मैकू उस्ताद से पूछा कि आपको खयालबाजी का शौक कैसे लगा? बोले, "यों ही। सुनते-सुनते खुद भी खयाल करने का शौक लग गया।" इन्होंने जाकर गुरु के चरणों में सिर नवाया, तिलक, फूल, माला आदि से भेंट की, उन्होंने बताशों से इनका मुँह भर दिया। ये इस तरह खयालबाजों की कड़ी में जुड़ गए।

एक दिन हुसैनगंज की सभा में वह अपना खयाल सुना रहे थे। हाफिज़ अहमद अली साहब भी वहीं बैठे थे। इनका शीनकाफ दुरुस्त देखकर बहुत खुश हुए। इनके बारे में पूछा, और जब उन्हें यह मालूम हुआ कि उनके ही घराने के हैं तो हरख उठे। अपने घर बुलाया और बस्ते सौंप दिए। हाफिज़ अहमद अली बड़े नामी गिरामी थे। मध्य प्रदेश और गुजरात तक उनके शागिर्द थे। उर्दू, फ़ारसी का ज्ञान मैकू उस्ताद ने उन्हीं से पाया। उच्चारण की शुद्धता पर स्वर्गीय उस्ताद (अहमद अली) बड़ा ज़ोर देते थे। संस्कृत, उर्दू, अरबी, फारसी, हिंदी आदि भाषाओं के शब्दों का उच्चारण वे समान रूप से सुंदर और शुद्ध करते थे। उस्ताद अहमद अली को मैकू उस्ताद ईश्वर की तरह मानते हैं। नायिकाभेद और अलंकार का ज्ञान इन्होंने अपनी ही परंपरा के लाला रामगुलाम और लाला राम नारायण से प्राप्त किया।

मैकू उस्ताद की स्कूली शिक्षा-दीक्षा दर्जा दोयम तक ही हुई है। कालीचरण हाई स्कूल में भी कुछ दिनों तक पढ़ा। आचार्य श्यामसुंदर दासजी उन दिनों स्कूल के हेडमास्टर थे।

इस समय मैकू उस्ताद के अनेक शिष्य हैं जिनमें सात-आठ अच्छे जा रहे हैं। एक एम. ए. (आनर्स) भी इनके शिष्यों में है। प्रमुखतम दो ही हैं, एक श्री कैलाशनाथ कपूर और दूसरे श्री गोमती प्रसाद। कैलाशनाथ लिखने वाले हैं और गोमती गाने वाले।

'तुर्रेवाले' खयालबाजों में इन्हें अपनी टक्कर के यू. पी. में तीन ही मिले। एक तो खुरजे के प्रसिद्ध हरवंशलाल कथावाचक, दूसरे फ़ीरोजाबाद के श्री नेकराम शाह और लखीमपुर के स्व. लाला गुरुदयाल। इनमें भी लाला गुरुदयाल को मैकू उस्ताद बहुत मानते हैं। उनकी मृत्यु से इनका सर्वश्रेष्ठ प्रतिद्वंद्वी और मित्र उठ गया।

यू. पी. के पुराने खयालबाजों में संस्कृत की कूट काव्य परम्परा को बहुत माना जाता था। अब कोई समझने वाला ही नहीं रहा, इसलिए इसका रिवाज धीरे-धीरे उठता जाता है। महाराष्ट्र में प्रश्नोत्तरी का बड़ा रिवाज है। कोल्हापुर में मैंने स्वयं देखा है कि समाज पर उसका चमत्कारिक प्रभाव पड़ता है। इस संबंध में बातें करने पर मैकू उस्ताद ने बतलाया कि यहाँ प्रश्नोत्तरी के बजाय बैतबाजी का ज्यादा चलन है। आधुनिक राजनैतिक और सामाजिक विषयों पर भी यह लोग लिखते हैं, पर बहुत कम। इनका ख्याल है कि आधुनिक विषयों पर लिखी हुई रचनाएँ स्थायी साहित्य की वस्तु नहीं हो सकतीं।

खयालबाजी जन संस्कृति का एक महत्त्वपूर्ण अंग है। समाज के नवनिर्माण में इन जन कवियों से सहयोग प्राप्त करना आवश्यक है। परन्तु इसके साथ ही साथ इस बात की भी आवश्यकता है कि इन्हें नवीन विचारधाराओं और उनके संघर्षों से अवगत कराया जाए। जीवन की समस्याओं को नवीन ऐतिहासिक दृष्टिकोण से देखने पर ये जनकवि समाज में क्रांति ला सकते हैं। उस्ताद मैकूलाल रचित खयालों के कुछ नमूने पाठकों के मनोरंजनार्थ यहाँ उपस्थित किए जाते हैं।

विष्णु सहस्रनाम से प्रेरित एक खयाल का एक चौक देखिए :

*जय मुकुंद आनंदकंद घनश्याम राम सुखधाम हरे।*
*कृष्ण कांत केशव कुमार कमलेश कांत कंसारि खरे।।*
*रमा रमण श्री रघुवर राघव शमन क्लेश धृतसत्य व्रतम।*
*चिद् अनंत भगवंत संत श्री कंत शांत श्री नंद सुतम।।*
*शंभु शर्व शाश्वत परेश ईशान शेष खल नाश कृतम्।*
*विष्णु जिष्णु शूली महेश अवनीश ईश अव्यक्त ऋतम्।।*
*माधव मदन गुपाल मनोहर मदन कदन मधुरिपु सुधरे।।*

एक प्रश्नोत्तरी का चमत्कार निहारिए :

*कहुँ प्रश्न परम शोभन अपार धरि भेद नवल हुशियारी ते।*
*प्रति ज्ञान ध्यान ज्ञानी विचार कथि उत्तर निपुण सुधारी ते।।*
*निरखै जो ईश जग कौन गुनी नहिं हृदय विषपथकवारी ते?*
*भन मार्ग भूप कर कौन चतुर शुचि शोभित नित संसारी ते?*
*रविशत्रु कौन कथि शोधि शास्त्र करै नाश किरण प्रतिकारी ते?*
*लिखें लेख चतुर कासे प्रवीन नित सुंदर छटा अपारी ते?*

*।। दोहा।।*

*काह कहाँ जग माँझ सो सकैं वीर नहिं जीत।*
*मति राखत निज बल गवाँ करत अहो किम प्रीत।।*

*सिति सुता कौन भनो चारु रुचिर 'ज्ञानीतमसीय' संवारी ते।*

नोटः—उपरोक्त प्रश्नों का उत्तर अंतिम पंक्ति में आ जाता है, यथा : ज्ञानी, नीति, तम, मसि, सीता।

अब एक उर्दू और एक फ़ारसी खयाल का मुलाहजा फरमाइए :—

*जुल्फों को सनम की दाम लिखा जुल्माते परीशां क्यों न लिखा।*
*चोटी को लिखा उसकी नागिन उम्मीदे आशिकां क्यों न लिखा।*
*पेशानी को निस्बत माह से दी एक नक्ले दुरख्शां क्यों न लिखा।*
*दो अबरू उसके हिलाल लिखे मेहराबे लामकां क्यों न लिखा।*
*बीनी को सनम की अलिफ लिखा ऐ यार इत्रदां क्यों न लिखा।*
*लिखा पहुँचा दहन को दिलबर के लेकिन गुले खंदा क्यों न लिखा।*
*गर्दन को सुराही मय की लिखा मीनाए नूरहां क्यों न लिखा।*

नोटः—यह खयाल स्वभावतः किसी तुर्रे वाले के टक्कर का जवाब देने के लिए लिखा गया है।

*हर मौजे खानिम बहरे सितम चूं बहरे दिलम खंजर बन जाय।*
*वर साहिले नायबे उल्फत जाहिर बखुदा महशर बन जाय।*
*गर सिलसिला साज खानिए गम पए अर्जे वफा जौहर बन जाय।*
*बे आब शवद ईं माही दिले अज शौके अयां पैकर बन जाय।*
*यूँ दर तहे इश्क निहंग सितम बेदर्दी सिफत परवर बन जाय।*
*बाशदन मगर मरबूते वफ़ा दिल जीं अल्मश मुज्तर बन जाय।*

नवजीवन, 4 दिसम्बर, 1950

# रेडियो नाटक : संवाद और पात्र

नाटक जीवन का प्रतिबिंब है। मनुष्य जिस प्रकार दर्पण में अपने रूप को देख कर अपने सौंदर्य पर मुग्ध होता है, अथवा अपनी कुरूपता पर क्षुब्ध होता है, उसी प्रकार नाटक में अपने व्यक्तिगत और सामूहिक जीवन की छाया का दर्शन कर उसकी योजना का विकास होता है।

नाटक दर्शन-शास्त्र की गंभीर पोथी नहीं जिसमें केवल उच्च-कोटि के विद्वान शास्त्री और पंडित ही रस प्राप्त कर सकते हैं। नाटक सर्व साधारण के लिए रस-निर्माण करता है। और इसी रस-निर्माण के द्वारा उसकी आत्म-संबंधी योजना विकसित होती है।

रेडियो-नाटक भी नाट्यशास्त्र के मौलिक नियमों से बँधा हुआ है। हाँ, रस सृष्टि और भाव-व्यंजना के लिए रेडियो-नाटक की अपनी सीमाएँ हैं। रंगमंच अथवा सिनेमा के माध्यम से दर्शक जब रस ग्रहण करता है तो कानों के साथ ही साथ उसकी आँखें भी सहायक होती हैं। परंतु रेडियो का रस केवल कानों के लिए ही है। जिस तरह अंधा मनुष्य ध्वनि के सहारे से अपनी कल्पना की दृष्टि पाता है उसी तरह रेडियो नाटक को सुनने वाला भी शब्द ध्वनि के सहारे नाटक की घटनाओं को देखता है।

इस दृष्टि से रेडियो के लिए नाटक लिखने वाले की जिम्मेदारी और भी बढ़ जाती है। ध्वनि के सहारे, शब्दों के सहारे उसे अपनी कल्पना का रंगमंच सजाना है।

सेकेंडों, मिनटों और घंटों में फैले हुए जग-जीवन को एकाग्र कर देखना कला है इसके अंतर्गत नाटक का बड़ा ही महत्त्वपूर्ण स्थान है। घटना नाटक का प्रधान गुण है : घटनाएँ स्थूल दृष्टि से भी देखी जा सकती हैं और सूक्ष्म दृष्टि से भी। जन आंदोलनों के इतिहास से लेकर व्यक्ति की, उसके परिवार और वातावरण की उलझन से उत्पन्न समस्याएँ अपने बाह्य और अतर्द्वंद्व को चित्रित करती हुई नाटकीय घटनाओं के रूप में सामने आती हैं। रंगमंच और सिनेमा के परदे पर इन घटनाओं

की पृष्ठभूमि सहज ही में चित्र बन कर दर्शक की नज़रों के सामने आ जाती है। परंतु रेडियो-नाटक में उस चित्र को भी शब्दों के रंगों से सजाने की ज़िम्मेदारी रेडियो के नाटककार पर आ पड़ती है। स्थान, समय, रंगमंच के पात्रों की गतिविधि, उनकी रूपरेखा आदि की कल्पना कराना रेडियो नाटककार की कार्यकुशलता पर निर्भर है। इसीलिए रेडियो-नाटक में संवादों का महत्त्व रंगमंच और सिनेमा से भी बढ़ कर है। रेडियो के लिए नाटक लिखने वाला एक क्षण के लिए भी इस बात को भुलाने की जुर्रत नहीं कर सकता कि प्रत्येक शब्द—जिसका वह प्रयोग करता है—रेडियो-रंगमंच को चित्रित करने के लिए है। उसका एक शब्द भी चित्र प्रस्तुत करने की दृष्टि से असफल न हो—व्यर्थ न जाय। घटना को बल देने के लिए वातावरण का अनुकूल और उपयुक्त चित्र प्रस्तुत करने के लिए रेडियो के संवाद लेखक को सूझ से काम लेना पड़ता है।

उदाहरण के लिए रात की तस्वीर लीजिए। आपके नाटक का एक पात्र एक निश्चित उद्देश्य को पूरा करने के लिए खेतों से गुज़र रहा है या नगर के किसी राजपथ से गुज़र रहा है। अथवा एक स्थल पर मौजूद है। उजियारे पाख की चाँदनी जाने या अनजाने तौर पर उसकी मानसिक अवस्था के अनुकूल ही उस पर अपना प्रभाव डालती है। अपनी वाग्दत्ता वधू से दो घड़ी बातें करने के लिए छिप कर जाने वाले युवा पुरुष का मन उस चाँदनी रात के प्रभाव, उसके सौंदर्य बोध से सर्वथा भिन्न होगा—बनिस्बत उस आदमी के जो ऐसी ही रात में अपनी गुप्त प्रेमिका से मिलने जा रहा हो। इन दोनों परिस्थितियों में आदमी का मन उत्साह और डर से भरा हुआ होता है। सगाई हो जाने के बाद संगी और प्रेमिका जब छिप कर मिलते हैं, और शादी हो जाने के बाद अपनी रंगीन दुनिया की कल्पना करते हैं उस समय उन्हें यह भी डर रहता है कि घर का कोई बड़ा या बूढ़ा या निकट के नेह-नाते का कोई मनुष्य उनके इस गुप्त मिलन को देख न ले। ऐसे युवक या युवती का मन मिलने के लिए जाते वक्त गुजरते हुए या आपस में मिलते वक्त एक किस्म के डर और संकोच से अवश्य भरा रहता है, मगर उस भय में किसी किस्म के घात, वारदात का अंदेशा नहीं होता। उसका डर ज्यादा से ज्यादा इसी बात को लेकर है कि कहीं कोई देख न ले, और उन्हें इस तरह मिलते देखकर मज़ाक न कर बनाए। चाँदनी रात का सौंदर्य ऐसी परिस्थिति में उनके लिए अधिक मुक्त, अधिक रोमांटिक है। उनके मन का वह भय और संकोच उस चाँदनी रात में अपना रंग भरेगा, और रेडियो नाटककार को यह हक हासिल है कि वह ऐसे पात्रों के लिए इस तरह की परिस्थिति में चाँदनी रात का उचित वर्णन और उपयोग कर नाटक सुनने वालों की कल्पना को सजीव बना सके। इसी तरह गुप्त प्रेमियों के मिलन के साथ चाँदनी रात का रंग निराला हो जाएगा। उन्हें घात का डर है, उनमें एक तरह के अपराध की भावना है। चाँदनी रात का सौंदर्य उनके लिए उतना मुक्त नहीं, जितना कि पहले वाली

स्थिति के पात्रों के लिए वह हो जाता है। और उसी चाँदनी के सहारे एक नवविवाहित दंपति के हनीमून की कल्पना कीजिए—नक़्शा कुछ और हो जाता है।

यह तो हुई रोमांटिक कल्पना की बात। आप चाँदनी रात में एक खूनी या षड्यंत्रकारी की कल्पना कीजिए; वह अपना काम करने जा रहा है। उसका मन प्रतिहिंसा की भावना से, घृणा की प्रखरता से स्तब्ध है। यह नामुमकिन है कि अपने आसपास के वातावरण पर छाई हुई चाँदनी से उसका मन अछूता ही बच जाय। कारण और कार्य के बीच से उसके विचार शून्य धारा में घृणा की तेजी से बह रहे हैं। चाँदनी रात के सौंदर्य के प्रति उसका ध्यान आकृष्ट होगा सही, परंतु नफ़रत जगाने के लिए ही। उसका मन नफरत से भरा हुआ है, चाँदनी उसकी दृष्टि में घृणामयी है। रेडियो नाटककार अपने पात्र की दृष्टि से चाँदनी रात को देख सकता है और उसके उपयुक्त वर्णन द्वारा नाटक सुनने वालों के सामने चाँदनी के इस विकृत पहलू को पेश कर घटना को, दृश्य को अधिक नाटकीय ढंग से सजा सकता है। इसी तरह खून करके भागे हुए आदमी या बम कांड करने के बाद भागे हुए षड्यंत्रकारी के लिए चाँदनी का सौंदर्य महत्त्वहीन और अर्थहीन हो जाता है। लेकिन रेडियो नाटककार चाँदनी के सौंदर्य और खूनी के भय का समानांतर वर्णन करके दृश्य को अत्यधिक सजीव बना सकता है। इसी तरह महल-झोंपड़ी, साज-सामान, वन-उपवन, नदी-पहाड़, प्रकृति आदि सभी स्थलों के चित्र नाटककार अपने रेडियो नाटक के लिए प्रस्तुत कर सकता है। शर्त सिर्फ़ यही है कि स्थान और समय का चित्रण पात्रों के चरित्र चित्रण और घटना के अनुरूप ही हो। यह बात ध्यान में रखने के योग्य है कि यह चित्रण यदि घटना और पात्रों के साथ मेल खाता हुआ नहीं होगा—महज खानापूरी के उद्देश्य से किया जाएगा तो निरर्थक सिद्ध होगा। रूप और ध्वनि के अटूट नाते को योगी और उच्च-कोटि के दार्शनिक भले ही विभक्त करके देख लें, सर्वसाधारण के लिए तो वह अविछिन्न है। यह बात ध्यान में रखने के योग्य है जिस बात के यथार्थ रूप को मनुष्य अपनी कल्पना के चित्रालय में लाकर नहीं देख सकता, उस बात का प्रभाव भी उसके मन पर कदापि नहीं पड़ सकता।

घटना के साथ स्थान काल आदि का संबंध देख लेने के साथ ही यह आवश्यक है कि घटनाओं के क्रम से, कहानी के विकास को भी नाटककार पहले ही से अच्छी तरह देख परख ले। दृश्यों के क्रम को प्रस्तुत करते हुए रेडियो नाटककार के ऊपर भी वही नियम लागू होते हैं जो साधारण नाटक और सिनेरियो के लिए है। मूल घटना का नाटकीय विवेचन करने के लिए हमें उस घटना से संबंधित पात्रों का मानसिक धरातल भी देखना और समझना होगा। एक ही घटना से बँधे हुए अलग-अलग पात्रों के मानसिक संघर्ष, उनके वैचित्य अथवा समानता के कारणों से ही नाटक के सूत्रों का और विकास होता है। अपने-अपने चरित्रों के अनुसार पात्रों की भाव-व्यंजना होगी, वैसी ही उनकी भाषा भी होगी।

अक्सर यह देखने में आता है कि नाटककार तरह-तरह के पात्रों और घटनाओं को कथानक के रूप में ढाल तो देता है और इसमें वह सफल भी होता है, परन्तु पात्रों को उनकी बोली, उनके मुहावरे देने में किसी हठ के कारण वह झिझक जाता है। ऐसे नाटकों के पात्र लेखक की भाषा में लेखक के ही भावों को व्यक्त करते हैं। कला की दृष्टि से मुझे यह आदत कुछ भली नहीं मालूम पड़ती। मतभेद भले ही हो, मगर मेरा मन इसी बात को मानता है कि पात्रों के ऊपर अपने व्यक्तित्व का बोझ लादना कलाकार के हक में कमज़ोरी की निशानी है। एक फ़कीर के मुँह से पांडित्यपूर्ण भाषा में ऊँची फिलासफी की बातें, सच्चिदानंद और समदृष्टि के लेक्चर बेतुके लगते हैं। यह नहीं कि एक फकीर, सिर्फ फ़कीर होने के कारण, किताबी पंडित न होने के कारण कोई बड़ी पहुँची हुई बात कहने का अधिकारी नहीं। जीवन का अनुभव और उसकी उपयोगिता का यथार्थ स्वरूप जब किसी गहरे पानी में पैठने वाले को अपनी झलकियों से भर देता है तो उसकी हर बात बड़ी सूझ की हो जाती है। फ़कीर समदृष्टि की ऊँची दार्शनिक बात को अपने ढंग और अपनी पहुँच के मुताबिक कहता है "जो दे उसका भला, जो न दे उसका भला।" फकीर के मुँह से ऐसी ही बोली शोभा पावेगी। भाषा भाव की होती है—भाव के लिए होती है। एक ही बात को अलग-अलग लोग अलग-अलग ढंग से कहते हैं, अपने-अपने ढंग से कहते हैं। नाटककार के लिए यह उचित है कि वह इस अनेकता को मान दे। सुमित्रानंदन पंत जब नाटककार के रूप में सामने आते हैं तो पात्रों की भाषा में बोलते हैं। इससे कला महान् होती है, धन्य होती है। वृंदावनलाल वर्मा, उपेन्द्रनाथ 'अश्क' और भगवती चरण वर्मा जैसे सिद्धहस्त कलाकारों के उदाहरण से भी रेडियो के लिए नाटक लिखने वाला प्रेरणा ले सकता है।

पात्रों के चुनाव में भी इसी तरह सावधानी बरती जानी चाहिए। चूँकि रेडियो नाटक के पात्र स्वरों के प्रतीक होते हैं इसीलिए सावधानी की विशेष आवश्यकता होती है। जहाँ तक बन पड़े रेडियो नाटक के लिए कम से कम पात्रों का उपयोग होना चाहिए। रेडियो नाटक के पात्र चूँकि केवल अपने स्वरों द्वारा ही पहचाने जा सकते हैं, इसलिए बहुत सी आवाजें सुनने वाले के दिमाग में उलझन पैदा कर सकती हैं। पात्रों का चुनाव करते हुए दूसरी बात यह भी ध्यान में रखने के योग्य है कि रेडियो नाटक में केवल वे ही चरित्र बड़ी उत्तमता के साथ खेले जा सकते हैं, जिनका अभिनय स्वर के सहारे भली भाँति हो सकता हो। मिसाल के तौर पर साधारण नाटक अथवा सिनेमा की कहानी का नायक एक गूँगा भी हो सकता है। रेडियो नाटक के लिए गूँगा नायक महँगा पड़ जाएगा। वाणी विहीन होने के कारण गूँगा तरह-तरह से मुँह बनाकर हाथ-पैर फेंक कर अपने मन के भाव व्यक्त करता है। रेडियो नाटक में गूँगा नायक अपने अभिनय की विशेषताओं का अधिक प्रसार न कर पाने के कारण उतना प्रभावशाली कदापि नहीं हों सकता, जितना कि स्टेज या स्क्रीन पर।

फिर भी मैं यह बात मानने के लिए तैयार नहीं कि ऐसे असंभव से लगने वाले चरित्र रेडियो नाटक में रक्खे ही नहीं जा सकते। समर्थ और कुशल नाटककार असंभव को भी भली-भाँति संभव बना सकता है। और जहाँ सामर्थ्य का प्रश्न आ जाता है, वहाँ आदर्श भी स्थापित होते हैं। रेडियो नाटक केवल एक पात्र को लेकर भी सफल बनाया जा सकता है। बी. बी. सी. से होने वाले एक रूपक नाटक **'म्यूजिक ऐट डस्क'** को हम एक पात्र के नाटक का बड़ा ही सुंदर उदाहरण मान सकते हैं। कुशल कलाकार चाहे तो बिना किसी ख़ास प्लॉट या घटना का आधार लिए हुए केवल चुस्त और चमत्कारी संवादों के बल पर ही नाटक को खूब सफल बना सकता है। रामकुमार वर्मा लिखित रेडियो नाटक **'आँखों का आकाश'** इसका एक अच्छा उदाहरण है। डाक्यूमेंटरी नाटक की दृष्टि से पंतजी का **'त्रिवेणी'** रूपक उल्लेखनीय है। संगीत नाटक की दृष्टि से **'गीत गोविंद'** की स्क्रिप्ट भी मुझे अच्छी लगी। पौराणिक विषयों को लेकर आज की समस्याओं के साथ पटरी बैठाते हुए मुझे अपना **'सीता'** नाटक भी एक सफल प्रयोग जान पड़ता है।

वर्तमान युग के इतिहास को लेकर सफल रेडियो नाटक के प्रयोगों में मुझे मामा वरेरकर लिखित, तथा स्वतंत्रता दिवस पर बंबई रेडियो द्वारा प्रसारित मराठी नाटक भी बहुत रुचा। भावपूर्ण नाटक की दृष्टि से कृश्नचंदर का उर्दू नाटक **'सराय के बाहर'** भी एक अच्छा उदाहरण है।

इस देश में रेडियो नाटक लिखने की प्रथा अभी नई ही चली है। इस दिशा में प्रयोग भी नए-नए हो रहे हैं। साहित्य, संगीत और कला के प्रचार की दृष्टि से रेडियो एक बड़ा शक्तिशाली माध्यम है।

आजादी के बाद से तो इस देश में रेडियो का महत्त्व बहुत बढ़ गया है। इसलिए यह बहुत ही आवश्यक है कि इस माध्यम के लिए अच्छे से अच्छा साहित्य रचा जाए। जहाँ तक रेडियो नाटकों का सवाल है, मैं अच्छा समझूँगा यदि रेडियो के अधिकारी रेडियो नाटक के सफल प्रयोगों का एक संग्रह प्रकाशित कर, इस दिशा में गति करने वाले नए लेखकों के लिए मार्ग प्रदर्शन करेंगे।

शतदल (गोरखपुर) अग्रहायण, पौष 1881 शक, दिसंबर-जनवरी, 1959-1960

# रेडियो नाटक में कथानक, चित्रांकन और भाषा

सन् 1948 में जब फ़िल्मों के लेखन कार्य से मुक्त होकर लखनऊ आया तो मेरे मित्र और आकाशवाणी के उस समय के प्रोग्राम एग्जिक्यूटिव कविवर श्री गिरिजाकुमार माथुर ने मुझसे रेडियो-नाटक लिखने का आग्रह किया। दोस्त का आग्रह तो मानना ही था लेकिन मेरे सामने यह समस्या थी कि रेडियो-नाटक को नाटक के परंपरागत अर्थ में कैसे स्वीकार करूँ। एक प्रसिद्ध ब्रिटिश सिनेरियो शास्त्री, जिसका नाम दुर्भाग्य से इस वक़्त ध्यान से उतर रहा है, की किताब में पढ़ा हुआ एक वाक्य मेरी फ़िल्मी सफलता में मंत्र बनकर सहायक हुआ था। वह मंत्र था : "Never forget that it is a motion picture and the ears are four fingers behind the eyes." (यह न भूलो कि यह चलचित्र है और कान आँखों से चार अंगुल पीछे हैं।) रंगमंच के नाटकों में भी यह मंत्र बहुत आड़े नहीं आता। ऐक्शन पर ध्यान देने से ऐसे बहुत से नाटकीय तत्त्व सहज ही ध्यान में आ जाते हैं जो सिर्फ संवादों या मक़ालमों को ही मद्देनज़र रखकर हम आमतौर से आँख ओझल कर जाते हैं। रंगमंच या फ़िल्मी नाटक में दृश्यबंध, माकूल सजावट, पात्र-पात्रियों की उम्र, चेहरे, रंगों और उनकी भावभंगिमाओं की विविधता सभी कुछ देखने से ही ताल्लुक रखती है। कालिदास ने नाटक को आँखों का उत्सव कहा है।

लेकिन इस सत्यरूपी सिक्के का एक दूसरा पहलू यह भी है कि भाषा ने सभ्यता के विकास में बड़ा अहम रोल अदा किया है। वाचा या बोलना मनुष्य की जीवनी-शक्ति का मूल है। इस तरह जब नाटक रेडियो की विधा से भी प्रस्तुत करने का प्रस्ताव मेरे सामने पहली बार आया तो मैंने देखने और सुनने, दोनों ही की शक्तियों का संतुलित उपयोग करना ही मुनासिब समझा। मैंने रेडियो नाटककार के रूप में अपने लिए एक नया मंत्र यह बनाया कि 'कान को आँख बनाओ'। बहुत-सी ऐसी ध्वनियाँ और शब्द हैं जिनके सुनने से हमारे मन की आँखों के सामने एक तस्वीर आ जाती है। गाय का रम्भाना, घोड़े की हिनहिनाहट, हाथी की चिंघाड़, शेर की दहाड़ सुनकर कोई उसे अपनी कल्पना में सहज ही मूर्तरूप में देख लेता है। यहाँ उस स्वर का

परिचय देने के लिए किसी सहारे की भी ज़रूरत महसूस नहीं होती लेकिन हमें अगर किसी जंगल, पहाड़ी या बागीचे का चित्रण करना है तो हम क्या करेंगे, यह सवाल उठना स्वाभाविक ही था। अपने रेडियो-नाटक **'उतार चढ़ाव'** में मैंने इसका एक समाधान प्रस्तुत किया है। दृश्य कल्पना की आँखों को दिखलाया जा रहा है, साथ ही दृश्य को शब्दों के सहारे आवश्यकतानुसार उभारा भी जा रहा है। दृश्य है :

*"(पहाड़, जंगल, झरने, वन्य पशु-पक्षियों के स्वरों की एक झाँकी)*
*(मोटर तेजी से चली जा रही है)*

रानी : ये जंगल का सन्नाटा, तपसी ऐसे खामोश खड़े इन पहाड़ों की शांति—ये गाते हुए झरने, मुझे तो जब कभी भी जंगलों और पहाड़ों से गुज़रने का मौका मिलता है, मैं मगन हो जाती हूँ। न जाने लोग क्यों यहाँ आने से डरते हैं!

राजा : तुम मोटर में सफर करती हो महिमा, इसलिए डर से बेलौस रहती हो—

श्याम : वो देखिए महारानीजी, सामने रही—प्रेमियों की गढ़ी—मेरा किला—।

राजा : ये किला कितना पुराना होगा सेठ साहब?

श्याम : सन् 1375 ई. में बना था योर हाइनेस। मैंने इसे आठ लाख पचहत्तर हजार में हिज हाइनेस रक्षागढ़ से खरीदा है।"

जंगली जानवरों की बोलियों से कहीं हमने जंगल का आभास कराने के लिए एक चित्र प्रस्तुत कर दिया और उसको उभार देने के लिए डायलॉग या संवाद में शब्दों से आपके मनोचित्र को उभार भी दे दिया। झरने, ज़ाहिर है कि हम मैदानी जंगलों में नहीं पा सकते, वे पहाड़ों या पहाड़ियों के साथ ही होंगे। आपके बिंब विधान को स्वर से चित्रमयता देते हुए हमने संवाद के जरिए उसे उभार भी दिया है। अब यहाँ संवादों को लेकर भी यह बात उठती है कि जंगल और पहाड़ ये दो 'तकनीकी' शब्द संवाद में इस तरह से प्रयोग किए गए कि वे स्वाभाविक बातचीत के रंग में घुले-मिले रहे। आपकी कल्पना दृष्टि को उभार देने के साथ-साथ वह अपनी स्वाभाविकता और साथ ही अपना औचित्य भी न खो सके। मोटर एक साधन है जो गति का एहसास कराता है। पुरुष जब दूर एक किले को दिखलाते हुए यह कहता है कि यह किला मेरा है तो हमारी कल्पना दृष्टि में यह बात बिल्कुल साफ़ हो जाती है कि कहने वाला कोई धनी-मानी व्यक्ति है और किले को देखने के लिए जाने वाले लोग राजा या सामंत वर्ग के हैं । इस तरह नाटककार ने रेडियो-नाटक में दृश्यता के अभाव को सजीव रूप से भरने की कोशिश की। साथ ही संवादों के जरिए चित्रांकन और चरित्रांकन दोनों का ही सिलसिला एक साथ शुरू कर दिया।

अब अपने ही एक दूसरे नाटक **'चंदन वन'** का आरंभ आपके सामने पेश कर रहा हूँ। दृश्य है :

*"(कुत्तों के भौंकने और दूर पर एक कार के जाने की ध्वनि। पुलिस की सीटियाँ। 'जागते रहो' की गुहार और भारी बूटों की खट-खट)*

पुलिस : (आते हुए) कौन है बे वहाँ? कूड़ा घर में क्या कर रहा है? *(कूड़े पर फावड़ा चलाने की आवाज)*

जय : (झक्की स्वर) कौन है? ओह कांस्टेबिल। (धीरे से) चुप-चुप, मैं चोर हूँ।

पुलिस : चोर नहीं, पागल हैं आप। ओफ़्फोह कितनी बदबू! तेज सड़ाँध है यहाँ। ये कूड़ेदान में फावड़ा क्यों चला रहे हो?

जय : (रूखा स्वर) अरे मेरी माँ, ये कांस्टेबिल भी नादान निकला। अरे भोले आदमी, जिसे तुम कूड़ा कहते हो, बदबू कहते हो, उसे ज़रा खोदो तो सही। उसके नीचे दुनिया की बेशुमार दौलत है। उसके नीचे चंदनवन है—बागे बहिश्त, जहाँ से खुदा या ईश्वर ने नहीं बल्कि हौवा ने आदम को निकाला था। सेब खुद खा गई और बेचारे भोले आदमी को साँप से डसवाकर उसकी लाश इसी कूड़ाखाने में फिंकवा दी।

पुलिस : (स्वगत-बड़बड़ाहट) ये कमबख़्त पढ़ा-लिखा पागल है—करेले पे नीम चढ़ा।"

इस प्रारंभिक दृश्य से आपके मन में अपने-अपने नगरों की सड़कों और गलियों में पड़े हुए कूड़ों के ढेर और उसकी गंध की अनुभूति होगी। कुत्तों के भौंकने, पुलिस की सीटी और 'जागते रहो' की गुहारों से हमने उसे रात के रूप में चित्रित कर दिया। कार जा रही है, इसलिए जाहिर है कि जहाँ हम दृश्य खोल रहे हैं वह एक तंग गली नहीं बल्कि एक सड़क है। दोनों चरित्रों के अंकन से यह बात भी जाहिर है कि नाटक सामाजिक पात्रों वाला है। एक पुलिस मैन, दूसरा कोई पढ़ा-लिखा पागल। मगर उसके संवादों में कुछ ऐसा पुट भी है जिससे सुनने वाला उस पागल को पागल मानने से कुछ-कुछ इनकार भी करेगा। वह पागल है या नहीं? चित्रांकन और चरित्रांकन के साथ ही साथ कथा का कौतूहल भी शुरू हो जाता है। कौन है ये पागल? आगे क्या कहेगा? इस तरह के प्रश्न सहज ही हमारे अचेतन मन में कौतूहल का भाव आगे बढ़ा देते हैं। कौतूहल को आगे बढ़ाने, आपके सुनने और कल्पनादृष्टि में देखने के रस को निरंतर बाँध कर आगे बढ़ाने के लिए जो चीज आवश्यक है, वह विशेषता जैसी रेडियो नाटक के लिए ज़रूरी है वैसी ही टेलीविजन, फ़िल्म या रंगमंचीय नाटक के लिए भी ज़रूरी है। इसको आगे बढ़ाने वाली वस्तु कथा होती है—प्लॉट। प्लॉट में चरित्र, नजरें बाँध लेने वाली सजावट यानी आहार्य। हमारे कानों को मोहने वाली संगीतमयता और साथ ही विचारमयता भी होनी चाहिए। इंसान जहाँ आँखों और

कानों से देखने और सुनने का भी आग्रह रखता है वहाँ उसकी बुद्धि चिंतन के लिए खुराक भी माँगती है।

अंत में संवादों की भाषा के संबंध में यह कहना जरूरी समझता हूँ कि भाषा आम लोगों की समझ के अनुरूप ही होनी चाहिए। नाटककार संस्कृत या अरबी, फारसीनिष्ठ भाषा का प्रयोग कर सकते हैं, शर्त सिर्फ यही है कि शब्द प्रचलित हों, कठिन नहीं। भाषा ऐसी होनी चाहिए जिसे आम और खास दोनों ही तरह के लोग समान रूप से समझ सकें।

आकाशवाणी, वर्ष-49, अंक-1, 1 जनवरी, 1984

# दूरदर्शन धारावाहिक 'रामायण' पर एक चर्चा*

**'रामायण'** पिछले समय में दूरदर्शन पर प्रसारित धारावाहिकों में सर्वाधिक लोकप्रिय रहा है। इतना अधिक लोकप्रिय कि उसकी समाप्ति पर दर्शक कुछ अतृप्त से रह गए और उसकी कथा के कुछ छूटे हुए प्रसंगों को दिखलाए जाने के लिए न केवल आग्रह अनुग्रह ही हुआ, बल्कि कई स्थानों पर जोरदार आंदोलन भी हुए। इन्हीं सबके फलस्वरूप 'रामायण' के शेष रह गए अंश का पुनः प्रसारण चल रहा है।

'रामायण' की अद्वितीय लोकप्रियता के बावजूद 'रामायण' का प्रसारण काफी विवादग्रस्त भी रहा है। स्वयं उसके प्रस्तुतीकरण, उसकी कथा के अंतिम भाग के छोड़े जाने अथवा ग्रहण किए जाने के विषय में काफी विवाद उठते रहे हैं। संयोग से कुछ समय पूर्व हिंदी के लब्धप्रतिष्ठ साहित्यकार श्री अमृतलाल नागर से इन विषयों पर चर्चा करने का सुयोग प्राप्त हुआ जो यहाँ प्रस्तुत है।

**प्रश्न :** नागरजी, पिछले दिनों दूरदर्शन पर 'रामायण' का प्रसारण हुआ (और अब पुनः हो रहा है)। एक ओर जहाँ इसका व्यापक स्वागत हुआ है, वहीं दूसरी ओर कुछ लोगों ने एक संप्रदाय विशेष की पौराणिक कथा होने के कारण इसके प्रसारण पर आपत्ति भी प्रकट की। आपके विचार से प्रचार माध्यमों से ऐसे आख्यानों का प्रसारण करना अनुचित तो नहीं है?

**उत्तर :** भाई, दूरदर्शन पर ऐसे आख्यानों के प्रसारण को मैं कदापि, अनुचित नहीं मानता और यदि इस्लाम के समर्थकों को आपत्ति न होती तो मैं कहता कि हसन और हुसैन की शहादत को, कर्बला की लड़ाई को भी दूरदर्शन पर दिखलाइए, क्योंकि यह प्रसंग, ये घटनाएँ, यह इतिहास/पुराण जो भी है, वह चाहे राम का हो, चाहे हुसैन का हो, चाहे क्राइस्ट (ईसा मसीह), चाहे मूसा का हो, इसे सांप्रदायिक कहा ही नहीं जा सकता। इनके भौगोलिक बंधन, कालिक बंधन, समय का जो दायरा

* दूरदर्शन पर प्रसारित धारावाहिक रामायण के संबंध में 1989 में नागरजी से रामकुमार मिश्र की बातचीत।

है उनसे बिल्कुल अलग है। इनसे तो मानव मूल्यों का स्थापन होता है। वे मूल्य चाहे, राम-रावण की लड़ाई के हों या कौरवों-पांडवों के महाभारत के हों, जीसस क्राइस्ट के हों या हसन-हुसैन के, इनका प्रसारण कदापि अनुचित नहीं है। जो इन्हें सांप्रदायिक मानते हैं, उन बौद्धिकों के प्रति आदर और विनम्रता का भाव रखते हुए भी मैं उनको बेवकूफ मानता हूँ।

**प्रश्न :** नागरजी, इसके सांप्रदायिक होने या न होने के बाद एक दूसरा विवाद सीता के द्वितीय वनवास के विषय में है। आपके विचार में क्या यह प्रामाणिक है अथवा बाद में जोड़ा गया क्षेपक? भारतीय समाज में श्री राम के महिमामय स्थान को देखते हुए लवकुश कांड का दूरदर्शन पर दिखलाया जाना क्या आपकी सम्मति में उचित है?

**उत्तर :** बड़ा ही रोचक प्रश्न किया है आपने। पहले तो यह ही प्रमाणित करना बड़ा कठिन हो जाएगा कि राम कथा, जैसी कि वाल्मीकि या तुलसीदास ने वर्णित की है, वह स्वयं भी, इतिहास सम्मत अथवा प्रामाणिक है अथवा नहीं? संस्कृत के जो विद्वान और स्कॉलर हैं, उनके अनुसार अयोध्याकांड से लेकर लंकाकांड तक को तो वे भाषा एवं अन्य साक्ष्यों की दृष्टि से ईसा पूर्व की रचना मानते हैं तथा आदिकांड एवं उत्तरकांड को प्रथम शती की रचना माना जाता है। यह मैं नहीं कह रहा हूँ बल्कि बड़े-बड़े विद्वानों का कहना है और मैं विद्वान नहीं हूँ। 'मैं पुछलगा बड़कवन क्यार' खैर, अब आइए सीता के द्वितीय वन-गमन के मुख्य प्रसंग पर। इसके संबंध में कुछ रामभक्तों ने आरोप लगाया है कि द्वितीय वन-गमन हुआ ही नहीं था, इसे बौद्धों ने बाद में जोड़ दिया किंतु मेरे मत में बौद्धों के जोड़ने का कोई प्रश्न नहीं है जैसा कि माना जाता है यदि राम बुद्ध से पूर्व हुए हैं, उनकी परंपराएँ, बुद्ध या महावीर के भारत में थीं ही नहीं? थीं और खूब थीं और पूरी श्रद्धा के साथ थीं। कहीं वो कथा थी। बौद्धों में राम जातक हैं, दशरथ जातक हैं, जैनियों में रामकथा है। मैं इसको दूसरे प्रकार से इंटरप्रेट (व्याख्या) करता हूँ। यदि वाल्मीकि की परंपरा में आगे किसी ने इसे जोड़ा भी है तो इसके द्वारा राम का जो मर्यादा पुरुषोत्तम रूप है उसे कसौटी पर ले आए। नगर में चारों ओर उनके जासूस घूमते हैं वे धोबी द्वारा अपनी स्त्री पर लगाए गए आक्षेप की खबर लाते हैं। राम इस पर विचार करते हैं और पाते हैं कि इससे प्रजा में मर्यादा भंग होती है। इस स्थिति की जिस कवि ने कल्पना की, उसे देखो उसने कितनी मानवीय संवेदना से युक्त स्थिति में यह प्रसंग जोड़ा होगा। सीता को वाल्मीकि आश्रम में छोड़ आने का आदेश देना स्वाभाविक ही था। जहाँ तक राम का पक्ष है, किसी हद तक हम इसका समर्थन कर सकते हैं। यद्यपि पूर्ण समर्थन करना कठिन है। मैं भी गोस्वामी तुलसीदास की तरह, सीता जैसी स्वाभिमानिनी नारी जो इतनी बड़ी अग्निपरीक्षा दे चुकी हो, उसको साधारण बे-पढ़े-लिखे धोबी, जो एक विवेक शून्य व्यक्ति है के शिकायत कर देने पर राम

को इतना बड़ा कदम नहीं उठाना चाहिए था। यह मैं हृदय से मानता हूँ। साथ ही जिस कवि ने इस उत्तरकांड या उत्तर रामायण की रचना की है, चाहे वे वाल्मीकि रहे हों, या उस परंपरा में कोई दूसरा कवि, वह भी प्रशंसनीय है। वह भी कहीं आदर करता है सीता का। राजसूय यज्ञ जब हो रहा है तो राजा राम सीता की प्रतिमा बिठाकर यज्ञ पूर्ण करते हैं तथा सीता वहाँ आकर ललकारती हैं और कहती हैं कि पृथ्वी तू फट जा मैं समा जाऊँ। यानी नारी के सती तेजस्वी रूप के साथ न्याय का जो स्वाभिमान है, वह सीता के चरित्र से और ऊपर उठता है। दूसरा प्रसंग और सुनो, राम जब लव, कुश से लड़ने आते हैं तो सीता को पता लगता है कि देवर हार गए हैं और अब पति आ रहे हैं तो वे कहती हैं–'जाओ बेटा लड़ो'। यह स्वाभिमान और न्याय की वृत्ति है। मैं समझता हूँ इससे कवि ने, माता जगदंबा, जगत्-जननी सीता का महत्त्व बढ़ा दिया है। तीसरे उसने एक और चीज भी दर्शायी है। आज के युग को देखते हुए जिसका महत्त्व समझ में आता है वह है पीढ़ियों के संघर्ष की बात। मूल्यों के साथ पीढ़ियों के संघर्ष की एक हल्की सी झलक हमको मिल जाती है।

इस कथा के विषय में प्रामाणिकता की कसम तो हम नहीं खा सकते क्योंकि यदि हम प्रामाणिकता का प्रश्न उठाएँगे तो सारी रामकथा पर ही प्रश्नचिह्न लग जाएगा। यदि हम गाधि पुत्र विश्वामित्र को ही ले लें, तो राम, गाधि पुत्र और उनके मामा परशुराम इनकी आयु में ही ढाई सौ वर्ष का अंतर पड़ता है। वैश्रवण रावण और दशरथी राम इनके बीच में तो 900 वर्षों का अंतर पड़ता है। सुमंत शर्मा ने तो बाकायदा हिसाब जोड़ा है। हम नहीं कह सकते कि रामकथा में कितना असल था और कितना बाद में जुड़ा। स्वयं वाल्मीकि ने एक जगह लिखा है कि रामकथा उनके लिखने से पहले च्यवन ऋषि ने लिखी थी जो अधूरी रह गई। रामकथा लोमष ऋषि द्वारा लिखी गई थी। इसके मायने यह हैं कि रामकथा कब से ही रही होगी, इसका पूरा प्रमाण हमारे सामने नहीं है। इस कथा में कैसे-कैसे कितने प्रसंग कब-कब जुड़े हैं यह बताया जा सकना कठिन है। अतः प्रामाणिकता की बात तो हम नहीं कह सकते किंतु कथा के रूप में हम कह सकते हैं कि अनुचित नहीं है इसका दिखलाया जाना।

**प्रश्न :** नागरजी! रामायण जिस रूप में, दूरदर्शन पर हमारे सामने आई उसके संबंध में बुद्धिजीवियों की एक बड़ी शिकायत यह बाकी रह गई कि उसमें चमत्कारिकता, अलौकिकता या कहीं-कहीं पर अंध धार्मिकता का बहुत अधिक पुट था। इस संबंध में आपके क्या विचार हैं?

**उत्तर :** बड़ा ही विचारणीय प्रश्न है। यदि रामानंद सागर ने इसे बड़ी स्क्रीन के लिए बनाया होता तो हम कह देते कि उन्हें अपने टके वसूलने हैं। छोटी स्क्रीन का जो पैसा लगाने वाला है, वह यानी सरकार यह दावा करती है कि यह समाज

को शिक्षित करने का माध्यम है उस माध्यम (अर्थात दूरदर्शन) से धार्मिकता का अति रूप देकर के, समाज को शिक्षित करने के बजाय उसे बेवकूफ बनाया गया है। यह धार्मिकता वह धार्मिकता नहीं है जो वांछित है। यह तो चेतना शून्य है। पहाड़ा भर है।

आप देखें, राम ने जब लंका जीत ली तो वाल्मीकि के राम एक क्षत्रिय की तरह से कहते हैं कि सीता अब मेरे काम की नहीं है। दैव ने जो दोष (रावण द्वारा सीता का हरण) उत्पन्न किया था, उसको मैंने मनुष्य की तरह से ठीक कर दिया है। "दैव संपादितो दोषो, मानुषेणा मैं अर्जितः" राम का वह क्षात्र रूप जो वाल्मीकि ने इस जगह वर्णन किया है तुलसीदास ने नहीं किया। तुलसीदास के राम तो सीता को लाने के लिए आदमी भेजते हैं। हाँ, अग्निपरीक्षा का एक प्रतीक जरूर जोड़ दिया। आग में तो सीता न जली होंगी और न प्रह्लाद जले होंगे। अग्निपरीक्षा का तात्पर्य उनके तपोबल से है। वह किस तरह से रही होंगी लंका में, कितना मनस्ताप झेला होगा उन्होंने वहाँ। यह कम अग्नि है? लंका में रहते हुए कितनी बड़ी अग्निपरीक्षा देकर वे आई थीं। लोक को शिक्षा देने के लिए अग्निपरीक्षा का प्रतीक कवि या दार्शनिक ने बना लिया। वह है तो अग्निपरीक्षा ही लेकिन उसका रूप उन्होंने दूसरा कर दिया।

यहाँ सबसे अधिक ध्यान देने की बात यह है कि उनका सबसे बढ़िया विशेषण है 'मर्यादा पुरुषोत्तम' जो सदियों से उनके नाम से जुड़ा चला आ रहा है। 'पुरुषोत्तम' के अर्थ हैं 'पुरुषों में उत्तम'। ऐसे व्यक्ति में अलौकिकता का तमाशा लाना यह तो टका कमाने वाली मुनाफा वृत्ति है। सच्ची बात यह है कि दूरदर्शन के माध्यम से यह नहीं होना चाहिए था।

**प्रश्न :** नागरजी! बस अब एक अंतिम प्रश्न और। दूरदर्शन पर रामायण के प्रसारण के बाद बहुत से लोग कहने लगे हैं कि रामकथा का इतना व्यापक प्रचार-प्रसार कभी नहीं हुआ। बल्कि बहुत से लोग तो उन्हें तुलसीदास से भी अधिक रामकथा का प्रचारक कहने लगे हैं। इस संबंध में आपकी क्या प्रतिक्रिया है?

**उत्तर :** ऐसा जो कहते हैं वे विवेक-बुद्धि दोनों ही नक्खास की कबाड़ी बाजार में बेच आए हैं। कारण क्या है कि हम अपने होश से, केवल इसी शहर के ही, डालीगंज, बाबा हजारा और ऐशबाग की रामलीलाएँ देखते चले आ रहे हैं। हमारी किशोरावस्था में, सदर में भी रामलीला होने लगी थी। रामलीलाओं का यह प्रचलन स्वयं तुलसीदास ने चलाया था। हम तुमको बताते हैं, देखो काशी में राजगद्दी और अयोध्या यह तो अस्सी घाट पर हैं, नाक कटैया का स्थल दूसरा है। केवट लीला का स्थल तीसरा है। पूरे नगर को उन्होंने रंगमंच बना दिया है और देखो उनकी संगठनात्मक बुद्धि। अहीर वहाँ की सबसे लठैत जाति है। वह वानर बनती है। राम और सीता ब्राह्मण ही बनेंगे। राजा दशरथ आदि क्षत्रिय जाति से बनेंगे। ठठेरों से

काम लिया, केवट से काम लिया है। उन्होंने काशी में रहने वाली हर जाति से काम लिया है। समाज को संगठित किया है। रामानंद (श्री रामानंद सागर) हमारे मित्र हैं, उन्होंने फ़िल्म बनाई, सीरियल बनाया, यह अच्छा किया पर अगर कोई उनकी तुलना तुलसीदास से करे तो मैं कहूँगा कि 'कहाँ राजा भोज और कहाँ गंगुआ तेली?' समझ गए। प्रचार का कार्य आज उन्होंने एक नए माध्यम से किया है। रामकथा तो हर साल रामलीलाओं के माध्यम से देखी जाती है और कभी यह नहीं होता कि भीड़ कम हो, तो यह कैसे कहा जा सकता है कि रामानंद ने जैसा प्रचार किया, वैसा पहले कभी नहीं था। जो कहते हैं वे बेवकूफ हैं। तुम दक्षिण जाओ, आंध्र में, तेलगू में, रामायण का प्रचार है। महाराष्ट्र में है, गुजरात में है। कहाँ नहीं है। भारत भर में रामकथा का व्यापक प्रचार प्रसार है। इसलिए यह कहना कि ऐसा व्यापक प्रचार-प्रसार पहले कभी नहीं था, अपनी संस्कृति को लांछित करना है।

स्वतंत्र भारत साप्ताहिक परिशिष्ट, 7 मई, 1989

# कलाकार जागा

हम लोग दीन-दुनिया से बँधे, जन साधारण में रहे-बसे कलाकार हैं। हममें से कोई कविता-शायरी करता है, खयाल रचता है, रसिया, आल्हा, गज़ल, गीत, भजन, नौटंकी रचता है, कोई गायक है, कोई अच्छे-अच्छे स्वाँग भरने वाला अभिनेता है, तो कोई मूर्तिकार है, कोई चित्रकार। किसी को नृत्यकला में रस है, कोई वंशी, सितार, ढोल, मृदंग लेकर, कोई चिमटा, हुड़क या इकतारा लेकर ही रस में तन्मय हो जाता है। इस प्रकार हम सब मन की मस्ती से खेलने वाले प्राणी हैं। यों स्वार्थ और ओछेपन की बात जाने दीजिए, पर किसी हद तक हर कलाकार बेखुद और बेलौस भी होता है, फक्कड़पन उसकी विशेषता होती है। गुणग्राहक की एक 'वाह-वाह' पर कलाकार अपना सर्वस्व निछावर कर देता है और कोई यदि अपमान करके उसे लखपती भी बनाना चाहे तो भूखा भिखारी परन्तु अपने मन की मौजों का राजा, कलाकार लाखों की संपत्ति को पैरों से ठुकरा देता है। अनेक दुर्बलताओं से घिरा रहने पर भी कला का पुजारी स्वभाव से फकीर होता है।

इस ठाठ फकीरी की अलमस्त बिरादरी वालों से आज कुछ 'जी की बातें' करने को जी चाहता है।

हममें से प्रायः हर एक को आए दिन इस बात का अनुभव होता रहता है कि जहाँ कहीं चार का समाज जुड़ता है, जमाने के सुख-दुःख की बातें होने लगती हैं, वहाँ ही किसी न किसी बहाने से यह चर्चा भी छिड़ जाती है कि हम भारतवासी आज हद से अधिक पतित हो गए हैं। हम आलसी, निकम्मे और स्वार्थी हो गए हैं। हमसे कभी कोई अच्छाई नहीं हो सकती और हम अपना ज़माना दिनोंदिन बिगाड़ते ही चले जाएँगे। अंत में फिर किसी न किसी के गुलाम हो जाएँगे।

इस बात की चर्चा कोई वाहवाही, शेखी की बात नहीं। पर यह हमारा-आपका नित्य का अनुभव है कि हम भारतीय आज गली-सड़क, हाट-बाट, नदी-घाट, क्लब, रेस्टोराँ जहाँ कही भी चार के समाज में जुड़ते हैं, यही चर्चा आम तौर पर किया करते हैं और वह भी बड़ी शेखी के साथ।

जी की बात है, मैं अक्सर यह सोचा करता हूँ कि यह आदत अच्छी है या बुरी? अच्छी तो निश्चय ही नहीं है। अपने आप से शिकायतें रखना, अपने आप से घृणा करना मनुष्य की प्रकृति के खिलाफ़ है। हम-आप तो मनुष्य हैं, साधारण से साधारण कीट-पतंग भी अपने को प्यार करता है। जीवन को प्यार करना, जीवन पर विश्वास रखना, यह जीव का धर्म है। मेरे विचार से आप सब सहमत होंगे, क्योंकि यह सबकी जानी-पहचानी बात है।

फिर दो विरोधी बातें एक साथ कैसे हो सकती हैं? हम भारतवासी समय-संकट से घिर कर आज ऐसी दशा को प्राप्त हो गए हैं कि एक साथ, एक ही समय अपने से प्यार और नफ़रत करने का हठ करते हैं—यानी न प्यार करते हैं न नफ़रत करते हैं—यानी कुछ नहीं करते। हमारा दिमाग आजकल निकम्मा है। अंगरेजी की एक कहावत है कि 'निकम्मा दिमाग शैतान का कारख़ाना होता है'। इस सत्य से भला किसका मतभेद हो सकता है?

इस समस्या को लेकर मैंने किसी हद तक झूठ-सच की परख की है। यह बात सच तो है कि हम भारतवासियों में आलस्य, फूट, और निकम्मापन भर गया है; पर सारा भारतीय समाज निकम्मा हो गया है यह बात झूठ है। देश में आज भी कारज की जोत जल रही है। मैं अपनी आँखों देख आया हूँ, महान् निर्माण-कारी कार्य हो रहे हैं। आज से पहले भी हजारों वर्ष से भारतवर्ष में कर्म की ज्योति प्रायः अखंड रूप से जल रही है। यह इतिहास सिद्ध बात है, जग जानता है।

हम थोड़ी देर के लिए शिकायतों की आँधी से बच कर ठंडे मन से यह विचार करें कि भूत काल और वर्तमान की इस असलियत के रहते हुए भी हम (आमतौर पर नगर निवासी) जो इस समय शिकायती राम, शिकायती हुसैन या शिकायती सिंह बन गए हैं, आखिरकार इंसान क्यों नहीं बन पाते? इंसान को ईश्वर से बुद्धि मिली है। कोई भी बुद्धिमान आदमी भला यह कैसे सहन कर सकता है कि वह बराबर अपने से शिकायतें ही करता रहे? सीधा-सच्चा मार्ग तो यही है कि यदि कोई शिकायत हो तो उसका अनुभव करते ही तुरंत दूर करने के उपाय पर विचार भी हो। विचारों को लेकर कर्म किया जाय। उससे कमी-बेशी के नतीजे निकलेंगे। बिगड़ा काम बार-बार सुधारा जाएगा। करते-करते एक दिन बिगड़ी बात बन जाएगी। हम जितनी फुरती और मुस्तैदी के साथ कर्म करेंगे उतनी ही जल्दी हमारा भाग्य पलटेगा।

हम जो ठाठ फक़ीरी वाली बिरादरी के लोग हैं—कविता, शायरी, खयाल, लावनी, कजरी, रसिया, जिकड़ी, लेद, आल्हा, बिरहा, बिदेसिया, नौटंकी, किस्से-कहानियाँ, नाटक-उपन्यास लिखनेवाले, अभिनेता, गायक, नर्तक, चित्रकार, मूर्तिकार आदि—जिनको भारतीय समाज में 'गुणीजन' भी कहा जाता है, इस समस्या के साथ सबसे अधिक बँधे हुए हैं। आपमें से कोई-कोई यह शंका भी कर सकते हैं कि हम अलमस्त लोग, सदा कल्पना के विमान पर चढ़ कर ऊँचे-ऊँचे ख़यालों की सैर करने वाले, सुंदरता

का नित्य नया स्वरूप दर्शन करने वाले फक्कड़ लोगों का भला इन सब बातों की चिंता से क्या प्रयोजन? कभी जी को किसी असत्य या अन्याय से चोट लगी तो अपनी ओजस्वी वाणी से उसका विरोध कर डाला और फिर अपनी धुन में खो गए। हम सदा एक विचार की चिंता का बोझ अपने सिर पर क्यों लादें?

हाँ, कोई यह शंका कर सकता है, पर सच बात यह है कि ऐसी शंकाएँ कोई बुद्धिमान व्यक्ति नहीं उठाएगा। कोई भी समझदार व्यक्ति मिथ्या शंकाएँ उठाना पसंद नहीं करता। यह जग जाहिर बात है कि कलाकार अपने युग पर सबसे अधिक प्रभाव डालता है। इंसान के जीवन में दर्पण का जो महत्त्व है, वही महत्त्व कलाकार का भी है। शीशा जितना साफ़ होगा, सूरत उतनी ही अच्छी तरह से दिखलाई देगी। इसी तरह जिस युग का कलाकार जितनी सफ़ाई से अपने युग के भावों को प्रकट करेगा, जितनी सावधानी और बारीक-खयाली से मनुष्य के मनोभावों का मर्म बखानेगा, उतना ही ऊँचा और सुंदर उस समाज का नैतिक स्तर भी होगा। भारत के इतिहास में कलाकारों की जिम्मेदारी के प्रमाण ही प्रमाण भरे पड़े हैं। यहाँ का कलाकार वास्तव में कर्मयोगी रहा है। हमारे पुरखे ऐसे घनघोर रसिया थे कि पहाड़ों को भी रस बना कर पी गए। यह बात हम नहीं कहते—अजंता, एलोरा, आदि गुफा-मंदिरों और कारीगरी के अनेक सुंदरतम नमूनों को देख कर सारा जग एक मुख हो कह रहा है। वेदकाल के ऋषि-महर्षि, कवि और गायक थे। वे अपनी अमरवाणी के तेज से भारत को जगत्-पूज्य बना गए। जिस देश में वैदिक ऋषियों के समान विचारक और सत्यनिष्ठ कवि होते हैं, उस देश में राम और कृष्ण जैसे अवतारी महापुरुषों का जन्म भी निस्संदेह होता है। सद्विचारों का साम्राज्य दूर-दूर तक फैलता है और अमर होता है। जिस युग में जैसे विचार फैलते हैं, जैसी भावनाएँ होती हैं, वैसा ही उस युग का समाज भी होता है। आप सब कवि-कलाकार सुंदरता के सिरजनहार और उसके प्रचार-एजेंट भी हैं। यह खुदाई ख़िदमतगारी आपके हिस्से में आई है। भारत के कलाकार जब ऊँचे साधक थे, तब यह देश महान् था, जब वे आपसी जलन और छिछोरेपन के कारण कला की पूजा छोड़कर राजे-रजवाड़ों के दरबारी हो गए, खुशामदी और अपने हुजूर को रिझाने वाले सस्ते सिंगारी हो गए, यह भारत गारत हो गया। मैं अपने जी से अक्सर यह कहा करता हूँ : "रे मन, देश के इतिहास में अपना हिस्सा कभी न भूल। तेरी देह में हजार दुर्गुण समाए हुए हैं, पर तू यदि अपने ठाठ फकीरी पेशे का यह एक नियम साधे रहेगा, तो तेरी मिट्टी स्वारथ हो जाएगी—तेरे सारे पाप धुल जाएँगे।"

मैं अनेक दुर्बलताओं से घिरा होने पर भी सच्चे हृदय से यह मानता हूँ कि कलाकार को ईश्वर या इतिहास (जो भी मानते हों) से निर्माणकारी भावनाओं के प्रचारकारी एजेंट होने का काम मिला है और उसे हमें पूरा करना ही चाहिए। निर्माणकारी भावनाओं का प्रचारक होकर कलाकार का चरित्र स्वयं भी निखरता है। उससे उसे

नए अनुभव प्राप्त होते हैं। उसके अनुभवों से सारे मनुष्य-समाज को नई गति मिलती है।

हम संसार रूपी घड़ी की चाभी न सही, उसका लीवर भी न सही, मगर एक छोटे से पुर्ज़े अवश्य हैं। घड़ी के चलने में हमारा भी हिस्सा है, महत्त्व है। किसी भी स्वतंत्र राष्ट्र के कलाकार को अपनी सारी मस्ती और फ़क्कड़पन के साथ भी, दिन-रात की चिंता के तौर पर अपनी मन-माला में यह चिंतामणि पिरोनी ही पड़ती है और जो यह नहीं करता वह कलाकार नहीं, फक्कड़ अलमस्त नहीं, ढोंगी कलाबाज है। जनता कलाबाजों के ट्रिकों पर दो घड़ी के लिए रीझ भले जाए, पर उन्हें कभी प्यार नहीं करती, उनका आदर नहीं करती।

लेकिन कलाकार पर जनता अपनी जान निछावर करती है। वाल्मीकि और व्यास देव जैसे महाकवि न होते तो भगवान् राम और श्रीकृष्ण परमात्मा की लीलाओं को जग कैसे जानता? तुलसी, मीरा, सूर, कबीर, दादू, नानक जैसे कविगुरु न होते तो देश में प्रेम और सद्ज्ञान का प्रचार कौन करता? जीवन की ऊँची से ऊँची गुत्थियों को सुलझाकर सरल कहानियों के द्वारा उन्हें सरस बना कर हमारे देश के पुराणकार भारत की पीढ़ियों में सुसंस्कार जगा गए। मानव जाति के इन्हीं गुरुओं का प्रसाद हमारे कलाकार युगों से देश भर में बाँटते फिरे हैं। हमारे गाँवों-नगरों में आज तक यही होता आ रहा है। दिन भर के कामकाज से फुरसत पाई, साँझ समय मंदिर, चौपाल में सब इकट्ठे हुए, गवैया अपना गुन लेकर सामने आया, बजैया अपने करतब दिखलाने आया, नचैया ने अपने गुन जाहिर किए—सबने मिल कर संतबानी का प्रचार अपनी-अपनी कलाओं का रस बरसा कर किया। कोई मटका बजाने में लासानी है, कोई ढोलक के कमाल दिखलाता है, कोई बाँसुरी से रस की गंगा बहाने वाला भगीरथ है। आप सभी तो मानव के मन की सुंदरता के पारखी और प्रेम के पुजारी हैं। प्रेम के आगे कलाकार जात-पाँत, ऊँच-नीच आदि सारे भेद-भाव भूल जाता है। पब्लिक भी यह सब भूलकर कलाकार को प्यार करती है। अपने समय की ही मिसाल लीजिए। राष्ट्रपिता गाँधी जी और देश के बड़े-बड़े नेताओं की इच्छा के विरुद्ध हिंदुस्तान-पाकिस्तान बँट गया। इतनी अशांति फैली, जान-माल दोनों लुटे, इतनी घृणा फैली, फिर भी मास्टर सहगल और काननबाला के रिकार्डों से किसी भी हिंदुस्तानी या पाकिस्तानी की एक क्षण के लिए भी लड़ाई न हुई। दोनों ही इन्हें प्रेम से सुनते रहे। उस्ताद फैयाज़ खाँ का बँटवारा भी कोई न कर सका। कालिदास, बाणभट्ट, शेक्सपियर, मिल्टन, टाल्सटाय, तुलसीदास, सूरदास, रहीम, जायसी, गालिब, मीर, भारतेंदु, गुरुदेव रवीन्द्रनाथ, शरत्चंद्र, प्रेमंचद आदि महापुरुषों की जात-पाँत, राष्ट्रीयता आदि को कौन पूछता है? मानव-मात्र इनसे प्रेम करता है।

कलाकार का नाता इंसान की भलाई से है। भारत के कलाकारों को संघबद्ध होकर यह बात समझनी है। अपने देश के नव-निर्माण में आपको हिस्सा लेना ही

है। इसके बिना न आपकी गति है, न देश की। इसलिए जागो! ऐ पहाड़ों को रस बना कर पी जाने वाले कर्मयोगी रसिया, पुरखों के वंशधरो, आज तुम्हारी आन का सवाल आया है। दुनिया खड़ी यह तमाशा देख रही है कि देखें, भारत उठता है या गिरता है।

भारत के हर कलाकार के कंधों पर आज चिंता और कठिनाइयों के रहते हुए भी दुहरा ऋण-भार लदा हुआ है—एक अपने पूर्वजों का, दूसरा अपने बच्चों का यानी अगली पीढ़ियों का। इस दुहरे ऋण-भार की चिंता उसे करनी ही पड़ेगी। इस समय भारत में एक निर्माणकारी आंदोलन की सख्त जरूरत है। भारतवासी को जाति-पाँति, दीन-धर्म, ऊँच-नीच, प्रांतीयता के सारे भेद मिटा कर सच्चे अर्थ में भारतीय बनना है। यह हम सबकी ड्यूटी है कि इस अधार्मिक भेद-भाव के भूत सदा के लिए भगा दें। 'जाति-पाँति पूछै ना कोऊ, हरि को भजै सो हरि का होऊ' और हरि के हजारों नाम हैं। परम तत्त्व के नामों को लेकर भेद-भाव फैले, ऊँच-नीच फैले, अनीति हो और प्रेम का प्रचारक कलाकार गाफ़िल बैठा रहे—यह तो हमारे देश की रीति नहीं।

दूसरी बात यह कि झूठी आबरूदारी जो अंग्रेजी गुलामी के कारण, हमारे नगर के लोगों की अधकचरी सभ्यता के कारण पनपी है और अब अंग्रेजी न पढ़े हुए लोगों में भी अपना प्रभाव जमा रही है, उसके खिलाफ़ आपको अपने रसभीने व्यंग्य-बाण बरसाने हैं।

ऊँच-नीच की मरजाद और झूठी आबरूदारी से बढ़कर हमारा कोई शत्रु नहीं। यह ठाकुरशाही पेट भरे रईसों के देश को भले सोहे मगर आज के कंगाल भारत के लिए यह सबसे बड़ा कलंक है। इस झूठी मरजाद और आबरूदारी में फँस कर लोग मेहनत-मशक्कत, हाथ का काम छोड़ कर कोरी बाबूगीरी के पीछे दीवाने हो रहे हैं। यह तो वही कहावत हो गई कि, 'तू भी रानी मैं भी रानी, भरे कौन कुएँ से पानी?' भला कंगाल देश में यह झूठे बड़प्पन का भाव कभी हितकारी हो सकता है?

तीसरी बात यह कि शिक्षा-प्रचार की ज्योति जगानी है। इसके लिए हमें-आपको कर्मयोगी भारत के इतिहास और उसकी संस्कृति को समझना चाहिए। हमें अपने पुरखों द्वारा पाए गए अनुभवों को नए समय के अनुसार प्रयोग में लाना चाहिए। हमारे देश के बाहर जो सभ्यताएँ फैली हुई हैं, उनके यहाँ ज्ञान-विज्ञान की जो उन्नति हुई है, उनसे भी हमें सीखना चाहिए। हमें बराबर पढ़ना चाहिए। चार में बैठ कर देश-विदेश के ज्ञान की चर्चा करने का, अपनी उन्नति के उपायों पर विचार करने का फैशन चलाना चाहिए। राष्ट्र में हर तरह से उन्नति और कर्म करने की भावना भरना, उसमें मानव मात्र के लिए, सारे जीवों के लिए प्रेम और सद्‌भाव भरना ही सच्चा शिक्षा-प्रचार है।

लूट, मुनाफाखोरी आदि अनीतियाँ आपके रहते देश में रह जाएँ, यह सचमुच

लज्जा की बात है। अरे आप ही तो हैं, जिनके गीतों से डर कर राष्ट्रीय आंदोलन के दिनों में विलायती माल बेचने वालों ने अपनी दुकानें बंद कर दी थीं, शराब वालों ने अपने ठेके बंद कर दिए थे। आप में से एक श्री श्यामलाल पार्षद, ने गाया :

*"विजयी विश्व तिरंगा प्यारा।*
*झंडा ऊँचा रहे हमारा।।"*

—और इस भाव-भरे गीत से प्रेरित होकर भारत के बच्चे-बच्चे ने तिरंगे प्यारे को इतना ऊँचा उठाया कि विलायती वाइसराय का भवन हमारा राष्ट्रपति भवन बन गया। आपमें से ही एक श्री चंद्रिकाप्रसाद जिज्ञासु ने देश के युवक-हृदय-सम्राट नेहरू के गुणों पर रीझ कर एक गान गाया। सारा राष्ट्र उनके साथ-साथ गा उठा :

*"भारत का डंका आलम में बजवाया वीर जवाहर ने।"*

कवि की वाणी और करोड़ों जन-मन के भाव ने सचमुच ऐसा ही कर दिखाया। हमारे वीर जवाहर के कारण ही तीसरे महायुद्ध का संकट टलता जा रहा है। आज भारत की विदेशी नीति का सारे आलम में डंका बज रहा है।

इसी प्रकार जाने कितने गीत जुड़े और देश के कोने-कोने को आज़ादी की चेतना से भर गए।

आपके गीत देश में स्वतंत्रता लाए, अब अपने गीतों से स्वतंत्र देश में कर्म की चेतना भी फैलाइए। कविवर, नवीनजी के शब्दों में :

*"कवि कुछ ऐसी तान सुना दो, जिससे उथल-पुथल मच जाए।"*

आज ऐसी उथल-पुथल की सख्त जरूरत है जिससे आलस्य, निकम्मापन, झूठा गरब-गुमान, अशिक्षा, कुशिक्षा आदि बुराइयाँ जो हमारे अंदर अपनी जड़ें जमा चुकी हैं, वे नष्ट हो जाएँ और मेहनतकश, सच्चे, ईमानदार भारत का जन्म हो।

देश में इस समय बड़ी-बड़ी निर्माणकारी योजनाएँ चल रही हैं। बड़े-बड़े बाँध बाँधे जा रहे हैं। नहरें खोदी जा रही हैं, बिजली उत्पन्न की जा रही है, देश में कल-पुर्जे भी बनने लगे हैं, विज्ञान के क्षेत्र में भी बड़ा काम होने लगा है, देश में चारों ओर उन्नति के लक्षण दिखलाई देने लगे हैं। कर्मशीलता का यह पौधा जो कर्मयोगी भारत में नए सिरे से पनप रहा है, इसे रहीम के शब्दों में—'सींचन की सुधि लीजो मुरझि न जाय।'

मैं आपको अपना अनुभव सुनाता हूँ। कुछ महीने पहले भाखड़ा-नंगल के बाँध देखने के लिए मैं पंजाब गया था। भाखड़ा में सतलज नद पर दुनिया का दूसरा सबसे बड़ा बाँध बँध रहा है। देश के बँटवारे से पूर्वी पंजाब को बहुत नुकसान उठाना पड़ा। परन्तु इससे हमारे देशवासी हारे नहीं, उन्होंने अपनी कर्मशक्ति का परिचय दिया। बाँध के फाटक, पावर हाउस के अनेक कठिन और महत्त्वपूर्ण कल-पुर्जे आदि जो विदेशों से बड़े दामों पर मिल रहे थे उन्हें न खरीद कर हमारे देश-वासियों ने अमृतसर के सरकारी कारखाने में सस्ते दामों में वैसे ही कल-पुर्जे तैयार किए। जानकारों

का मत है कि भारत में ढाले गए ये मशीनी-पुर्जे विदेशी पुर्जों से अधिक मजबूत और अच्छे बने हैं। यह देखकर, सुनकर कौन ऐसा भारतीय होगा जिसकी छाती अभिमान से फूल न उठेगी? अपने उत्तर प्रदेश में भी रिहंद, माताटीला, चंद्रप्रभा के बाँध बँध रहे हैं, अनेक रेलें खोली जा रही हैं, चुर्क में सीमेंट का कारखाना खुला है, पंचायत-राज की स्कीमें चल रही हैं, शिक्षा के क्षेत्र में सुधार हो रहे हैं। यह सब जो निर्माणकारी कार्य हो रहा है क्या व्यर्थ जाएगा? इनका फल अगर आज कम दिखलाई पड़ता है, तो क्या कल भी ऐसी ही दशा रहेगी? आज का नन्हा सा पौधा अगर ठीक तरह से सींचा जाए, आकाशी उत्पातों और पशुओं से उसकी रक्षा की जाए तो क्या वह आगे चलकर विशाल और मजबूत वृक्ष नहीं बन जाएगा? गाँधीजी की छत्रछाया में यह देश सन् 1919 से सन् 1946 तक लगातार जूझ-जूझ कर स्वतंत्रता पाने के लिए परिस्थितियों का निर्माण करता रहा। उस समय भी बहुत से शिकायती राम, शिकायती हुसैन और शिकायती सिंह शिकायतें करते नहीं अघाते थे। उन्हें सब बुरा ही बुरा दिखलाई देता था। तब उनकी शिकायतों के काले बादलों से क्या कवि कलाकारों के लिए भी आशा और विश्वास का सूर्य ढक गया था? फिर आज ही हम-आप ऐसी लापरवाही क्यों बरतें? हम ऐसा प्रयत्न क्यों न करें जिससे इन महान् कार्यों की चर्चा फैले, लोगों में उपयोगी काम करने की होड़ जागे।

ओ देश रूपी राम के सेवक बजरंगबली! ओ कलाकार! तुम अपनी शक्ति को भूल कर किस मोह में बैठे हो? तुम यदि एक बार मन में धार लो तो देश सचमुच ही एक छलाँग में यह निराशा का महासागर पार कर जाएगा। केवल तुम ही नहीं, तुम्हारी कला की शक्ति से सारा देश कर्म का सेतु बाँधकर शक्ति-सुख-समता-शांति रूपिणी सीता को मुक्त कर लाएगा।

इतिहास के पिछले अनुभवों से नए युग का ज्ञान चेतता है। पिछले युगों में मनुष्य को जितने संघर्ष करने पड़े, उससे नया युग सामने आया। तनिक सोचने की बात है कि आज से लगभग आठ-दस हजार वर्ष पहले जिस मनुष्य जाति की चेतना निपट पशु के समान थी वह अब पाँच मील प्रति सेकेंड की रफ्तार से राकेट उड़ाने लगा है। पैंतालिस मिनट के अंदर आदमी दुनिया के ओर-छोर में पहुँच सकता है। रेडियो के सहारे घर बैठे पल भर में जी चाहे जहाँ की सैर कर आइए; दुनिया भर की फ़िल्में देख लीजिए। दुनिया के किसी कोने में हलचल हो, आपके बाजार पर उसका तुरंत प्रभाव पड़ता है। ज़रा सोचिए तो सही कि दस हजार वर्ष पहले का राक्षस समाज अब कितनी अधिक संख्या में शिक्षित और साक्षर हो चला है। मनुष्य अब सामूहिक रूप से मानवता के बारे में सोचने-समझने लगा है। उसने दुनिया भर में अपनी बौद्धिक, सामाजिक, राजनीतिक दासता के बंधन तोड़े हैं, और जैसे-जैसे शिक्षा बढ़ती जाएगी, ज्ञान चेतता जाएगा, मनुष्य समाज अधिक स्वतंत्र होता जाएगा। यह वसुधा एक कुटुंब बन कर ही रहेगी। भगवान् कृष्ण की यह बात तनिक भी

झूठी नहीं है। हमारे पुरखा-भारत के मनुष्य समाज ने तप-संयम के प्रभाव से अनेक गहरे अनुभव सिद्ध कर लिए थे और उन्होंने अपने-आपने जमानों के अनुसार देश की जनता को ऊँची सभ्यता, नए और बड़े स्वस्थ आदर्श प्रदान किए थे।

भारत वर्ष के इतिहास पर अगर हम सरसरी दृष्टि से भी विचार करें, तो वह अपने ढंग का अनोखा है। आज से 6 हजार वर्ष पहले, इस देश में बड़े-बड़े और बड़े ही सुंदर नगर बनने लगे थे। इस देश की अनार्य सभ्यता भी बहुत बढ़ी हुई थी। गणतंत्र समाज था। हमारे अनार्य पुरखा लिखना-पढ़ना भी जान गए थे। अच्छे वस्त्र, सुंदर आभूषण, बड़े सुखद भवन, स्नानागार, व्यवस्थित गलियाँ, सड़कें, सड़कों के किनारे पब्लिक के लिए कुएँ, गलियों को रात के अँधेरे से बचाने के लिए प्रकाश-स्तंभ—जाने क्या-क्या कला-कौशल, कितनी विद्याएँ, यहाँ तक कि तप के अनुभव और योग का ज्ञान भी सिद्ध कर लिया था। उस समय दुनिया में केवल सुमेर, बैबिलोनिया, मिस्र आदि इने-गिने देशों में ही सभ्यता फैली थी। उन देशों की सभ्यता भी महान् थी इसमें संदेह नहीं, पर बड़े-बड़े विद्वानों का मत है कि भारत की सभ्यता सबसे बढ़ी-चढ़ी थी।

हमारे वैदिक आर्य पुरखा अत्यधिक ऊँची चेतना के निष्ठावान लोग थे। उन्होंने अनुभव किया कि असुर, दानव आदि अनार्य सभ्यता के लोग नगर और बड़ा वैभव आदि तो अवश्य कमा लेते हैं, परन्तु इससे कुछ ही लोगों का लाभ हो सकता है। एक नगर में भला कितने इंसानों का भला हो सकता था? देश का बहुत बड़ा जन समुदाय तो असभ्य, दरिद्र, और उच्छृंखल या पराया दास बन कर जी रहा था। आर्यों ने इस नगर वाली सभ्यता को एकदम नापास किया। उन्होंने जनता को अज्ञान-मुक्त किया। कहा कि मनुष्य, तुम धरती के बेटे हो, धरती पर फैल जाओ। खेती करो, स्वावलंबी बनो। आर्य पुरखाओं ने 'उत्तम खेती मध्यम बान' का मंत्र देकर लाख-लाख जनता को स्वाधीन कर दिया। इस तरह उन्होंने बहुत बड़े मनुष्य समाज को कर्म दिया, सभ्य बनाया, और देश को संगठित किया। उन्होंने देश में नई संस्कृति की जोत जगायी। भरत नामक आर्यों का दल ऋग्वेद काल में बड़ा प्रतापी और तेजस्वी था। भरत लोग देश के अनेक भागों में अपने यज्ञ की अग्नि लेकर गए। उनके यज्ञ की अग्नि को भारत अग्नि कहा जाता था और उनके ज्ञान की इष्ट देवी का नाम भारती था। जहाँ-जहाँ भरत लोगों की सभ्यता फैलती गई, वहाँ-वहाँ भारत नाम भी फैलता गया। धीरे-धीरे यह अनेक बोली-बानियों, रीति-रिवाजों, और अनेक जातियों वाला महादेश भारतवर्ष के नाम से विख्यात हो गया। आर्यों ने हज़ारों वर्ष पहले जब कि रेडियो, अखबार, सिनेमा, रेल, हवाई जहाज, आदि प्रचार के एक भी साधन न थे, तब इतने बड़े देश को एक रूप दिया, यह कम आश्चर्य की बात नहीं है। मगर भगवान कृष्ण ने कहा है कि अभ्यास और कर्म से सब कुछ संभव है। हमारे प्रतापी, तपस्वी, और कर्मठ पुरखों ने असंभव को संभव कर दिखाया।

आर्य-अनार्य के ऊँच-नीच के झगड़ों में हम न पड़ें। दोनों ही हमारे पुरखे थे, भारतवासी थे। दोनों ने अपनी महान् कर्मशक्ति का परिचय को हमको दिया है। हम अपने पुरखों के ऋणी हैं। यह ऋण केवल इसी तरह उतर सकता है कि हम भी उन्हीं की तरह लगन के साथ कर्मरत हों, कर्म के गीत गायें, कर्म की महिमा बढ़ाएँ।

भारत का यह सनातन कर्मयोग सिद्धांत जिन बातों पर टिका था, उनकी भी थोड़ी बहुत चर्चा कर देना अनुचित न होगा। वैदिक ऋषियों ने हमारा समाज इस ढंग से बाँधा था जिससे हर एक को अपनी-अपनी बुद्धि और शक्ति के अनुसार काम करने का पूरा अवसर मिलता रहे। इस तरह उन्होंने समाज के कर्म का बँटवारा किया। हर व्यक्ति में कर्म की लगन सही रूप में लगी रहे, उम्र के अनुसार काम का रूप बदले इसके लिए भी नियम बनाए गए। इस तरह हर पुर्जा ढल कर भारतीय समाज-घड़ी की तरह सुचारु रूप से काम करने लगा।

इस बात को हमें अच्छी तरह समझ लेना चाहिए।

सबसे पहले तो उन्होंने परिवार को संस्कारों से बाँधा। प्रत्येक परिवार पूरे समाज का एक अंग माना जाता था और हर परिवार का पुरखा गृहपति कहलाता था। गृहपति अपने घर के सब बालिग लोगों की सलाह से काम करता था। स्त्रियों का दर्जा बहुत ऊँचा था। वेदकाल में रचे गए हमारे विवाह के मंत्रों में बहूरानी को ससुर के घर की सम्राज्ञी माना गया है। उसे यह आशीर्वाद दिया गया कि सास, ससुर पति उसकी बात मानें, देवरों और ननदों पर सम्राज्ञी के समान उसका अधिकार हो। मंत्रों में वधू को यह उपदेश भी दिया गया है कि "तेरे नयनों में कभी राग-द्वेष न झलके। तू अपने पति के सुख के लिए कर्म कर। हमारे गाय-बैल आदि पशुधन की रक्षा कर। तेरा चित्त सदा उल्लास भरा रहे और तेरा सौंदर्य सदा निखरे। तू वीर पुत्रों की माता हो। भगवान में तेरी भक्ति रहे। हमारे दास-दासियों से भली प्रकार व्यवहार कर, उन पर अनुशासन कर।"

इन मंत्रों से यह पता चलता है कि हमारे ऋषियों ने स्त्री जाति को पुरुष की दासी नहीं माना था, बल्कि उसे बराबरी का स्थान दिया था। लड़कियाँ पिता की इच्छा से विवाह करती थीं, पर अपने विवाह के संबंध में अपनी इच्छा-अनिच्छा प्रकट करने का पूरा अधिकार था। औरतें यों तो घर सँभालती थीं, पर ज़रूरत पड़ने पर पतियों और बेटों के साथ युद्ध-क्षेत्र में लड़ने भी जाती थीं। उस समय आज के समान जटिल जाति-भेद नहीं था, केवल चार वर्ण थे। पढ़ने-पढ़ाने और तप, संयम, यज्ञ द्वारा नए ज्ञान-विज्ञान और परब्रह्म की खोज में लीन रहने वाले लोग ब्राह्मण कहलाते थे; युद्ध करना और देश की जनता को अनुशासन में रखकर शांति-व्यवस्था फैलाना क्षत्रिय का काम था, देश-विदेश से सौदागरी करना, खेती आदि प्रमुख उद्यम करना विश यानी जनता का काम था, और जंगली पराजित जातियाँ बुद्धिहीन होने

के कारण शूद्र कहलाती थीं।

कर्म के हिसाब से समाज को चार वर्णों में बाँट कर हमारे ऋषियों ने सामाजिक जेलखाना हरगिज तैयार नहीं किया। शूद्र वर्ण में जन्म लेकर भी अपने कर्म से मनुष्य ब्राह्मण बन जाता था। ऐसे अनेक प्रमाण हैं। ऋग्वेद के मंत्र रचने वाले महर्षि विश्वामित्र, अजमीढ़ और पुरमीढ़ क्षत्रिय से ब्राह्मण बने। हरिवंश पुराण में लिखा है कि नाभागरिष्ट नामक वैश्य के दो बेटे ब्राह्मण वर्ण में शामिल किए गए। कवश और ऐलूष शूद्र होने पर भी ऋषियों के गोत्र में शामिल किए गए। जानश्रुति पौत्रायण नामक एक शूद्र राजा ने कर्म के प्रभाव से ब्राह्मण का दर्जा पाया।

देखिए तो सही, हमारे पुरखों के विचार कितने उदार थे। उन्होंने ज्ञान और कर्म की महिमा को भली-भाँति पहचाना था। उन्होंने माता-पिता के पापों का बदला लेते हुए कभी पुत्र को पापी समझने की मूर्खता नहीं की। उस समय मनुष्य में गुण देखा जाता था उसके कर्म परखे जाते थे। अपनी इस पवित्र और उन्नतिशील परंपरा को आगे बढ़ाकर आज के समाज में फैली अनेक भ्रांतियों को जड़-मूल से उखाड़ फेंकना कवि-कलाकारों का काम है।

भारत में सदा से गणतंत्र की उपासना की गई है। यहाँ राजा भी जनता की राय से चुना जाता था और उसे इसीलिए 'महासम्मत' कहा जाता था। सारा काम पंचायतों से चलता था। हर प्रकार के पेशे करने वालों की अपनी-अपनी पंचायतें थीं जिनसे बड़ी पंचायतों का निर्माण होता था। इस तरह एक परिवार से लेकर एक राष्ट्र तक ऐसी व्यवस्था से बँधा था जिसमें हर स्त्री-पुरुष को अपनी बुद्धि और कर्म के अनुसार पूरी उन्नति करने का अवसर मिलता था। आज हमारा देश फिर ऐसे ही लोकतंत्र राज का सिद्धांत लेकर आगे बढ़ रहा है। हमें अपना यह पुराना मगर बड़ा उन्नतिशील सिद्धांत जान से बढ़कर प्यारा होना चाहिए। हमारे लोकतंत्र पर किसी तरह की भी आँच न आनी चाहिए। इसकी रक्षा करना, इसको आगे बढ़ाना भारत के बच्चे-बच्चे का फर्ज है। वीरों की हुंकारों में बसने वाले कवि-कलाकार क्या अब इतने निकम्मे और नामर्द बन गए हैं कि इस सत्य की ज्वाला को देशवासियों की नस-नस में बिजली की तरह नहीं दौड़ा सकते?

कवियों और कलाकारों के रहते समाज में अंधविश्वास फैला रहे, रूढ़ियाँ पूजी जाएँ, यह बात भला कैसे संभव हो सकती है? और वह भी भारत में, जहाँ सोलह कला के पूर्ण अवतार माने जाने वाले महापुरुष यदुनंदन श्री कृष्णचंद्र ने कंस और जरासंध के समान ही अंध सामाजिक रूढ़ियों का भी संहार किया हो? वेद-काल की परंपरा के अनुसार श्रीकृष्ण के ज़माने में भी लोग इंद्र की पूजा करते थे; बल्कि इंद्र की पूजा के बहाने बड़ा अन्न-धन नष्ट करने लगे थे। कृष्णजी ने समाज को ऐसा करने से रोक दिया। उन्होंने कहा कि जब स्वभाव से कर्म बनता है और कर्म के अनुसार ईश्वर फल देता है, तो हम इंद्र की पूजा क्यों करें? हम कर्म की पूजा

क्यों न करें? हमारा कर्म अगर ठीक है, तो उसका फल भी ठीक ही होगा। हम फल की परवाह करने न बैठ जाएँ, बल्कि कर्म करते रहें। अच्छा कर्म करने वाले को कोई भय नहीं सताता। जहाँ इतनी सच्ची और सूझ-बूझ भरी बातें बखानी गई हों, वहाँ के कवियों-कलाकारों को अंधी रूढ़ियों से लड़ने के लिए अपने कृष्ण परमात्मा से प्रेरणा न मिले, यह बात भला संभव हो सकती है?

समाज में फैली अंधी रूढ़ियाँ—दहेज, निकम्मे जादू-मंतर, टोनों का भ्रमजाल, संतान-नियोजन के साधन रहते हुए भी लापरवाही से बच्चे बढ़ाते जाना और झूठे धार्मिक विश्वासों से अपने अज्ञान को पुष्ट करना, यह सब क्या अब भी भारतवर्ष में रहेगा? और क्या इनके रहते भारतवर्ष आज की दुनिया से बराबर की होड़ ले सकेगा?

जिस देश में सत्य की महिमा रही हो, विचार-शक्ति और सच्चा ज्ञान पाने के लिए कठोर तप अर्थात् परिश्रम किया गया हो, वहाँ की जनता निकम्मी होकर अंधविश्वासों में डोले—यह बात भला कोई भी समझदार व्यक्ति कैसे मंजूर कर सकता है?

भारत सदा कर्म में—निर्माण में—विश्वास करता रहा है। यहाँ के व्यापारी हजारों वर्ष पहले से जहाज लेकर दूर-दूर देशों में जाते थे। इसके अलावा उन्हें ज्ञान सीखने और सिखाने का हौसला था। भारतवासी दूर देशों में सद्ज्ञान का प्रचार करते थे। सम्राट अशोक ने लंका, पश्चिमी एशिया, उत्तरी अफ्रीका और दक्षिणी योरप में बौद्ध प्रचारक भेजे थे। मध्य एशिया, चीन, कोरिया, जापान, जावा, सुमात्रा, बोर्नियो, श्याम, बर्मा आदि देशों में बौद्ध और ब्राह्मण मतों के सहारे भारतीय संस्कृति का प्रचार हुआ। दुनिया को गिनती गिनना भारत ने सिखाया; हमारे देश के आयुर्वेद, विज्ञान और साहित्य से अरब, मिस्र, यूनान आदि देशों ने बहुत कुछ सीखा; हमने भी अनेक देशों की सभ्यता से बहुत कुछ सीखा और अपनाया। हर उन्नतिशील देश यही करता है। दुनिया को उन्नति का मार्ग दिखलाने के लिए हर युग में कुछ महान् आत्माएँ आकर प्रकाश दे जाती हैं और उस प्रकाश को लेकर आगे बढ़ने का काम कवि-कलाकार करते हैं। आप वशिष्ठ, विश्वामित्र, अगस्त्य, राम, कृष्ण, बुद्ध, महावीर, शंकराचार्य, रामकृष्ण परमहंस, दयानंद और गाँधी जैसे अवतारी महापुरुषों के देशवासी कलाकार होकर भी क्या चुपचाप बैठे रहेंगे?—और इसके बाद भी अपने को बड़ा तीसमार खाँ समझेंगे?

मुझे पूरा विश्वास है कि भारत के कवि-कलाकार देश के कोने-कोने में—जहाँ आज भी रेल, डाक, तार, अखबार, रेडियो न पहुँच सका हो, वहाँ भी कर्म की निर्माणकारी रागिनी पहुँचाएँगे। अभी तीस-पैंतीस वर्ष पहले भी देश के कोने-कोने में हमारे कवियों-कलाकारों ने गाँधी और काँग्रेस का संदेश पहुँचाकर आजादी की लहरें दौड़ाई थीं। आज हमें उस ज़माने की प्रबल शत्रु अंग्रेज सरकार से भी प्रबल

स्वयं अपने निकम्मेपन से लड़ना है। हमें आज की दुनिया में सिर और सीना तान कर खड़ा होना है, इसके लिए हमें तुरंत तैयार होना है।

जनता के कवि कलाकार चेत रहे हैं और दिनों-दिन चेतेंगे। इस समय भारत की आन पर बन आई है, हम अपनी टेक पर अड़कर भारत को सुख-समृद्धि से भरा-पूरा बनाएँगे। ऐसा करते हुए हम किसी के साथ अन्याय नहीं करेंगे। हम अपने कर्म की शक्ति को स्वर्ग बनाएँगे। हमारी लगन को उचित प्रोत्साहन देने के लिए जनता की सरकार भी बराबर प्रस्तुत रहेगी।

अंत में यही कामना करता हूँ कि जैसे नानी-दादी की कहानियों में राजा-रानी के नीके दिन बहुर आते थे, वैसे कर्म-शक्ति से, राम-कृपा से हमारे और भी नीके दिन जल्दी बहुरें।

सूचना विभाग, उत्तर प्रदेश द्वारा प्रकाशित पुस्तिका (1954)

# कलाकार जागा तो है लेकिन...*

**प्रश्न :** आज से 26 वर्ष पूर्व आपने **'कलाकार जागा'** में ये विचार व्यक्त किए थे कि हम भारतवासी एक साथ, एक ही समय अपने से प्यार और नफरत करने का हठ करते हैं। यानी कुछ नहीं करते। हमारा दिमाग़ आजकल निकम्मा है। इस सत्य से भला किसका मतभेद हो सकता है? कृपया यह बताएँ कि क्या आज भी आपके यही विचार हैं? स्थिति कुछ सुधरी लगती है या पहले से बदतर?

**उत्तर :** निश्चित रूप से मैं आज भी देश-काल की परिस्थिति को देखते हुए नव-स्वातंत्र्योत्तर काल में जो लिखा था उसका शब्दशः समर्थन करता हूँ। केवल सकम्मे-निकम्मेपन की अपनी बात को थोड़ा और खुलासा कर देना चाहता हूँ। कलाकार की संवेदना शक्ति और देश-कालिक अनुभूति की संधि से कल्पना उपजती है। संवेदना उसे अपनी संपूर्ण शक्ति के साथ ग्रहण करती है। शरीर उसे उसी प्रकार से संचालित करते हुए बुद्धि का लक्ष्य (ज्ञान) पाता है। आज वह बौद्धिकता 19वीं शती से लेकर बीसवीं शती के उत्तरार्द्ध तक इतनी घिस-पिट गई है कि वह संवेदनानुभूति अब बोझिल हो गई है। चाभी भरे बंदर की तरह सीढ़ियाँ चढ़ने-उतरने के खिलौने की तरह बौद्धिकता का पहाड़ा काम तो सब तरह के करवाता है पर उनमें जान नहीं होती। ज़ान ही सर्जन है। उसके बिना सारी भागदौड़ बेज़ान है। भारतीय संस्कृति मात्र एक रटा पहाड़ा बनकर रह गई है। बिना सोचे केवल क्षणिक स्थूल प्रभाव की स्फूर्तिवश लेखन, गायन, अभिनय आदि विभिन्न कलाओं के क्षेत्र में भोंडी विदेशी अनुभूतियों की छाप लेकर बहुत चलने वाला भी नहीं चलता। यह सच बात है कि कलाकार यदि ईमानदारी से अपने दिल को टटोले तो जितना सूक्ष्म विश्लेषण वह कर सकता है उतना कोई नहीं।

**प्रश्न :** उस समय आपकी मान्यता थी कि कलाकार अपने युग पर सबसे अधिक प्रभाव डालता है। पिछले 26 वर्षों में हमारे समाज को कलाकार ने किस प्रकार प्रभावित किया है?

* सन् 1954 में सूचना विभाग द्वारा प्रकाशित पुस्तिका **'कलाकार जागा'** के संदर्भ में 1981 में नागरजी से डॉ. गोविंद सत्यार्थी की बातचीत।

**उत्तर :** अपनी 26 वर्ष पहले की लिखी हुई बात को जिस दृष्टि से देखा था, वह दृष्टि काफी हद तक गलत साबित हुई। उस समय मैं उस तरह के समाज के निर्माण की कल्पना कर रहा था जैसा रूस में हुआ।

नए कम्यूनिस्ट सोवियत ने अपने विशाल देश को जगाने के लिए साहित्य, नाटक, नृत्य और गीतों को अपनी कार्यसिद्धि के लिए विशेष रूप से प्रयुक्त किया था। वे इससे जीते भी। मैं भी उस समय की काँग्रेस के प्रति अनुरक्त होकर ऐसे ही अपने समाज को भी नया बनाने के लिए सपनों के साकार जोश में था।

लेकिन अब इस ढलती आयु तक ज़माने को देखते-देखते मेरा वह जोश, मेरी वह दृष्टि पक गई है। मैं अब भी यह मानता हूँ कि अच्छा साहित्य, नाट्य प्रदर्शन, नृत्यादि के कार्यक्रम समाज के एक अंग पर गहरा असर डालते हैं। उद्देश्यहीनता के परिणामस्वरूप ही आज अखंड रामायण और धार्मिक, सांस्कृतिक कार्यक्रम होने लगे। श्रद्धा, विश्वास की दृष्टि न मिली तो अंधे समाज ने अपनी समझ से अपने को पुरानी लीक पर अचिंतित ढंग से छोड़ दिया। साहित्य और कला बेचारी क्या करेगी। तुम्हारा पूँजीवादी समाज चूल्हे में चढ़ाई हुई आग पर कुछ पकाता ही नहीं बल्कि जली हुई लकड़ियाँ इधर-उधर बिखेर देता है तो साहित्य और कला का क्या दोष? मैं दृढ़ रूप से यह मानता हूँ कि हमारे स्वातंत्र्योत्तर काल के साहित्यिक एवं सांस्कृतिक क्षेत्र बिल्कुल ही व्यर्थ नहीं गए। इसके साथ ही साथ यह भी जरूर स्वीकार करता हूँ कि बेकारी के ज़माने में साहित्य और कला के क्षेत्र में 10-20 पैसे भर प्रतिभा के धनी बेतहाशा घुस आए। कहीं और लगते तो उनकी इतनी प्रतिभा उनमें और उनके काम में चार चाँद लगा सकती है। साहित्य कला का उद्देश्य जीवनोद्देश्यपरक अनंत सौंदर्यबोध का दीवाना और उसी के कारण वह अपनी वर्तमान स्थितियों से जूझने की प्रेरणा भी ग्रहण करता।

हमारे यहाँ भी जवाहर लाल नेहरू ने समाजवाद की नींव डाली। वह एक महायुद्ध को झेलकर महाशक्ति बने समाजवादी रूस को और नए बनते चीन को देख चुके थे। वे उन्नति का सपना देखना चाहते थे। मैं आज भी मानता हूँ कि जवाहरलाल में नेतृत्व की पालिटिकल चालबाजियाँ कम और ईमानदारी से सुन्दरतम् समाज की कल्पना करने वाला कवि हृदय अधिक था। जवाहरलाल के हठ से ही यह समाजवादी पगडंडी सरकारी तंत्र में ऐसी बन गई है कि उसे रो-पीटकर हजार तरह की बहानेबाजी करके भी उसी लीक पर चलना पड़ेगा। उसी रफ़्तार से चल रही है।

पचपन वर्ष पहले गाँधी के काँग्रेसी आंदोलन ने 'जहाँ न पहुँचे रवि वहाँ पहुँचे कवि' वाली कहावत दूसरे ढंग से सत्य साकार सिद्ध कर दी थी। गाँधी, जवाहरलाल भारत के जिन धुर गाँवों में पहुँच भी न पाए थे वहाँ तक सामाजिक उत्थान और स्वतंत्र होने की चेतना इनके नामों के साथ पहुँच गई थी। पचपन वर्ष में वह समाज उस सामाजिक स्वातंत्र्य चेतना का बछेड़ा अब घोड़ा बन चुका है। उसे अपने लक्ष्य

की खुराक नहीं मिल रही है। इसलिए बेतहाशा, बेपनाह, अवैचारिक राष्ट्रीय आंदोलन के बवंडर में नाच रहा है।

समाजवादी चेतना के साथ पूँजीवादी चेतना को भी विकसित होने के लिए छोड़ दिया गया। इस दोहरी आर्थिक नीति की दौड़ में समाजवादी नीति खरगोश बनकर सो गई और पूँजीवादी कछुआ बराबर चलते हुए अपने लक्ष्य को पा रहा है। हम नाम समाजवाद का लेते हैं और काम पूँजीवाद का ही करते हैं। इसकी जिम्मेदारी सिर्फ सरकारी तंत्र पर ही नहीं बल्कि संपूर्ण बौद्धिक वर्ग पर भी जाती है।

**प्रश्न :** आपने कलाकार के फक्कड़पन और अलमस्ती का जिक्र करते हुए लिखा था कि 'जनता कलाबाजों की ट्रिकों पर दो घड़ी के लिए रीझ भले जाए पर उन्हें प्यार नहीं करती, उनका आदर नहीं करती।' पिछले 26 वर्षों में हमारे देश में कलाबाजी का अधिक विकास हुआ है या कला का?

**उत्तर :** दोनों ही विकसित हुए हैं। कलाबाज़ी ज़रा ज्यादा है। कुछ दो कौड़ी की प्रतिभाएँ ऐसी हैं जो अक्सर हमारे समाज को भटका भी देती हैं। मगर सब मिलाकर भारतीय समाज को किसी हद तक स्वस्थ रखने के लिए उसकी सांस्कृतिक शक्तियों ने निश्चित रूप से सक्रिय किया है। इस बात की व्याख्या मैं पहले कर चुका हूँ।

**प्रश्न :** संभवतः कलाकारों को संघबद्ध करने के उद्देश्यों से ही उस काल में उत्तर प्रदेश में 'ललित कला अकादमी', 'संगीत नाट्य भारती', 'हिंदी समिति' जैसी अनेक संस्थाओं का गठन हुआ। क्या आप बता सकेंगे कि इन संस्थाओं से संबद्ध होकर कलाकारों ने देश के नवनिर्माण में कितना हिस्सा लिया?

**उत्तर :** उत्तर प्रदेश हिंदी समिति ने आरंभ में कुछ अच्छी पुस्तकें प्रकाशित कीं जिन्हें हिंदी एवं हिंदीतर भाषा-भाषियों ने भी सराहा है।

'उत्तर प्रदेश संगीत नाट्य भारती' ने भी शुरू में भले ही लखनऊ में कुछ संगीत नृत्य के कार्यक्रम कराए और यहाँ के नाट्य कर्मियों को अनुदान देने की व्यवस्था की थी। आज 'उत्तर प्रदेश संगीत नाटक अकादमी' पूरे उत्तर भारत में कार्यक्रम आयोजित करती है। अपने रंगमंच शिविर व नृत्य संगीत प्रतियोगिता के केंद्र उत्तर प्रदेश में बना चुकी है। ललित कला अकादमी ने भी इसी तरह अपने काम को बढ़ाया है। जब सृजन-बोध के साथ उद्देश्य बोध भी संयुक्त होता है तब कुछ काम अवश्य आगे बढ़ जाता है। प्रजातंत्र की बहुत-सी अच्छाइयाँ नज़र आती हैं पर यह बुरा लगता है कि एक टीम कुछ वर्षों में अपने उद्देश्य भरे सपने को साकार करने में जो काम कर जाती है, उसे दूसरी टीम बिगाड़ देती है, अक्सर बनाती कुछ नहीं है। डेमोक्रेसी उद्देश्यपरक होती है। वह निरुद्देश्य हो ही नहीं सकती।

**प्रश्न :** उक्त पुस्तिका में आपने कलाकारों को उनके निम्नलिखित दायित्वों की ओर सचेत किया है—

1. जाति-पाँति, ऊँच-नीच, प्रांतीयता के भूत को सदा के लिए भगाना।

2. अंग्रेजों की गुलामी के कारण नगरीय अधकचरी सभ्यता में पनपी झूठी आबरूदारी को दूर करना।

3. शिक्षा प्रचार की ज्योति को जगाना।

हमारे कलाकार इन दायित्वों को किस सीमा तक पूरा कर सके?

**उत्तर :** कलाकार को सरकारी संरक्षण प्राप्त भी है और नहीं भी है। अस्ति-नास्ति का तमाशा है। हम कहीं नहीं हैं। कलाकार अपनी सृजनात्मक अस्मिता लिए इधर-उधर दीवारों से सर टकराने को मजबूर है। यह सब कुछ कहकर भी मैं यह मानने से इनकार करता हूँ कि स्वातंत्र्योत्तर काल में उसके साहित्य और संस्कृति की विभिन्न कलाओं ने सद्प्रगति नहीं पाई। यह भी सच है कि उसका नैतिक प्रभाव भी किसी न किसी हद तक हुआ है। यह एक विधि के विधान की बात है कि जब दुनिया में सब कुछ पापमय दिखाई देता है उस समय कुछ पुण्य कार्य भी होते ही रहते हैं। नई समाजवादी, साम्यवादी चेतना के साथ पूँजीवादी रूढ़ परंपराओं के कुछ सक्रिय अणु भी साथ जुड़ेंगे। यह सच है, लेकिन जिस तरह जुड़ना चाहिए उस तरह अभी नहीं जुड़ पाए। फिर भी मैं आस्थावान हूँ। जानता हूँ कभी न कभी मेरा सपना अवश्य साकार होगा। भले इस शरीर से वह दिन देख पाऊँ या नहीं।

**प्रश्न :** राष्ट्रीय नवनिर्माण में कलाकारों की भूमिका पर प्रकाश डालते हुए आपने 1919 से 1946 तक स्वतंत्रता संग्राम में कलाकारों द्वारा किए गए कार्यों की चर्चा की है। क्या कारण है कि स्वाधीनता के बाद 33 वर्षों में अनेक सामाजिक एवं राजनैतिक झंझावात आने के बावजूद इस गुण को विकसित नहीं कर पाये?

**उत्तर :** हमारी समाजवादी कम और पूँजीवादी-सामंतवादी अधिक, व्यवस्था में सब कुछ पूँजीवादी रंग में रँग गया है। जो कविसम्मेलन, कभी लाउडस्पीकर रहित ज़माने में 10-10 हजार की भीड़ लेकर राष्ट्रीय चेतना फूँकते थे, वह ही अब खोखले मनोरंजन का व्यवसाय भर हो गए हैं। साहित्यिक वार्ताएँ, रेडियो नाटक, शास्त्रीय संगीत सब कुछ निकम्मा सा बना दिया गया है। अस्ति-नास्तीय समाज के यह रूप देखो, मुझसे क्या पूछते हो।

**प्रश्न :** आपने एक सुखद परिकल्पना की थी कि 'जनता के कवि कलाकार चेत रहे हैं, दिनोंदिन चेतेंगे।' आपकी आशाएँ किस सीमा तक मूर्त रूप ले सकीं?

**उत्तर :** जो सोचा था वह नहीं हो रहा है। उतना तो नहीं ही हो रहा है, किंतु कुछ नहीं हो रहा है, यह मानने से मेरी आशावादिता इनकार करती है। समर्थ रामदास की एक मराठी ओवी (छंद) है जिसका अर्थ इस प्रकार है–

*आग को चेताओ रे। वह चेताते चेताते ही चेतती है।*
*करने से होता है रे। पहले करना ही चाहिए।*

सच का तेज भी इसी प्रकार करते-करते ही चेत उठेगा। मैं निराश क्यों होऊँ।

इतिहास के कई चक्रों में यह संसार गतिशील और सुगतिशील भी, हो चुका है, आगे और भी होगा।

**प्रश्न :** कल के कलाकार से आप क्या आशाएँ रखते हैं?

**उत्तर :** कल का समाज बदल जाएगा। इसीलिए उससे मैं बहुत आशाएँ रखता हूँ। यह सामाजिक उमस समाप्त होगी। नवचेतना की वर्षा से तरावट और हरियाली भी आएगी।

अमृत प्रभात, साप्ताहिक परिशिष्ट, रविवार, 13 सितंबर, 1981

# जन-जीवन और कला

प्राचीन काल से लेकर आज तक दुनिया भर में नारी ने, स्त्री-पुरुष की प्राकृतिक अभिन्नता के शक्ति-सौंदर्य तथा रस-शृंगार भरे रूपों ने हर तरह के कलाकारों को बड़ा प्रभावित किया है। नारी माता के पद पर तो सुरक्षित रही है, वरना मौके-मौके की समझ और सूझ के अनुसार कलाकारों ने उस बेचारी को जादू से जूती तक बनाकर उसके प्रति अपने प्यार और दर्द के तराने गाए हैं। यह बात व्यक्तिगत रूप से न होकर आमतौर पर उन नवोदित कलाकारों पर लागू होती है, जो या तो अपने प्यार-पथ के अनजान साथी को ढूँढ़ने में ही व्यस्त रहते हैं, या फिर वे मिलकर बिछुड़ जाने की पीर में खोते-खोते अंत में कलाकार से सहसा इतने महान् दार्शनिक बन जाते हैं कि किसी काज-अरथ के ही नहीं रह जाते। ऐसे हर तरह के हर नवोदित कलाकार से हमें कहना है कि कला और नर-नारी जनित प्रेम को एक ही रूप समझ, अपने अभावों की निकम्मी आराधना कर, उसे कला की साधना का नाम देने से पहले किसी कैलेंडर पर सन् और महीना अवश्य देख लें। उन्हें यह ध्यान रहे कि भारत की जनता ने बहुमत से अपने समाज में स्त्री-पुरुष के समानाधिकार को विधिपूर्वक स्वीकार कर लिया है। कोई यह कह सकता है कि जबरदस्ती मनमाना विधान बना लेने से क्या होता है। कला और नारी-जनित प्रेम तो हर हालत में अभिन्न रहेंगे ही, उन्हें कोई जुदा नहीं कर सकता। हाँ, यों कहने वाले की जबान तो पकड़ी नहीं जा सकती, परन्तु तनिक सुचित्त हो विचार करते ही किसी भी साधारण समझदार को अपने इस बेतुके जोशीले प्रश्न का सीधा-सादा ठेठ उत्तर आप मिल जाएगा। समय हर एक की आँखों के सामने से गुजर रहा है, दुनिया भर में स्त्रियाँ अब प्रायः हर कार्य-क्षेत्र में पुरुष के साथ बराबर आगे बढ़ रही हैं। काम-काज करने वाले नर-नारियों को आदिम भावनाओं के वशीभूत होने की फुरसत भला कहाँ से मिल सकती है? जिन्हें देश को हर पहलू से समृद्ध बनाने, निर्माण के काम करने की धुन है; जिनके आगे दफ़्तर, कचहरी-कारखाने, मशीनें, लेबोरेटरी, स्वास्थ्य, समाज-सेवा आदि तरह-तरह के काम हैं वे युवक-युवतीगण भला अब क्यों कर आहें भरने का

अवकाश पाएँगे। हममें से किसी को भी यह बात भूलनी नहीं चाहिए कि मनुष्य की सभ्यता अब आमतौर पर इस ऊँचाई पर पहुँच गई है। प्रस्तर युग के आदमी के लिए स्त्री भले ही जादू और पहेली रही हो, परन्तु विज्ञान के इस युग में ऐसी बात नहीं रह गई। आज के युग के नवोदित कलाकार को अपनी समझ के कोश से नारी के लिए प्रयुक्त इन तमाम गए-बीते अर्थों को निकाल फेंकना चाहिए। स्त्री-पुरुष का पारस्परिक आकर्षण एक सहज बात है । आज के युग की कला भी अब उसे सहज ही स्वीकार करती है।

जन-जीवन और कला के विषय पर अधिक कुछ विचार करने से पहले यह कह देना इसलिए आवश्यक था कि रस और सौंदर्य के नाम पर कला को हम, किसी गई-गुजरी धारणा को लेकर, जन-मन की विकृतियों का गोदाम न बनाएँ। लोकतंत्र युग में सामंती और महाजनी युग की हर मान्यता हरगिज पूजा नहीं पा सकती। जो चीजें उस समय परंपरा के रूप में चल रही थीं वे अब हेय समझी जाती हैं; सभ्यता के विकास से इंसान की समझ बदल गई है। हमारे युग का नया कलाकार आम तौर पर इन सब परिवर्तनों को तो सिद्धांत रूप में स्वीकार कर लेता है पर नारी-जनित प्रेम और कला के संबंध को लेकर उसका मन अभी त्रिशंकु की तरह ही लटका है। और, इस त्रिशंकु-अवस्था में औंधे लटकने वाले के मन में चैन कहाँ? बिना चैन के आत्म-विश्वास कहाँ? कला के क्षेत्र में आगे बढ़ने को उत्सुक हमारा नवयुवक वर्ग आमतौर पर समय के अनुकूल चलने में अशक्त है। समय के साथ चलने के लिए जिन नए विचारों और संस्कारों का बल चाहिए उनके प्रति हमारा नया कलाकार अभी पूरी तौर पर जागरूक नहीं। उसे इस बात का भी ठीक अंदाज नहीं कि उसके देश की सही परंपराएँ क्या हैं, और स्वदेश की परंपराओं को लेकर आगे बढ़ने का वास्तव में क्या अर्थ है।

हमारा देश विचारों, सिद्धांतों और रीति-रिवाजों का एक महान् अजायबघर है। सैकड़ों सदियों के रहन-सहन, रीति-रिवाज और मान्यताओं को जिनमें से अधिकांश आज के युग में अपनी उपयोगिता खो चुकी हैं, हमारा समाज अंध-निष्ठा के साथ अपनाए हुए है। कलाकार भी आखिर समाज ही में रहता है। जब तक वह अपनी तमाम सामाजिक मान्यताओं को समझने, उन्हें छानने-छाँटने का प्रयत्न न करे तब तक वह अपना काम खूबी और आत्म-विश्वास के साथ हरगिज न कर पाएगा। यह सही है कि हम हवा में खड़े नहीं हो सकते। भारतीय जन-जीवन को, यहाँ की कला को आधार तो चाहिए ही। वह आधार भारतीय ही हो सकता है, इस देश की पुरातन किंतु चिर जीवन्त संस्कृति ही वह पृष्ठभूमि प्रदान कर सकती है यह भी नितांत सत्य है। किंतु इस संबंध में देश और काल का विस्मरण हम नहीं कर सकते। कलाकार को अपना विवेक इतना प्रखर रखना चाहिए कि वह भारतीय जीवन-भूमि के परंपरागत तत्त्वों का, जन-जीवन के उन्नयन की दृष्टि से काल-निर्धारण कर सके। हमें श्रद्धा

के प्रतीक की आवश्यकता है और सदा रहेगी, परंतु श्रद्धा का यह प्रतीक हमारे लिए संबल होना चाहिए सिर का बोझ नहीं। आज के कलाकार को यह बात केवल समझनी ही नहीं है, बल्कि उसे अमल में लाकर कला के क्षेत्र में नई मान्यताओं को प्रतिष्ठित भी करना है। और, इस काम के लिए उसे बहुत समय नहीं मिल सकता।

जीवमात्र अपने मौलिक रूप में एक है। सभ्यता के आदिम काल से लेकर आज के परमाणु युग तक मनुष्य ने अपने आप में और अन्य रूपधारी जीवों में अनेक रहस्य-भेद कर यह पक्की जानकारी हासिल कर ली है। यह सत्य है। जीव का विकास होता है, जीवों में सर्वश्रेष्ठ मनुष्य ने अपना तथा औरों का विकास देखकर यह बात भी आजमा देखी है। इसलिए यह सत्य है। विकास चेतना के पतन के लिए नहीं, बल्कि चेतना के उत्थान के लिए होता है। यह भी सत्य है। मनुष्य ने अपनी सभ्यता के विकास में खूब मनमाना रक्तपात कर यह अच्छी तरह देख लिया कि मनुष्य में रंग-भेद, जाति भेद, विचार और रूप-आकार आदि अनेक भेदाभेद होते हुए भी मौलिक रूप से कोई भेद नहीं। सब समान हैं। सबको समानता के अधिकार प्राप्त होने चाहिए। इसी में हमारा, मनुष्य मात्र का कल्याण है। इसलिए यह जानकारी भी श्रद्धा की आधार-भूमि है।

इस आधार-भूमि में श्रद्धा को प्रतिष्ठित कर मनुष्य ने अपने सुंदर रूप को भी देख लिया है। यह आधार-भूमि तो स्थिर है यह बात भी अब लगभग लोक-उजागर हो गई है, परन्तु सुंदरता गतिमती शक्ति है। वही परम चेतना है। जो रूप हमने परसों देखा था उसे देखकर हमने सोचा था कि इससे सुंदर और कुछ नहीं, कल के रूप में देखकर हम परसों वाले जादू को भूल गए और आज हमारी हालत ही अजीब है। आज जिस सुंदरता पर हम रीझे हुए हैं उसका तो जवाब ही नहीं। सच हैं, सुंदरता केवल आज में ही रहती है, केवल क्षण में ही रहती है। और यहीं हम देख पाते हैं कि क्षण तो ज़रा-सा जर्रा नहीं, शून्य नहीं—क्षण तो अनादि है, अनंत है। इसलिए सुंदरता अनादि है, अनंत है। मनुष्य रीझता सुंदरता पर ही है, रीझने वाला मन महा वेगवान होता है, वह अपने रीझे हुए भाव को हर साँस के साथ एक नया अर्थ देता है। सोचिए तो आदिम सभ्यता के पहले चाक बनाने वाले ने क्या कभी यह सोचा होगा कि उसने जिस शक्ति का पता पाया है उसे हजारों वर्ष बाद सन् 1955 ई. में उसकी संतानें कहाँ से कहाँ पहुँचा चुकी होंगी। बड़े-बड़े पहियों वाली मशीनों के खड़खड़ निनाद में मनुष्य की कर्मशक्ति ने कितना भेद भर लिया है। मिट्टी का दीया बनाकर रात में प्रकाश का आधार बनाने वाला इंसान का पहला पुरखा झाड़ फानूस के कलात्मक दौर से गुजरते हुए अगर आज के प्रकाश को देखे तो उसके मन को कैसा लगेगा। इसलिए सुंदरता अनंत है। सुंदरता पर रीझते-रीझते मनुष्य इतना समझदार हो गया है। राम जाने आने वाले कल, परसों, नरसों काल का अबाध क्रम क्या-क्या सुंदरता न देखे।

आज का युग भौतिक विज्ञान की प्रगति का युग है। लोक-तंत्र और अधिकतर समाजवाद की ओर उन्मुख रहने वाला युग है। दूर देशों के आपसी भेद मिटाने का भरसक प्रत्यत्न कर एक-दूसरे के मन में समझौता-सद्भाव पैदा करने का युग है। सब मिलाकर आज का युग निर्माणकारी संभावनाओं से अधिक भरा-पूरा है। यद्यपि शंका-संताप के बादल हैं पर ये बीते मौसम के से लगते हैं, कभी रिमझिम, कहीं जरा बड़ी-बड़ी बूँदों वाली पाँच मिनट की घनघोर टपाटप हो तो शायद हो जाए—यों दुश्मनी की बरसात का मौसम बीत गया। इस युग को लाने में हमारे देश का महत्त्वपूर्ण योग है। यह बात न तो तनिक भी बढ़ा-चढ़ा कर कही जा रही है और न प्रचार की दृष्टि से। जो हुआ है, वह सच है, और हमें सच को समझ लेना चाहिए, क्योंकि सच वरेण्य होता है।

भारत अपने सही पुराने युग में आज भी युग को गतिशील बनाने वाला नया तत्त्व प्रदान कर रहा है। वेद से लेकर गाँधी तक इस देश की एक टेक इतिहास की हर कसौटी पर खरी उतरी—"जियो और जीने दो। सबका कल्याण हो, जीव-मात्र सुखी हों, जग का कल्याण हो"—इन अनेक शब्दों में बहुत पुराने जमाने से एक भाव हमारे यहाँ प्रायः घट-घट व्यापी हो गया है। यह भाव जितना ही पुराना है उतना ही नया है। ऐसे अडिग अनोखेपन को सुंदर कहते हैं—और सुंदरता से कला को अलग नहीं किया जाता।

हमारा देश निर्माण के पथ पर अग्रसर है। चारों ओर तरह-तरह के कामों की योजनाएँ बन रही हैं, चल निकली हैं। अब भी अनेक कमियों के रहते हुए अपने नवोदित लोकतंत्र के युग में हम बहुत तेजी से आगे बढ़े हैं। जब हमारा युग निर्माण की ओर उन्मुख है तो इससे आगे चलकर दिन-प्रति-दिन भारतीय समाज का भविष्य सुंदर से सुंदरतम होता जाएगा। निर्माण में सबकी आस्था होती है। इस आस्था को न लेना, कोरी कुंठा को ही सत्य मान कर खोए रहना, देह को ही सारा सुख मानकर उसके अभावों से जड़ बनकर बैठे रहने से कुछ सिद्ध नहीं होगा। इस भ्रम में पड़ने वाला कलाकार कला को बदनाम करता है। कला के लिए केवल कलाकार के हृदय का योग ही नहीं, जन-जीवन को उन्नततम बनाने की उसकी आंतरिक इच्छा और साधना भी आवश्यक है।

कला के क्षेत्र में आने वाले महत्वाकांक्षी यौवन को निर्माण की आस्था लेकर बढ़ना होगा। कलाकार अब ऐसे युग में रहता है जब वह अकेले अपने को ही बड़ा मान मेढक की तरह फूलते जाकर केवल आत्म-हत्या के पथ पर ही अग्रसर हो सकता है। आज का युग सामूहिकता का युग है। कला व्यक्ति की है और व्यक्ति समाज से अलग नहीं। यह तीनों बातें एक साथ सधती हैं। कला के सामूहिक विकास से जन-जीवन बँधा है। कला के प्रदर्शन केवल कुछ आदमियों के देख लेने तक ही सीमित नहीं, उनका यह उद्देश्य भी नहीं। हमें कला की सुरुचि से जन-जीवन में नई आस्था

का संचार करना है। हर रस, हर भाव को समुचित सुरुचिपूर्ण व्यवहार से जनता का श्रम-चिंता से थका मन रंजित करना तथा उसे फिर नवीन स्फूर्ति देना आज के कलाकार का उद्देश्य है। जो कला-साधक है वह अपने देश की उन्नति में पूरा-पूरा सहयोग देगा। उसकी आस्था ठीक होगी—आस्था के रंग कोई हों, परन्तु देश सबका है। अपने देश का, अर्थात् अपना भविष्य बनाने के लिए सब आपस में एक होंगे। इससे विचार विकसित होते हैं। कौन कह सकता है कि परम सत्य है वह, जो बस एक ही के पास है। मगर यह सत्य है कि हमारा देश हमारे पास है। जीवन प्रभृति का आधार पृथ्वी माता है। हम सब पृथ्वी-पुत्र हैं। कला-कर्म के करने वाले कला-कर्मी जन पूरे समाज से कटकर नहीं रह सकते। सारा समाज बड़े पैमाने पर संघबद्ध होकर ही सुखी और समृद्धिशाली हो सकता है। कलाकार-कलाकार वर्ग का होते हुए व्यापक समाज में वर्गहीन है। वह सबके समान है। समाज की ओर से हमारी कला को एक काम मिला है। बहुधंधी समाज में कलाकार अपनी कला में रमे रहने के कारण उसका सुंदरतम रूप प्रदर्शित करने का जतन करते हैं। यह काम महत्त्वपूर्ण है, इसलिए समाज कलाकार को प्रेम और आदर देता है। यह प्रेम और आदर पाते-पाते कलाकार जब लापरवाह हो जाता है तो धीरे-धीरे उसकी शक्ति लुप्त होने लगती है। किसी का भी हो, बात केवल कलाकारों तक ही सीमित नहीं, काम और गुण के कारण आदर होता है। काम लगन वाला ही कर पाता है। इसलिए आदर और प्रेम गुणों और सुंदर कार्यों के प्रदर्शन को मिलता है। करने वाले को संतोष मिलता है, नया उत्साह, नई प्रेरणा मिलती है। कला के लिए यही सबसे बड़ी चीज है।

कला के क्षेत्र में महत्वाकांक्षा रखने वाले व्यक्ति को अंतर्मुखी होना पड़ेगा। अपने मन, अपने देश और अपनी दुनिया को समझकर चलने का नाम ही समझदारी है। अब बेहोश सपनों वाला युग खत्म हो चुका, कलाकारों को गफलत में डूबे रहने के लिए अब तनिक भी अवकाश नहीं। देश के निर्माण में सहायता देनी है तो देश को समझना भी होगा। मान लीजिए हर साल, हर संपन्न नगर में, हर संपन्न मुहल्ले में रामलीला होती है। यह बड़ी अच्छी चीज है। इन लीला और नाटकों के द्वारा हमारे पुरखे कलाकारों ने अपने देश को संस्कारों के पाठ पढ़ाए। किंतु ऐसा प्रतीत होता है कि आज रामलीला में क्षेपक अधिक होने लगा है। कभी-कभी हम विषय से दूर हट जाते हैं। दर्शकों पर जो संस्कार पड़ने चाहिए उससे भिन्न संस्कार पड़ते हैं। इसमें सुधार की आवश्यकता है। रामलीला को हम जनता के सांस्कृतिक प्रशिक्षण की शाला बना सकते हैं। उदाहरण के लिए आज के युग में खोज करने वाले महापंडितों ने प्राचीन काल का बहुत सारा नक्शा तो पक्का कर ही दिया है, उसके आधार पर अच्छे चित्रकारों से चित्र अंकित करवा कर प्रदर्शनी करें। हमारी सीता-राम भक्त जनता भी यह देख पाए कि हमारे रामजी कैसे नगर में रहते थे। उनके ज़माने के महल, रहन-सहन, शादी-गमी आदि रस्में क्या थीं। रामजी के समय में फर्नीचर में

क्या-क्या वस्तुएँ सुलभ थीं। सीताजी और उनके समय की स्त्रियाँ किस फैशन के गहने पहनती थीं। यह प्रदर्शनी जनता को अपने सनातन से प्रिय राम, कृष्ण नाम से भौतिक नाता स्थापित हो जाने का कितना श्रद्धायुक्त अवसर देगी, प्रदर्शनकारी इसकी कल्पना कर देखें। ज्ञान से श्रद्धा का बैर नहीं है। ज्ञान से श्रद्धा बढ़ती है।

हमें अपने देश की परंपराएँ अवश्य ग्रहण करनी हैं, लेकिन समझबूझ कर अपने समय को बढ़ावा देने के लिए। परंपराओं का विकास होता है। हम कठपुतली, नौटंकी, नाटक, ख्याल, नृत्य, संगीत, चित्र, शिल्प आदि कलाओं के पुराने शास्त्रों से नियमों का अध्ययन कर आज के लिए जिम्मेदारी के साथ अपनी कला-साधना के नए नियम स्थापित करेंगे। सुंदरता का अंत नहीं। मनुष्य अपनी रची, एक-एक बुद्धिगत, वस्तुगत सुंदरता को लेकर कभी-कभी अड़कर बैठ भी जाता है। उसका पूर्व निर्माण जड़ होकर नए समाज के लिए व्यर्थ होने लगता है। मनुष्य का मन इतना वेगवान है कि उसे प्रतिक्षण नई रचना के लिए चाहिए। सुंदरता गढ़ी, देखी, रीझे और चल पड़े—एक क्षण! दूसरा क्षण कलाकार के लिए फिर नए निर्माण का होता है।

भाव-जगत में रहने की इच्छा रखने वाला अपने युग से और अपने देश से गाफ़िल नहीं रह सकता। भारत के कुछ पीढ़ी पुराने कतिपय कलाकार आमतौर पर सामंतों की मनचाही कला का प्रदर्शन कर अपने को धन्य मानते थे। उन बेचारों का दोष नहीं, समय ही वैसा था। नई पीढ़ी के कलाकार अजंता, ऐलौरा आदि सुंदर गुफा-मंदिरों की कल्पना करने वाले, साथ ही उन्हें साकार करने वाले उन पुरखों के उत्तराधिकारी हैं जिन्होंने पत्थर से जीवन-धारा बहा दी। इतिहास के डेढ़ हजार अनिश्चित वर्षों से जड़ भारतीय समाज को साधारण पहाड़ से साक्षात् गंगाधर बना देना—यह काम आज के कलाकारों के जिम्मे आया है।

आपके लिए दूसरी कोई गति ही नहीं—आपको समर्थ होना ही है।

पब्लिकेशंस ब्यूरो, सूचना विभाग, उत्तर प्रदेश, लखनऊ द्वारा प्रकाशित पुस्तिका (1955)

# स्फुट विचार

## 1. पत्र प्रतिक्रिया : सिनेमा और सेंसर*

प्रियवर,

आपका पत्र मिला। साथ ही 'सिनेमा, समाज, संस्कृति और सेंसर' के संबंध में श्री जयप्रकाश नारायण, श्रीमद्शंकराचार्य, श्री बाबूराव पटेल आदि के आपके द्वारा एकत्र किए हुए मंतव्य भी पढ़ने को मिले। जयप्रकाश जी ने या एक तरह से कहें आपके द्वारा पूछे गए प्रश्नों के उत्तर में इन सभी लोगों ने हिंदी और भारतीय फ़िल्मों के स्तर को बुरा बतलाया है। शंकराचार्य जी ने चुंबनों पर बड़ी आपत्ति की है तथा श्री बाबूराव पटेल ने जो किसी समय भारतीय फ़िल्म व्यवसाय से घनिष्ठ रूप से संबद्ध रहे हैं, अपने मंतव्य में फ़िल्म निर्माताओं का दृष्टिकोण अपने ढंग से प्रस्तुत किया। सेंसर बोर्ड में व्यापक परिवर्तन लाने की बात शंकराचार्य से लेकर बाबूराव पटेल तक करते हैं जो सही है। शंकराचार्यजी मनोरंजन की माँग को अच्छा नहीं बतलाते, उन्हें चुंबन चुभता है। लेकिन सवाल यह है कि जनसाधारण के जीवन में क्या मनोरंजन का स्थान नहीं है? क्या हम मनुष्य की इस सहज स्वाभाविक माँग को चंदनमाला के मुखौटे लगा-लगा कर नकार सकते हैं। शंकराचार्यजी धार्मिक फ़िल्मों की माँग करते हैं। मुझे धार्मिक फ़िल्मों से परहेज़ नहीं, परन्तु उनसे यदि शंकराचार्यजी का तात्पर्य यह हो कि पुराने समय में अपने-अपने इष्ट देवताओं को लेकर गढ़ी गई चमत्कारपूर्ण कहानियाँ रजतपट पर लाई जाएँ तो मैं उन्हें चुंबनों से अधिक घातक

---

* दिल्ली से प्रकाशित चित्रलेखा, जुलाई 1968 के अंक में सिनेमा, समाज, संस्कृति शीर्षक से श्री देवप्रकाश द्वारा आयोजित परिचर्चा के संबंध में आयोजक के आग्रह पर एक अंतर्देशीय पत्र दिनांक 19-7-68 को लिखकर पोस्ट किया किंतु यह पत्र कदाचित अंतर्देशीय पत्र का मूल्य 10 पैसे से बढ़कर 20 पैसे हो जाने के कारण डाक विभाग द्वारा बैरंग कर दिया गया; पाने वाले ने 20 पैसे जुर्माना नहीं दिया। पत्र वापस लौटा दिया गया और कदाचित् चित्रलेखा में प्रकाशित नहीं हुआ।—संपादक

कहूँगा। देवताओं के प्रति झूठी चमत्कारपूर्ण आस्था का प्रचार करना मनुष्य जाति को सीधे रसातल में ही पहुँचा देने के अलावा और कुछ नहीं कहा जाएगा।

इसी तरह चुंबन की बात लीजिए। दो व्यक्ति भले ही वह पति-पत्नी हों या प्रेमी-प्रेमिका, यदि एक महाकठिन परिस्थिति से गुज़र चुकने के बाद पहली बार मिलने पर बेसाख्ता होकर एक दूसरे का प्रगाढ़ आलिंगन करते हैं अथवा परस्पर चुंबन का आदान-प्रदान करते हैं तो क्या वह दृश्य अश्लील कहा जाएगा? यदि यह दृश्य अश्लील है तो मीरा के द्वारा कृष्ण की मूर्ति को छाती से लगाने और उस पर तरह-तरह के लाड़ व्यक्त करने के दृश्य भी नितांत अश्लील माने जाने चाहिए। हिंदुस्तान में दिगंबर जैनियों और सनातनी हिंदुओं के साधु नंगे घूमते हैं, वे असभ्यता और अश्लीलता के प्रतीक नहीं माने जाते। इसके विपरीत हमारे नवसभ्य समाज में कोई व्यक्ति यदि ड्राइंगरूम में केवल बनियाइन पहनकर किसी महिला से मिले तो वह असभ्य और अश्लीलता का प्रचारक माना जाएगा। सभ्य और श्लील बनने के लिए उसका बनियाइन के ऊपर कुर्ता या क़मीज़ पहनना भी आवश्यक है, केवल धोती, पाजामा या पतलून ही नहीं। हमें इन दो चेतना स्तरों के बीच में संतुलित दृष्टि रखकर समस्या को देखना चाहिए।

जहाँ हमारी फ़िल्मों की स्तरहीनता की बात उठाई जाती है वहाँ विचार करते हुए हमें यह हरगिज़ न भूलना चाहिए कि यह गिरावट हमारे स्वातंत्र्योत्तर काल के पूरे समाज में है, केवल हमारी फ़िल्मों में ही नहीं है। फ़िल्मी कहानियों की सबसे बड़ी ख़राबी यह है कि उनमें प्रेम का भाव जीवन के अन्य सब कर्मों से एकदम काटकर एकांगी रूप में प्रस्तुत किया जाता है। बस, यहीं वह बनावटी और झूठा हो जाता है। स्त्री-पुरुष एक-दूसरे के लिए आपस में शरीर भोग के प्रतीक मात्र बन जाते हैं, जो बात अपने आप में ग़लत है और जिसे हम सब अपने-अपने ढंग से अश्लील और अनुचित मानते हैं।

सप्रेम,
अमृतलाल नागर

## 2. फ़िल्म एवं नैतिकता*

यहाँ पर एक प्रश्न यह भी उठता है कि मनुष्य को किन मनःस्थितियों में कैसा मनोरंजन आवश्यक होता है। मान लीजिए कि हम अत्यधिक शोकमग्न हैं, तो क्या सहसा हँसी का प्रकरण उठा कर हम उन शोकग्रस्त क्षणों को उत्फुल्ल बना सकेंगे? मैं समझता

---

* किसी प्रश्नकर्ता के भारतीय फ़िल्मों की नैतिकता के संबंध में उठाए गए प्रश्न के उत्तर के तारतम्य में अनेक समसामयिक स्फुट प्रश्नों पर नागरजी के विचार।

हूँ कि आमतौर पर यह नहीं किया जा सकता। जब हमारी मनोवृत्तियाँ किसी एक रस के कसाव में होती हैं तब उनमें परिवर्तन लाने के लिए हमें उस मनोवृत्ति विशेष का ही आलंबन लेना पड़ता है जिसमें कि हम होते हैं। अत्यधिक शोकमग्न व्यक्ति के सामने यदि हम हँसाने की बात कर देंगे तो सहसा हमें झटका लगेगा। उस स्थिति में हमें यह करना होगा कि शोक का सहारा लेकर ही शोकग्रस्त मन का समर्थन करेंगे। यह बात दूसरी है कि हम उसके सहारे ही बात को दूसरी दिशा में मोड़ ले जाएँ। मैं एक बार एक सहृदय मित्र की मृत्यु होने पर शोक संवेदनार्थ उनके घर गया था; मित्र की सद्यः विधवा पत्नी मुझे देखते ही रो पड़ीं। इसका कारण यह था कि मैं उनके पति के पास अक्सर आया-जाया करता था। कोई पुरुष होता तो मैं उसे अपनी छाती से लगा लेता या उसके कंधे पर हाथ रखकर उसे सांत्वना देता पर स्त्री के साथ यह नहीं कर सकता था। थोड़ी देर उन्हें रोने दिया फिर कहा, ‘‘भाभी तुम्हारा रोना देखकर मुझे भी रोने की इच्छा हो रही है। वह आदमी ही ऐसा था कि जिसका न रहना एकाएक मन में ऐसा अभाव उत्पन्न कर रहा है कि केवल क्रंदन ही क्रंदन मन में उमड़ता है। क्या कहूँ ऐसा आदमी जो कि रोते को हँसा देता था आज रुला रहा है।’’

मैंने यह देखा कि मेरी इस बात से उनकी पत्नी के आँसू थमे, चुप हो गईं, पल्ले से आँसू पोंछने लगीं। मैं बोला : ‘‘अभी चार ही दिन पहले आया था तो उनका अत्यंत दुर्बल शरीर देखकर मेरी आँखों में आँसू आ गए। वह यह देखते ही अपने कमजोर स्वर में बोले : ‘क्या करते हो भैया? तुम्हारी आँखों में आँसू देखकर मेरी मौत को हँसी आने लगी है। वह हँस पड़ेगी तो थोड़ी देर के लिए मेरा मरना थम जाएगा। इससे तकलीफ़ में तकलीफ़ बढ़ेगी राहत नहीं मिलेगी।’ ’’

पत्नी के आँसू थमे, मुँह से सिसकता हुआ वाक्य निकला : ‘‘मेरा उदास मुँह देखकर मुझसे भी यही कहते थे।’’

उनके आँसू थमे, बात फूटी तो शोक की धारा ने भी मोड़ लिया, मैंने कहा : ‘‘मुझसे कहने लगे, मेरी मज़ाक पसंदगी की वजह से ही मौत मुझे साथ लिए जा रही है यार। लोगों को मारते-मारते मौत भी मुर्दा दिल हो चुकी है। आखिर उसे भी एक हँसाने वाला चाहिए।’’

मित्र पत्नी के होठों पर मुस्कान की एक तीक्ष्ण रेखा खिंच गई। मैंने फिर कहना आरंभ किया, ‘‘एक बार हम लोग साथ-साथ एक गाँव में गए थे, बड़ी प्यास लगी। एक पंडितजी का घर पड़ा उनसे कहा महाराज प्यास के मारे दम निकला जा रहा है। बेचारे हड़बड़ा कर भीतर गए और लोटा भर जल ले आए। मित्र ने लोटा हाथ में ले लिया और चुल्लू लगाकर गट्-गट् पीने लगे। हम दोनों ने ही जल पिया। पंडितजी को धन्यवाद दिया।

पंडितजी ने पूछा, ‘‘शहर से आए हैं?’’

मित्र ने कहा, “जी हाँ।”

“ब्राह्मण हैं?”

मित्र बोले, “जनम से तो ज़रूर थे पर मैंने एक चमारिन से ब्याह कर लिया और ये मेरे मित्र आर्यसमाजी हैं, मेरे यहाँ खा-पी लेते हैं।”

पंडितजी यह सुनकर उदास हो गए।

हमारे मित्र बोले, “प्यास के मारे ये लोटा हमने आप से ज़रूर ले लिया महाराज पर अब तो यह आपके काम का रहा नहीं क्योंकि जन्म से ब्राह्मण होते हुए भी करम से चमार हैं इसलिए यह लोटा भी अपने साथ लिए जाता हूँ।”

सुनकर विधवा मित्र की पत्नी के चेहरे पर मुस्कुराहट और अधिक खिली। मैंने अपने स्वर्गीय मित्र की पुरमज़ाक तबीयत का बखान और आरम्भ किया। “एक बार उन्होंने एक बिगड़े दिल बुजुर्ग मुसलमान से कहा बुजुर्गवार अगर आप हिंदू होते तो मैं आपको चाचा कहता। मगर दिक्कत यह है आप मुसलमान हैं चाचा कह दूँगा तो आप मुझे अपना दामाद बना लेंगे जो मैं बनना नहीं चाहता क्योंकि शादीशुदा हूँ।”

शोकमग्ना पत्नी के चेहरे से शोक की काई सहसा फटने लगी क्योंकि उनके पति की जीवंत तस्वीर क्रमशः उनके सामने आने लगी थी।

जैसा मन का भाव हो उसके अनुरूप ही मनोरंजन की आवश्यकता भी पड़ती है। खूब काम-काज में व्यस्त रहने के बाद अपने थके मन को ताज़ा करने के लिए मनुष्य मनोरंजन चाहता है। हमारे आज के समाज में तथा हमारी वर्तमान मनःस्थितियों में हमें अपना मन फिर से ताज़ा करने के लिए ही एक विशेष प्रकार का मनोरंजन चाहिए।

फ़िल्मों में आजकल मार-धाड़ के दृश्य बेहद आते हैं। आज से लगभग चालीस वर्ष पहले ऐसे दृश्य प्रायः नहीं दिखलाए जाते थे क्योंकि तब हम मार-धाड़ में अधिक रुचि नहीं रखते थे। हमारे आज के जीवन में यह पारस्परिक मारकाट इतनी अधिक बढ़ गई है कि हम उसे पसंद करने लगे। जैसा आचरण होता है वैसी ही नैतिकता भी हो जाती है। अच्छे-अच्छे शरीफ आदमी जो आदतन खुद मार-धाड़ नहीं कर सकते ऐसे दृश्यों में तृप्ति पाते हैं; फिर टके कमाने वाला फ़िल्म प्रोड्यूसर उनका लाभ क्यों न उठावे। आप लाख शोर मचाया करें पर वह उस पर ध्यान नहीं देगा, कहेगा अजी जनाब हम पाप-पुण्य की कथा बाँचने नहीं बैठे हैं, टका कमाने आए हैं। जिस काम में हमें अधिक टके मिलेंगे हम वही काम करेंगे। इसका जवाब भला आप क्या दे सकते हैं? आप दवाफ़रोश हैं मैं जब आपके यहाँ अपने घर में पड़े किसी रोगी के लिए दवा खरीदने जाता हूँ तब आप मेरे रोगी के लिए मानवता की दृष्टि नहीं रखते, बल्कि मुनाफे की दृष्टि रखते हैं।

वर मरे चाहे कन्या पंडितजी को केवल अपनी दक्षिणा से ही काम होता है।

जब तक हम मुनाफ़ाखोरी की वृत्ति को समाप्त नहीं करते तब तक हमारी नैतिकता का धरातल कदापि ऊँचा नहीं उठेगा। जो मंदिर अत्यंत पावन हैं, श्रद्धा और पूजा के स्थल हैं उन्हीं मंदिरों के पुजारी उन्हीं भगवान की मूर्ति के आस-पास परिक्रमा में भोली-भाली पूजार्थिनी महिलाओं से बलात्कार करते हुए पाए जाते हैं। जिन सोने-चाँदी रत्नों के अमूल्य आभूषणों को हम देवताओं को चढ़ाते हैं उन्हीं की चोरी में वहीं के पुजारी ही शामिल होते हैं। क्या यह नैतिकता है? आजकल मंदिरों में मूर्तियाँ चुराई जा रही हैं। कभी-कभी यह भी अखबारों में पढ़ने को मिलता है कि जो मंदिर खूब सतर्कता के साथ ताले लगाकर रात में बंद किए जाते हैं उन्हीं मंदिरों में से पूज्य मूर्तियाँ रातों-रात चुरा ली जाती हैं। यह काम क्या केवल चोर ही करते हैं?

नहीं, चोर उस सुरक्षित मंदिर के पुजारी अथवा उनके लालची वंशजों को रिश्वत देकर अपने काले कारनामों में शामिल करते हैं। क्या यह नैतिकता है?

देश के नाम पर देशभक्ति का ढिंढोरा पीट-पीट कर जो लोग राजनीति में प्रवेश करते हैं, मंत्री बन जाते हैं, खुद वे लोग ही चंद टकों या सुविधा के लिए अपने देश के साथ ग़द्दारी करते हुए नज़र आ रहे हैं। अभी हाल ही में ऐसे कितने बड़े-बड़े अफसर और सरकारी अमले पकड़े गए हैं जो एक बोतल शराब और एक किसी रमणी की नशीली चितवनों और उसकी मादक बाँहों में लिपटने के लालच में देश के गोपनीय रहस्य दूसरे देशों को बेच देते हैं। क्या यह नैतिकता है? कला अथवा साहित्य में पुरस्कार पाने वाले लोगों में भी अक्सर ऐसे लोग हमें दिखलाई पड़ जाते हैं, जो तरह-तरह के अनैतिक हथकंडे अपनाकर उन पुरस्कारों अथवा महोच्च सम्मानों को अपनाते हैं जिनका समाज में आदर होता है, क्या यह नैतिकता है?

अध्यापक पढ़ाने के लिए वेतन पाते हैं और बच्चों को आवारा स्थिति में छोड़कर दिन-दिन भर स्कूलों से गायब रहते हैं, क्या यह नैतिकता है? असफल से असफल विद्यार्थी को रिश्वत लेकर पास कर देना क्या नैतिकता है? किन-किन क्षेत्रों में बखाना जाए। जब पूरा समाज ही अनैतिक कामों में लिप्त है तब कोरी फ़िल्मों की अनैतिकता को कलंकित करके हम भला क्या पाएँगे? समाज की व्यवहार नीति में बदलाव लाइए, अपने आचरणों को विवेकयुक्त बनाइए तब फ़िल्में भी अपने आप ही अनैतिक से नैतिक हो जाएँगी।

## 3. हिंदी बाल सिनेमा : चंद सवाल*

**प्रश्न :** पाश्चात्य देशों में बाल फ़िल्म निर्माण की दिशा में बड़ी जागरूकता पाई जाती है। पिछले कुछ वर्षों से भारत में भी बाल फ़िल्मों के निर्माण की दिशा में काफी

* 1986 में उत्तर प्रदेश चलचित्र निगम द्वारा आयोजित उ. प्र. बाल फ़िल्म समारोह के अवसर पर प्रकाशित स्मारिका में प्रकाशित परिचर्चा के अंतर्गत व्यक्त विचार।

प्रयास किए जा रहे हैं। हिंदी में भी बाल फ़िल्मों का निर्माण हो रहा है। क्या हिंदी बाल फ़िल्मों की वर्तमान स्थिति से आप संतुष्ट हैं?

**उत्तर :** बाल फ़िल्मों और नाटकों की दिशा में आगे बढ़ने में हमने देर कर दी। फिर उसे अपनी दीर्घ सूत्रता की हड़बड़ाहट के कारण हम विभिन्न आयु और चेतना स्तरों पर सही विचार करने में भी कसर कर गए। अतः जो संतोष होना चाहिए वह तो नहीं हुआ फिर भी हमारे देश की भाषाओं में बाल फ़िल्मों और नाटकों का युग आ गया। यह भविष्य के उन्नत स्तरीय प्रयोगों के प्रति आशावान बनाता है। इस कारण संतुष्ट न होते हुए भी असंतुष्ट नहीं हूँ।

**प्रश्न :** सुप्रसिद्ध फ़िल्मकार डा. वी. शांताराम का कथन है कि बाल फ़िल्में बगैर अच्छे बाल साहित्य के नहीं बनाई जा सकतीं। आपकी राय में हिंदी में जो बाल साहित्य रचा गया है या रचा जा रहा है क्या उसमें बाल फ़िल्मों के उपयुक्त साहित्य उपलब्ध है?

**उत्तर :** श्री वी. शांताराम महोदय के इस कथन का अनुमोदन किसी हद तक ज़रूर करता हूँ कि बाल फ़िल्में अच्छे बाल साहित्य के बिना नहीं बनाई जा सकतीं। मैं अपने देश की कुछ अन्य भाषाएँ भी पढ़ और समझ लेता हूँ। यदि अत्युत्तम कोटि में न रखा जा सके तो भी बांग्ला, मराठी, गुजराती और हिंदी में ऐसी बाल कहानियों का नितांत अभाव नहीं जिनका समुचित स्वस्थ प्रभाव मनोरंजकता के साथ बालकों पर न पड़ सके। हाँ यह अवश्य स्वीकार करता हूँ कि बाल मन की सर्जनात्मक समझ अभी हमारे लेखकों में कम पनपी है। सूरदास के समान 'बालमन के रचयिता' रचनाकार अधिक नहीं हुए। फिर भी बांग्ला में रवि बाबू की बालोपयोगी रोचक रचनाएँ पढ़कर मन खुश हो जाता है। वर्षों पहले मराठी भाषा की एक कहानी में दो बाल मित्र अपने-अपने अभिभावकजनों से दुःखी होकर राम-लक्ष्मण की तरह 'बम्बास' (वनवास) करने के लिए घर से भागते हैं। उनके अनुभव बालमनों के अनुरूप ही लगे। पात्रों की बातें बालपाठक का मन ललचा देती हैं। फिर 'बम्बास' प्रयोग की कल्पना से भी डर कर अपने बाल क्रोध का रुख उस दिशा की ओर कभी नहीं जाता। इस तरह शांतारामजी की बात को किसी हद तक ही मान पाता हूँ।

**प्रश्न :** बाल फ़िल्मों का स्वरूप आपकी राय में कैसा होना चाहिए यानी किस प्रकार की कथाओं और किन स्वरूपों पर बाल फ़िल्में बनाई जानी चाहिए?

**उत्तर :** उच्च कोटि की साहित्यिक कथाओं, विशेषरूप से लघु कथाओं के समीक्षात्मक मानदंडों को यदि कुछ देर के लिए हम अलग कर दें तो आमतौर पर वही कहानी अच्छा रस बाँधती है जो हमारे विविध भाव रंजित करने में सफल हो। लगभग 40-42 वर्ष पूर्व एक प्रसिद्ध सिनेरियो शास्त्री की पुस्तक पढ़ी थी। पुस्तक और लेखक का नाम तो स्मृति से दुर्भाग्यवश उतर गया है किंतु यह याद है कि फ़िल्म कथा की विशेषता बखानते हुए लेखक ने मोपासां की एक पात्री का संवाद

उद्धृत किया था जो शायद इस प्रकार था : "मुझसे परिचय करो, मुझसे प्यार करो, आनंदित करो, हँसाओ, मुझे शंकित करो, भ्रमित करो, घृणा करो, साहस दो, सहानुभूति दो।" आदि-आदि कुछ और बात की चाहतों से भरा नारी वाक्य उद्धृत करके अंत में लेखक लिखता है And send me back happy home that is the film story. बालोपयोगी कथाओं के प्रसंग बाल्यानुकूल रहेंगे किंतु भावों और रसों की विविधता के लिए भी बाल फ़िल्म कथाओं को यही रास्ता अपनाना पड़ेगा।

**प्रश्न :** बाल फ़िल्मों के निर्माण एवं प्रदर्शन को अधिक प्रोत्साहन प्रदान करने की दिशा में आपकी राय में कौन से प्रभावी कदम उठाए जाने चाहिए?

**उत्तर :** बड़ों का मनोबिखराव जिस हद तक आज फैल रहा है उसे देखते हुए बाल मानस को संगठित करना पहली आवश्यकता है। संकीर्ण व्यक्तिवादी दृष्टिकोण से भावी कर्णधारों को बचाना चाहिए। तभी हमारे देश का कल्याण हो सकता है।

## 4. लघु नाटक*

एकांकी नाटकों का जन्म विलायत में एक खास कारण से हुआ था। एक वक्त था जब विलायत में समय की साधना को लोग उसी तरह भूल चुके थे, जिस तरह आज हम भूल चुके हैं। इंग्लैंड और यूरोप की स्थिति लगभग एक जैसी थी। मान लीजिए, नाटक के शुरू होने का समय दिन के दस बजे घोषित किया गया है, तो उस ज़माने में टिकट खरीद कर आने वाले रईस लोग कम-से-कम एक घंटा देर से तो थियेटर हाल में पहुँचते ही थे। बाकी थियेटर के शौकीन लोग समय से थियेटर में आकर नाटक के आरंभ होने की प्रतीक्षा में ऊबने के लिए मजबूर होते थे। यह कोई छोटी-मोटी समस्या नहीं थी। इसको लेकर अकसर वर्ग संघर्ष भी हो जाया करता था। थियेटर हाल की व्यवस्था को बनाए रखने में भी कठिनाई हो रही थी। इन्हीं दिनों नाटक के निर्माताओं ने थियेटर के शौकीन जन-साधारण के मनोरंजन के लिए मूल नाटक दिखाए जाने के पहले कुछ छोटे-छोटे नाटकों को दिखलाना शुरू किया। आरंभ में बंधे प्रहसन हुआ करते थे। साधारण दर्शकों का इससे खासा मनोरंजन हो जाता था। आगे चलकर धीरे-धीरे स्थिति यह हो गई कि इन छोटे-छोटे प्रहसनों का भी कलात्मक स्वरूप निखरने लगा। इनकी समय-सीमाएँ बढ़ने लगीं। इनके कथ्य पैने और धारदार होने लगे और बाद में जब इन्हें लघु-नाटक या एकांकी की संज्ञा दी गई तब ये सामाजिकों के समक्ष एक प्रचलित फैशन में तब्दील हो गए। भारत में दरअसल एकांकी का स्वरूप पूरी तरह से अंग्रेजी नाटकों के चलन के अनुसार ही बढ़ा। यह प्रयोग अपने आप में बुरा तो नहीं कहा जा सकता किंतु हम इसे पूर्ण प्रयोग भी नहीं कह सकते। आज आम तौर से विभिन्न मनोरंजक कार्यक्रमों के बीच

---

* श्रोता समाचार, वर्ष 11, अंक 17, 1-15 फरवरी, 1986

नाच-गानों के साथ-साथ हम एक एकांकी भी करने लगे हैं। मैं यह स्वीकारता हूँ कि इन छोटे-छोटे एकांकी में भी कलात्मक निखार लाया जा सकता है। जैसे कहानी और उपन्यासों की दो अलग विधाएँ हैं और स्वतंत्र रूप से पाठकों को प्रभावित करती हैं। लगभग वैसा ही एकांकी और पूर्ण नाटकों के साथ भी हो सकता है। कलात्मक सावधानियाँ दोनों ही स्थिति में बहुत ज़रूरी है। इलाहाबाद में पिछले कई वर्षों से लघु-नाटक-प्रतियोगिता हो रही है। यह नाट्य आंदोलन की दिशा में सराहनीय क़दम है। इससे हमारे नाट्य साहित्य और कला की अभिवृद्धि हो सकती है। इसे प्रोत्साहन दिया जाना बहुत आवश्यक है। लेकिन अफ़सोस इस बात का है और दिक्कत भी यही एक नज़र आती है कि हम हिंदी वालों ने अभी तक नाटक को न तो सही समझ के साथ उभारा है और न इसकी उचित समीक्षाओं को प्रोत्साहन दिया है।

## 5. भारतीय जन नाट्य संघ*

'भारतीय जन नाट्य संघ' ने स्वतंत्रता काल से पहले इस देश में बड़ी सक्रियता प्रदान की थी और अपार उत्साह जगाया था। नृत्य, संगीत, नाटक और लोकनाटकों के क्षेत्र में 'जन नाट्य संघ' ने जो काम किया वह कभी भुलाया नहीं जा सकता। आंध्र और कर्नाटक में प्रचलित यक्ष गान, गुजरात के भवाई, महाराष्ट्र के तमाशा और बंगाल के जात्रा आदि लोकरंजन के परंपरागत माध्यमों को 'जन नाट्य संघ' ने एक समयोचित नया रूप देकर उनमें नयापन और ताज़गी ला दी थी। हमारे उत्तर प्रदेश में भी नौटंकी को फिर से ताज़ा करने का प्रयत्न किया गया। ब्रज के रसिया भी नया रूप पाने लगे। यह कहने में मुझे तनिक भी संकोच नहीं कि 'जप नाट्य संघ' की सक्रियता ने ही भारतीय सांस्कृतिक मंच को फिर से सुप्रतिष्ठित किया था। सर्वश्री निरंजन सेन, ख्वाजा अहमद अब्बास, स्व. बलराज साहनी आदि के नाम कभी भुलाए नहीं जा सकते।

'जन नाट्य संघ' को संगठित और पुनरुज्जीवित करने की जैसी आवश्यकता आज है वैसी शायद पहले कभी नहीं हुई थी। प्रयोगवादी नाटक हमारे रंगमंच के लिए वरदान से अधिक अभिशाप ही सिद्ध हो रहे हैं। वह जनता को नाटकों के पास लाने के बजाय उनसे दूर लिए जा रहे हैं। नौटंकी के प्रयोग भी केवल पुराने-पन से ही चिपके रह गए हैं। उनमें नई जान नहीं डाली गई। इस तरह नौटंकी न तो नई बन पाई है और न अपने पुराने परंपरागत रूप को ही अक्षुण्ण बनाए रख पाई है। यह दुर्भाग्य की बात है कि समूहगीत 'जन नाट्य संघ' के प्रारंभिक काल में जैसे उत्साहवर्धक बने थे वैसे अब नहीं रचे जा रहे। प्रगतिशील नाटक केवल

---

* इप्टा तथा भारतीय प्रगतिशील फ़िल्म मंच, कानपुर द्वारा जून 1985 में आयोजित फ़िल्मोत्सव की स्मारिका में प्रकाशित संदेश।

खोखले जोश के नारों का पुलिंदा भर बन कर रह गए हैं। वे हमारे आधुनिक जीवन और समस्याओं का निराकरण तनिक भी नहीं कर पाते। काल का त्रास और जीवन की करुणा इनमें नज़र ही नहीं आती। यह नाटक मनोरंजन के माध्यम से जन-चेतना को उत्स प्रदान करना एक प्रकार से भूल ही गए हैं। मैक्सिम गोर्की का **लोअर डेप्थ्स** नाटक मुझे आज भी बहुत याद आता है और यह सोचकर आश्चर्य होता है कि प्रगतिशील भारतीय रंगमंच ने उस परंपरा को सही ढंग से आगे क्यों नहीं बढ़ाया?

मैं आशा करता हूँ कि कानपुर का 'जन नाट्य संघ' अपनी सक्रियता से हमारे सांस्कृतिक मंच को फिर से जानदार बनाएगा। वह अच्छे प्रतिभाशाली नाट्य कर्मियों, नर्तकों, लेखकों, गीतकारों और संगीत निर्देशकों का सहयोग प्राप्त करने में सफल होकर एक बार फिर से हमारी जनरुचि को परिष्कृत और हमारी जनचेतना को ऊपर उठाने में सहायक होगा।

## 6. एक निर्णायक वक्तव्य*

भारतीय नाट्य परंपरा का इतिहास यों तो सदियों पुराना है परन्तु पिछले लगभग एक हजार वर्षों से उस परंपरा की कड़ियाँ दुर्भाग्यवश इतनी बिखर गई हैं कि हम उसकी रंगमंच संबंधी विशेषताओं का केवल कुछ अनुमान मात्र ही लगा सकते हैं और वह भी संस्कृत साहित्य के अनमोल नाटकों तथा **भरत नाट्यशास्त्र** और नन्दी कृत **'अभिनय दर्पण'** आदि शास्त्रीय ग्रंथों के सहारे से ही। हमें उसके कालक्रमबद्ध विकास का कोई भी इतिहास नहीं मिलता। लेकिन अंग्रेजों के ज़माने से हमारी मंचीय व्यवस्था के विवरण हमें काफ़ी हद तक मिलने लगते हैं। पेशेवर पारसी रंगमंच की हीन सांस्कृतिक चेतना से दुःखी होकर भारतेंदु बाबू हरिश्चंद्र ने 3 अप्रैल 1868 को महाराज बनारस के एसेंबली हाल में पंडित शीतला प्रसाद त्रिपाठी लिखित **'जानकी मंगल'** नाटक आयोजित किया उसका विवरण सौ बरस पहले प्रकाशित हुए इंग्लैंड के अखबार 'एलेंस इंडियन मेल' में देखने को मिलता है। वह दो दृश्यों का नाटक था। प्रथम दृश्य उपवन का था और दूसरा राजसभा का। दोनों ही दृश्य अपनी सजावट में भव्य थे। उनकी सजावट का ढंग और रूपरंग भले ही आज की नज़रों में न चढ़े मगर यथार्थोन्मुखी होने की दृष्टि से वह आज के रंगमंच का ठेठ पुरखा है। बांग्ला और मराठी नए रंगमंचों के इतिहास हिंदी के नवरंगमंच के इतिहास से पुराने और अधिक गौरवशाली हैं, उनकी नज़ीर सामने रखकर अधिक प्रामाणिकता के साथ हम

* उत्तर प्रदेश संगीत नाटक अकादमी द्वारा 1972 में आयोजित अंतरजिला राज्य स्तरीय प्रथम नाट्य प्रतियोगिता के मुख्य निर्णायक अमृतलाल नागर द्वारा निर्णय घोषित करते समय दिया गया भाषण। यह भाषण प्रतियोगिता के समापन के उपरांत रवींद्रालय में ही बैठकर लिखा था और उसके तुरंत बाद उन्होंने (नागरजी ने) पढ़ा था। **—संपादक**

यह कह सकते हैं कि ब्रिटिशकाल के नए भारतीय रंगमंच ने भरत नाट्यशास्त्र से अनुमोदित भारतीय रंगविधा में पश्चिमी विधा का समावेश भी किया था। उसकी प्रकाश व्यवस्था में अर्गन लैम्पों और बिनौले के मोटे-मोटे बत्तों वाले दियों के फ्लडलाइटों से काम लेना, मंच और दर्शकागार में औंधे घड़े और मटके सजावट के छिपाव में लटकाकर ध्वनि प्रसारण व्यवस्था करना, वाद्य संगीत प्रभाव, विशिष्ट ध्वनि प्रभाव आदि का समावेश हो चुका था। नाटक भी विदेशी नाट्य शास्त्रानुसार ही नए ढंग से लिखे जाने लगे। पिछली आधी शताब्दी के रंगमंच का विकास देखने वाले लोगों की कमी आज भी नहीं है। बिजली, बादलों की चमक और गड़गड़ाहट, दीवारों का फटना, देव-देवी पात्रों का प्रकट होना या अंतर्धान होना, आदि बहुत से चमत्कारों को देखते हुए आज हम नए रंगमंच की उस मंज़िल तक आ पहुँचे हैं जहाँ हमें **'अनुष्ठान'** और **'पंछी ऐसे आते हैं'** जैसे नाटकों के दृश्यबंध देखने को मिलने लगे हैं। इन दोनों नाट्य प्रदर्शनों ने विशेष रूप से तथा **'खामोश अदालत जारी है'** ने बहुलांश में यह भी स्थापना पेश की कि प्रकाश और पृष्ठ संगीत व्यवस्था भी अभिनेता और अभिनेत्रियों के समान ही रंगमंच पर अपना महत्त्वपूर्ण रोल अदा करते हैं। अखिल भारतीय स्तर की दृष्टि से कोई आलोचक अवश्य ही इनमें मीन-मेख निकाल सकता है पर इस बात से तनिक भी इनकार नहीं कर सकता है कि हमारे प्रदेश का नव नाट्य-मंच अब औरों से कुछ अधिक पिछड़ा हुआ भी नहीं है। फासला बस दस-पाँच क़दमों का ही है। अकादमी द्वारा आयोजित इस प्रथम अंतरजिला नाट्य प्रतियोगिता को एक महत्त्वपूर्ण उपलब्धि मानता हूँ।

मगर माननीय दर्शकगण मेरे इस वक्तव्य को परीक्षाफल की उद्घोषणा मानने की उतावली कृपया न दिखलाएँ। अंतिम निर्णय बिंदु तक पहुँचने के लिए निर्णायकों के सामने कुछ बातें और भी थीं। इस प्रतियोगिता में मराठी भाषा से अनुवादित दो नाटक, अंग्रेजी भाषा के एक नाटक पर आधारित आज (प्रतियोगिता का अंतिम निर्णायक दिवस) के नाटक तथा हिंदी के चार मौलिक नाटकों का प्रदर्शन हुआ। जहाँ तक अनुवादित या आधारित नाटकों का प्रश्न है वे हमारे नव नाट्य-लेखन के लिए महत्त्वपूर्ण अवश्य हैं परंतु हम ऐसे भाषाई सहयोगों से स्फूर्त अपने प्रदेश की नाट्य-प्रतिभा को ही अपनी उपलब्धि मानेंगे। सब मिलाकर **'पंछी ऐसे आते हैं'** की स्क्रिप्ट हमें सर्वश्रेष्ठ जँची पर अपनी मौलिक उपलब्धि की दृष्टि से हमें **'अनुष्ठान'** नाटक को ही अपनी प्रगति का प्रतीक मानना पड़ता है। उसके प्रभावशाली संवाद, उसकी विषयवस्तु की गंभीरता सराहनीय है। हमें इस नाटक से यह शिकायत अवश्य रही है कि उसका अंतिम भाग दृश्य-काव्य से काव्य अधिक हो गया। पति, प्रेमी, भाई आदि पात्रों के द्वारा आज के इंसानी रिश्तों की कहानी का जो बारीक़ ताना-बाना बुना गया था वह अंत में अपनी दृश्यात्मकता खोकर कोरी काव्यात्मक पंक्तियों की शृंखला बन गया। यह कमी होते हुए भी मौलिक नाटकों में **'अनुष्ठान'** ही उत्तम

है। निर्देशन, मंच-प्रकाश, ध्वनि आदि सारी व्यवस्था में इतना सुथरा सामंजस्य है कि होनहार बिरवान के होत चीकने पात वाली कहावत को चरितार्थ करता है।

'दर्पण' द्वारा प्रस्तुत **'खामोश अदालत जारी है'** में कलाकारों की टोली हमें बड़ी मँजी हुई लगी, नाटककार के शब्दों और अभिनेता-अभिनेत्रियों के भाव प्रदर्शन में बड़ा निकट नाता रहा परंतु हमें यह भी लगा कि कलाकार अपनी-अपनी कला के प्रदर्शन में व्यक्तिगत विशिष्टता झलकाते हुए भी संपूर्ण प्रभाव में एक-रूप न हो सके, पृष्ठ संगीत भी **'अनुष्ठान'** का मुकाबला न कर सका, प्रकाश व्यवस्था और उसके साथ कलाकारों का प्रभावी नाता कच्चा रहा। मुख्य नारी पात्री का क्लाइमेक्स वाला अंश उचित निर्देशन की कमी के कारण वह प्रभाव प्रस्तुत न कर सका जो नायिका का रोल करने वाली कुशल अभिनेत्री से कराया जाना संभव था।

इसके विपरीत **'पंछी ऐसे आते हैं'** में नाटककार के शब्द जितने जीवंत थे कलाकार उतने जीवंत सिद्ध न हो सके। यह प्रदर्शन हर दृष्टि से श्रेष्ठ था किंतु उसका अभिनय पक्ष उसके शिल्पपक्ष या स्क्रिप्ट के मुकाबले में न आ सका। शेष नाटकों में हमें वातावरण की कमी, नाटकीय स्थितियों के उभार की कमी, बनावटी उभारों का दोष, सस्ता मेलोड्रामा आदि पिछड़ेपन के लक्षण दिखलाई दिए।

□□